日帰りウォーキング
関西

大人の遠足BOOK

Contents

▲高野山奥の院

表紙写真
上（左より）：飛鳥、大文字山、琵琶湖
下：六甲山

▲るり渓・双龍淵

▲湖東三山・金剛林寺

▲曽爾高原

奈良・和歌山・三重

本書の使い方

本書は、こだわりの「歩き」を楽しむための案内書です。50のコースを紹介しており、ハイキングや里山めぐり、水辺ウォーク、街道・古道歩きなど、歩くことで自然や歴史も感じることができるコースを取り上げています。また、コースの途中で足を延ばしたり、グルメや手土産を探す楽しみもあります。どこでも好きなコースから歩き始めてください。

チャート

コースの通過ポイントと区間タイムを掲載しています。通過ポイントは本文と地図に対応した数字で表しています。区間タイムは標準的な移動時間です。計画の際には、休憩や施設の見学、バス等の待ち時間、散策に費やす時間をプラスしてください。コースを逆にとる場合は、時間が変わることがあります。

歩行距離／歩行時間／歩数

コース全体の歩行距離や歩行時間、歩数です。ただし、施設や公園内での歩行距離や歩行時間は含みません。歩数は本書では、平地の場合 1km で約 2000 歩を基準としています。特にハイキングコースの山道では高低差が反映されていません。いずれの項目もあくまで目安です。

問い合わせ先

コースのある市区町村や現地交通機関などの観光問合せ先です。ウォーキングの際に事前にご確認ください。

アクセス

スタート地点およびゴール地点の駅、バス停までの交通手段です。

スタート／ゴール
紹介しているコースのスタート、ゴール地点です。

コメント
観光物件に関することやコース上の注意点、ポイントなどの付加情報です。

●本書のデータは 2020 年 6 月現在のものです。料金、営業時間などは、季節により変更になる場合が多くあります。本書掲載の料金は大人料金です。お出かけの際には、あらかじめご確認ください。
●定休日については、年末年始・盆休み・ゴールデンウイークなどを省略しています。

立ち寄りスポット
コース途中、または周辺にある資料館、食事処、土産物屋、観光施設、日帰り入浴施設などを紹介しています。

アイコン
：見る　：買う
：食べる　：温泉

▲真っ直ぐに伸びた杉の美林が目立つ
▲神護寺名物、錦雲渓のかわらけ投げ
▲杉木立の道から清滝橋へ
❶清滝《きよたき》バス停《てい》を降りて、渡猿橋を渡る。清滝の集落を抜け、愛宕山への表参道を左に分けいらず❷金鈴橋《きんれいきょう》を右手に梨ノ木林道を行くと、月輪寺への分岐に出合う。林道を月輪寺の方へ向かうと途中に空也の滝があり、愛宕山への参道になるが、そちらへは行かず、東海自然歩道の道標に従って高雄方面へ向かう。ほどなく、石造りの❸沈下橋《ちんかきょう》が現れる。手前のベンチなどがある広場で休憩するのもよい。しばらく行くと、杉木立が続くハイキングコースに入る。このあたりは流れが緩やかで川辺に下りられるので水遊びをする人も多い。時候のよいころは結構な人出となる。❹清滝橋《きよたきばし》を渡り、❺神護寺《じんごじ》の参道へ上がる。長い石段を上ると山中に金堂、多宝塔、大師堂などの堂宇がある。神護寺は和気氏の私寺、高雄山寺が前身であったといわれるが、創立の時期はわかっていない。一時は空海が住持し、最澄が法華経の講義を行った、大変重要な寺
豆知識
都の名建築を支えた北山杉
高山寺から周山街道を北へ行くと、北山杉の名産地・中川だ。北山杉は30年あまりの歳月をかけ、真っ直ぐで節のない木に育てなければならない。丹念に枝打ちを続け、一定の太さにコントロールするのである。そのように育てた北山杉の皮をはがして磨き上げた磨き丸太は、室町時代以降、近現代まで茶室や数寄屋建築に珍重されてきた。
▶初夏の神護寺は緑に包まれる
問い合わせ先
京都市観光協会☎075-213-1717(※1)
京都総合観光案内所☎075-343-0548
西日本JRバス京都営業所☎075-672-28
京都バス☎075-871-7521
※1：京都観光に関する問い合わせ先
73

立ち寄りスポット
大パノラマを眺めながら食事ができる
六甲ガーデンテラス
エキゾチックな欧風庭園に展望テラスやカフェ、レストランなどが点在。気軽に利用できるセミセルフの六甲ビューパレスではワイン仕込みのビーフシチュー1200円などの洋食メニューが人気。
営業時間、定休日は店舗・季節・曜日・天候により異なる
六甲山の施設や自然を案内
六甲山ビジターセンター
六甲山の歴史や地形、動植物などの自然を、写真やジオラマ、標本などで解説している。また、併設の六甲山ガイドハウスでは、約60名のボランティアガイド「山の案内人」が土・日曜、祝日に無料で参加できる自然観察会を行っている。
☎078-891-0616、9時30分～15時(土・日曜、祝日、7/20～8/31は～16時)、月曜休(祝日の場合は翌日)、無料
六甲山上
有馬温泉へ
雲ヶ岩へは別荘地の坂を登る
「ブナの径」と呼ばれる緑が心地よい山道
ロープウェー山頂駅
心経岩
雲ヶ岩
カンツリーハウス
凌雲台
六甲ガーデンテラス
オルゴールミュージアム前
六甲オルゴールミュージアム
六甲高山植物園
❸みよし観音
サンセットドライブウェイ
六甲山ビジターセンター
六甲記念碑台❻
神戸ゴルフ倶楽部
六甲スカイヴィラ
天狗岩の道標
❷天狗岩
六甲山小
六甲山サイレンスリゾート
サンライズドライブウェイ
別荘街の中を歩く
前ヶ辻
保塁岩
水晶山 710
ダイヤモンドポイント
三国岩❼
803
六甲ケーブル❶山上駅
スタート
❽三国池バス停
ゴール
油コブシ 625.5
25分
15分
30分
20分
10分
250 500m
六甲ケーブル下駅へ

赤い点線
紹介しているメインルートです（青い点線はサブコースです）。

豆知識
コースを歩くときに知っていると、よりそのコースの魅力が増すミニ情報やウンチクを掲載しています。

通過ポイント
コースの目安となる通過ポイントです。チャートや本文と対応しています。

索引図

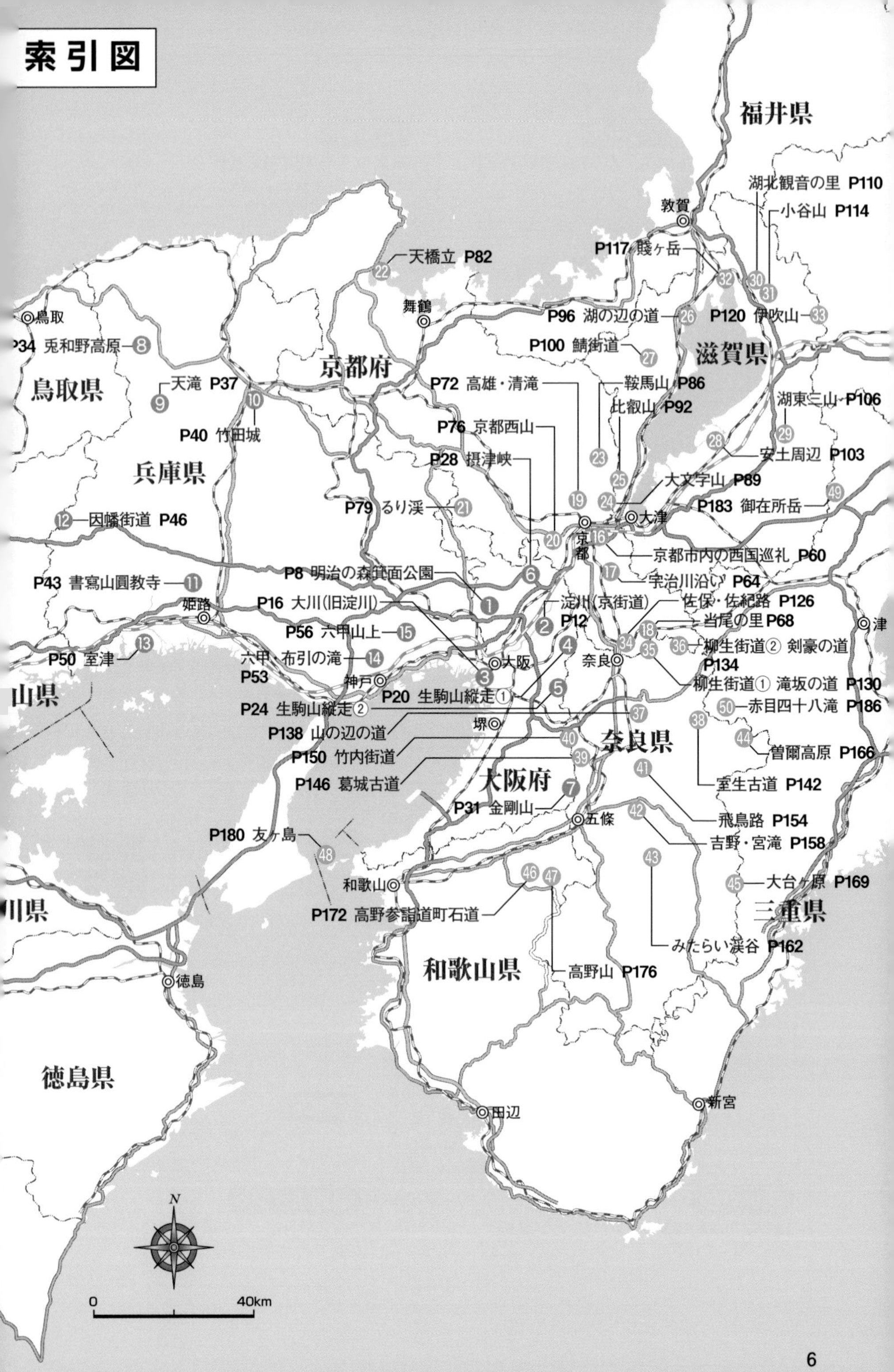

福井県
敦賀
湖北観音の里 P110
小谷山 P114
P117 賤ヶ岳
天橋立 P82
舞鶴
鳥取
P34 兎和野高原
P96 湖の辺の道
P120 伊吹山
P100 鯖街道
滋賀県
京都府
鳥取県
天滝 P37
P72 高雄・清滝
鞍馬山 P86
比叡山 P92
湖東三山 P106
P40 竹田城
P76 京都西山
安土周辺 P103
P28 摂津峡
兵庫県
大文字山 P89
P79 るり渓
P183 御在所岳
大津
京都
因幡街道 P46
京都市内の西国巡礼 P60
P8 明治の森箕面公園
宇治川沿い P64
P43 書寫山圓教寺
淀川(京街道) P12
佐保・佐紀路 P126
姫路
P16 大川(旧淀川)
当尾の里 P68
津
P56 六甲山上
P50 室津
六甲・布引の滝 P53
大阪
奈良
柳生街道② 剣豪の道 P134
神戸
柳生街道① 滝坂の道 P130
山県
P20 生駒山縦走①
P24 生駒山縦走②
赤目四十八滝 P186
堺
P138 山の辺の道
曽爾高原 P166
P150 竹内街道
奈良県
P146 葛城古道
室生古道 P142
大阪府
P31 金剛山
五條
飛鳥路 P154
P180 友ヶ島
吉野・宮滝 P158
大台ヶ原 P169
和歌山
川県
P172 高野参詣道町石道
三重県
みたらい渓谷 P162
和歌山県
高野山 P176
徳島
徳島県
新宮
田辺
N
0
40km

大阪・兵庫

▲六甲・布引谷にて

▲紅葉の名所である勝尾寺境内（左）。山門（右上）から多宝塔（右下）まで一帯が赤く染まる

walking course 1

大阪府

明治《めいじ》の森《もり》箕面《みのお》公園《こうえん》

西国巡礼23番札所の勝尾寺から東海自然歩道を通って名瀑・箕面滝へ

箕面は大阪人には大変身近な景勝地。「日本の滝百選」の1つ、箕面滝の渓流の道は季節を問わず賑わうコースである。❶**勝尾寺《かつおうじ》バス停《てい》**は勝尾寺の山門の前にある。奉納された勝運成就祈願のダルマがいたるところにある石段を上ると本堂である。その脇から裏山の急斜面を上り詰め、東海自然歩道を行くと開成皇子墓がある❷**最勝《さいしょう》ヶ峰《みね》**である。

アップダウンのある尾根伝いに茂みの中を下れば❸**政《まさ》ノ茶屋園地《ちゃやえんち》**だ。石段を下りきるとビジターセンターで、東海自然歩道の西側の起点を示す道標が立っている。

ここからしばらくは交通量の多い車道を歩くことになる。❹**杉《すぎ》ノ茶屋《ちゃや》**をすぎ、トンネルを抜けて下ると❺**箕面《みのお》大滝《おおたき》**であ

1. 勝尾寺バス停
   - 徒歩30分
2. 最勝ヶ峰
   - 徒歩45分
3. 政ノ茶屋園地
   - 徒歩20分
4. 杉ノ茶屋
   - 徒歩10分
5. 箕面大滝
   - 徒歩20分
6. 瀧安寺
   - 徒歩10分
7. 一の橋
   - 徒歩5分
8. 阪急箕面駅

歩行時間
約2時間20分

歩行距離
約6.7km

歩数
約1万3400歩

ACCESS

電車 **行き**：北大阪急行電鉄南北線千里中央駅から阪急バス勝尾寺行きで30分、終点下車（500円）
帰り：阪急箕面線箕面駅から

車 中国自動車道千里ICから国道423号線、府道9・4号線を経由し約10kmで勝尾寺

▲勝尾寺から箕面滝へ向かう東海自然歩道

▼ところどころで大阪市街が望める

▲途中の箕面ビジターセンター

る。箕面には雄滝、ようらく滝、雌滝と3つの滝があったが、ようらく滝は今はなく、箕面大滝は雌滝をいう。滝壺の前には茶店や売店が軒を連ねる。滝道と呼ばれるよく整備された遊歩道を進み、岩橋を渡り、唐人戻岩をすぎてしばらく行くと、瀧安寺に架かる朱塗りの瑞雲橋がある。❻**瀧安寺**《りゅうあんじ》は白雉元年（650）に

豆知識

勝尾寺の名の由来

伝承によれば、神亀4年（727）藤原致房の子、善仲、善算の兄弟がこの地に草庵を結び、仏道修行に励んだことが勝尾寺の始まりであるとされる。平安時代以降は天皇など貴人の参詣も多く、元慶4年（880）清和天皇の病気平癒の祈祷を行い、「勝王寺」の号を賜る。しかし「王に勝つ」というのは恐れ多いとして勝尾寺にしたといわれる。

▶勝尾寺は勝運祈願の寺としても有名で境内いたるところにダルマが奉納

問い合わせ先

箕面市観光案内所☎072-723-1885
勝尾寺☎072-721-7010
瀧安寺☎072-721-3003

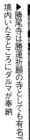

▼修験道の根本道場として知られる瀧安寺まで来ると箕面駅はもうすぐ

▼新緑・紅葉に映える箕面のシンボル、箕面滝

役行者が箕面滝の下に堂を建て、本尊の弁財天を祀って箕面寺としたのが始まりとされている。本山修験宗の寺院で弁財天を祀ることから芸能の寺としてもよく知られている。また富くじ発祥の寺ともいわれ、箕面富と呼ばれていたという。

瀧安寺の先には箕面公園昆虫館などがあり、❼**一《いち》の橋《はし》**のあたりでは右手の高台に大江戸温泉物語箕面温泉スパーガーデンが見える。この渓谷沿いの道は、明治19年（1886）に地元民によって造られた道で、適度な日照と湿度でシダ類の宝庫となっている。一の橋からはみやげ物店の店先を歩いて❽**阪急《はんきゅう》箕面《みのお》駅《えき》**へ向かう。駅に隣接の「もみじの足湯」に寄っていきたい。

▲滝道と呼ばれる川沿いの散策路

立ち寄りスポット

箕面の名物といえばやはりコレ！

もみじの天ぷら

箕面名物といえば起源が役行者にさかのぼるという「もみじの天ぷら」。この菓子、実は大変手間がかかっている。葉は一行寺楓。これを水洗いしてあく抜きに1年間塩漬けにする。塩抜きしたものを小麦粉に砂糖や白ごまを加えた衣で揚げる。箕面の滝道には20余りの店舗があり、60〜70g入り300円程度。

効能抜群の天然温泉が満喫できる

大江戸温泉物語箕面温泉スパーガーデン

古くから親しまれてきた地元の名物温泉が「大江戸温泉物語」の西の旗艦店として復活。「命の温泉」と呼ばれる炭酸水素塩泉は美肌効果が高い美人の湯としても名高く、岩盤浴や薬湯、フードコートや「お祭り縁日」も楽しめる温泉テーマパーク。

☎0570-041266、10時〜23時45分（受付は閉館1時間前まで）、不定休、1580円（土・日曜、祝日1980円）、17時以降はナイター割引770円

明治の森箕面公園

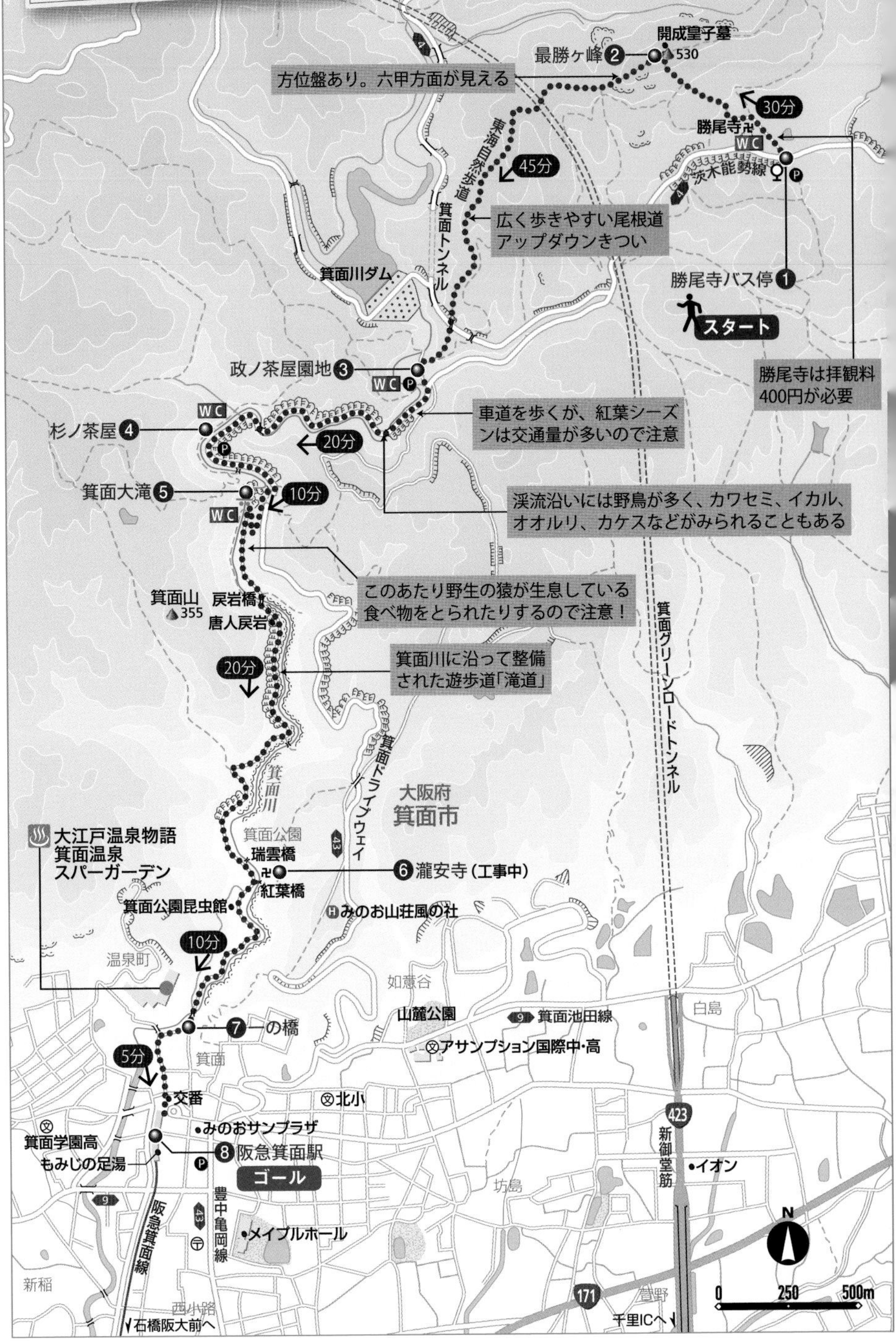
開成皇子墓
最勝ヶ峰 2
530
方位盤あり。六甲方面が見える
30分
勝尾寺
WC
茨木能勢線
P
4
東海自然歩道
45分
箕面トンネル
広く歩きやすい尾根道
アップダウンきつい
箕面川ダム
勝尾寺バス停 1
スタート
勝尾寺は拝観料
400円が必要
政ノ茶屋園地 3
WC P
車道を歩くが、紅葉シーズ
ンは交通量が多いので注意
杉ノ茶屋 4
WC
P
20分
箕面大滝 5
10分
WC
渓流沿いには野鳥が多く、カワセミ、イカル、
オオルリ、カケスなどがみられることもある
このあたり野生の猿が生息している
食べ物をとられたりするので注意！
箕面山
355
戻岩橋
唐人戻岩
20分
箕面川に沿って整備
された遊歩道「滝道」
箕面グリーンロードトンネル
箕面ドライブウェイ
箕面川
大阪府
箕面市
箕面公園
43
瑞雲橋
6 瀧安寺（工事中）
紅葉橋
大江戸温泉物語
箕面温泉
スパーガーデン
箕面公園昆虫館
みのお山荘風の社
10分
温泉町
如意谷
山麓公園
9 箕面池田線
白島
7 一の橋
アサンプション国際中・高
箕面
5分
交番
北小
423
箕面学園高
みのおサンプラザ
8 阪急箕面駅
もみじの足湯
P
ゴール
新御堂筋
イオン
坊島
9
阪急箕面線
43
豊中亀岡線
メイプルホール
N
新稲
171
萱野
0
250
500m
西小路
石橋阪大前へ
千里ICへ

walking course

2

大阪府

淀川《よどがわ》(京街道《きょうかいどう》)
河川敷は人気ウォーキングコース
歴史をたどりつつ枚方～守口を歩く

▲京街道の面影を残す枚方宿鍵屋資料館

▲枚方大橋周辺にも伸びやかな河川敷が広がる

1. 京阪枚方市駅
   徒歩12分
2. 淀川資料館
   徒歩15分
3. 鍵屋資料館
   徒歩25分
4. 光善寺
   徒歩40分
5. 太間天満宮
   徒歩40分
6. 佐太天神宮
   徒歩40分
7. 正覚寺
   徒歩45分
8. 難宗寺
   徒歩8分
9. 京阪守口市駅

ACCESS

電車 **行き**：京阪本線枚方市駅から
帰り：京阪本線守口市駅から

車 第二京阪道路交野南ICから国道1・168号線、府道20号線を経由し約6kmで京阪枚方市駅

歩行時間
約**3**時間**45**分

歩行距離
約**16**km

歩数
約**3**万**2300**歩

◀淀川新橋から鳥飼仁和寺大橋へ

▼堤防沿いにある茨田の堤碑

▲水路沿いに歩ける水面回廊

▲来迎寺には珍しい松が

▲堤防を下りて太間天満宮へ

❶京阪枚方市駅から京街道を歩いて淀川に向かい、府道13号線京都守口線を渡ると**❷淀《よど》川《がわ》資《し》料《りょう》館《かん》**がある。再び京街道に戻り、**❸鍵《かぎ》屋《や》資《し》料《りょう》館《かん》**から20分あまり水面回廊という遊歩道を歩く。府道の角のコンビニを目印に府道を渡って500mほど行くと、蓮如上人が布教活動の中心とした**❹光《こう》善《ぜん》寺《じ》**。近くには蓮如上人の腰掛け石がある。淀川の土手に戻って少し行くと、土手の下に生物多様性センターがある。研究施設ではあるが、展示水槽や池、水生植物園などもあって、自由に見学できる。ここから5分ほど土手を行くと茨《まん》田《だ》堤《のつつみ》の碑があり、150mほど先から住宅地に入ると**❺太《たい》間《ま》天《てん》満《まん》宮《ぐう》**だ。

河川敷にはスポーツ公園が広がり、川に沿って延々と続く。土手の斜面は広い草原で、春先にはツクシなどを採る人たちで賑わう。鳥飼仁和寺大橋の先の佐太第1水防用具庫横の階段を下りていくと**❻佐《さ》太《た》天《てん》神《じん》宮《ぐう》**である。菅原道真が太宰府へ流される途中、船をつないだところだといわれている。すぐ横には珍しい松が

豆知識

淀川の治水と水上交通

古来より淀川はたびたび氾濫を起こしたため、その歴史は治水の歴史でもある。同時に、京の都と天下の台所・大坂を結ぶ大動脈であり、水運によって発展してきた。船旅の人々に「酒くらわんか、飯くらわんか」と飲食物を提供したのがくらわんか船。十返舎一九『東海道中膝栗毛』に、河内弁での活気あるやりとりが描かれている。

▶鍵屋資料館では三十石船の乗客に飲食物を売っていた「くらわんか舟」を再現

問い合わせ先

国土交通省淀川河川事務所☎072-843-2861
枚方宿鍵屋資料館☎072-843-5128

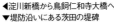

▼かつての守口宿跡、難宗寺の太鼓楼

見られる来迎寺がある。

土手に戻り鳥飼大橋をくぐる。八坂瓊神社の横から住宅地へ入って❼**正覚寺**《しょうがくじ》へ。慶長時代の一石十三仏や本堂右手裏にびんずるさんの木像が祀られている。正覚寺南の道を西へ、公園の横を南へ行くと旧京街道になる。八雲小学校から京阪北本通りと交差しながら京街道が続き、ところどころに風情のある町家が見られる。❽**難宗寺**《なんしゅうじ》の太鼓楼のあたりは守口宿で、八島交差点から南へ文禄堤《ぶんろくつつみ》だった細い道を行き、❾**京阪守口市駅**《けいはんもりぐちしえき》へ向かう。

立ち寄りスポット

淀川の歴史や文化を楽しく学べる

淀川資料館

淀川の歴史や文化、自然に関する資料館。洪水と改修の歴史を貴重な資料や映像などで紹介。三十石船が往来した江戸時代の庶民の暮らしを伝える資料や道具、模型などを展示。淀川に生息する動植物の生態も学ぶことができる。

☎072-846-7131、10〜16時、第３土・日曜・祝日休、無料

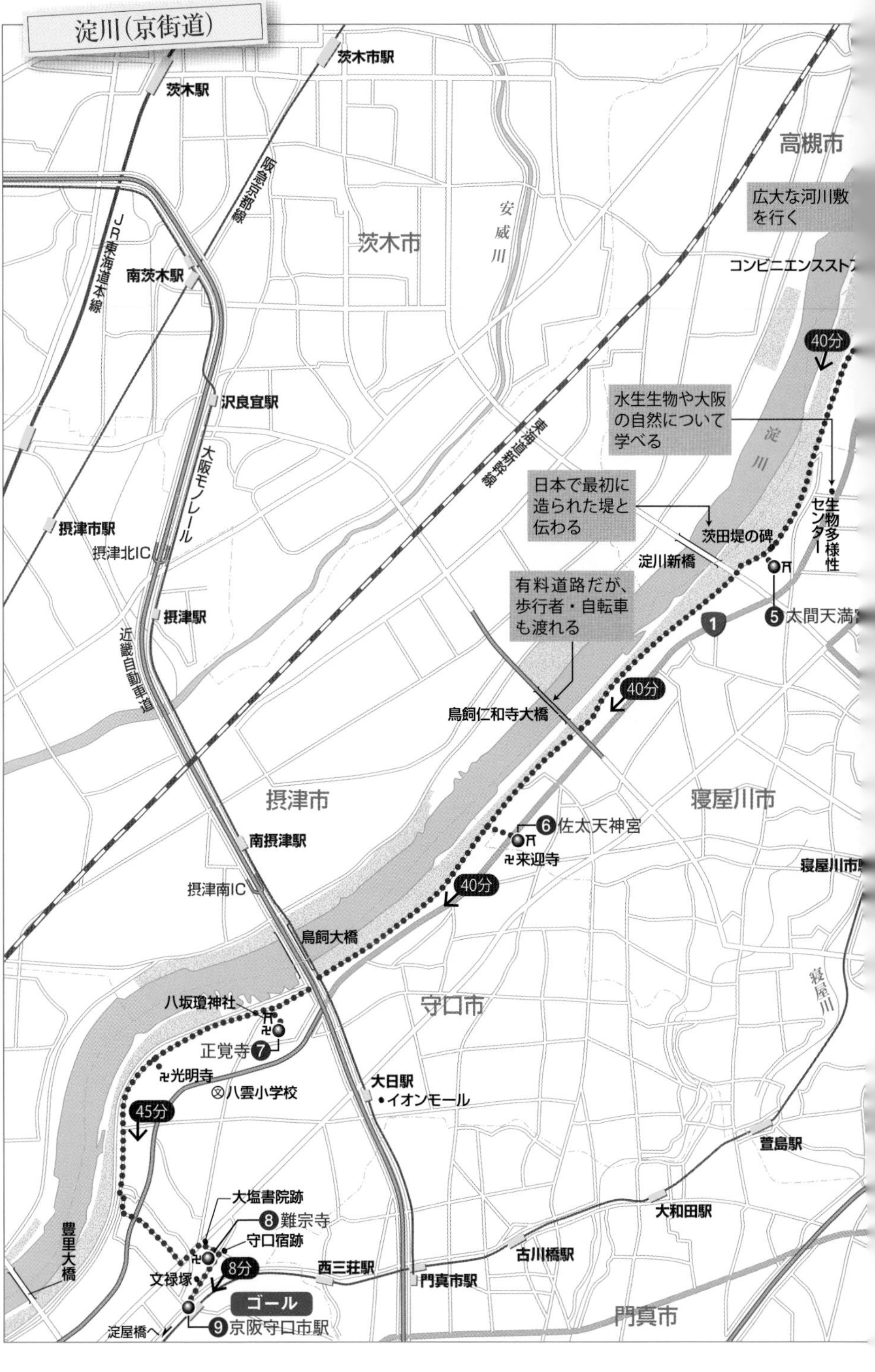
淀川(京街道)
茨木市駅
茨木駅
阪急京都線
JR東海道本線
南茨木駅
茨木市
安威川
高槻市
広大な河川敷を行く
コンビニエンスストﾌ
40分
沢良宜駅
大阪モノレール
東海道新幹線
水生生物や大阪の自然について学べる
淀川
生物多様性センター
日本で最初に造られた堤と伝わる
茨田堤の碑
淀川新橋
摂津市駅
摂津北IC
有料道路だが、歩行者・自転車も渡れる
1
5 太間天満
摂津駅
近畿自動車道
40分
鳥飼仁和寺大橋
摂津市
寝屋川市
6 佐太天神宮
来迎寺
南摂津駅
寝屋川市
40分
摂津南IC
鳥飼大橋
八坂瓊神社
守口市
正覚寺 7
寝屋川
光明寺
八雲小学校
大日駅
イオンモール
45分
萱島駅
大塩書院跡
8 難宗寺
大和田駅
守口宿跡
豊里大橋
8分
西三荘駅
古川橋駅
文禄塚
門真市駅
ゴール
門真市
9 京阪守口市駅
淀屋橋へ

walking course 3

大阪府

大川《おおかわ》（旧淀川《きゅうよどがわ》）

毛馬閘門から天保山まで一気に旧淀川の近代史をたどるリバーウォーク

▲淀川と大川の間にある毛馬閘門

▲春は花見客で賑わう桜の宮周辺

❶ 毛馬橋バス停
徒歩10分
❷ 毛馬閘門
徒歩40分
❸ 源八橋
徒歩35分
❹ 天神橋
徒歩35分
❺ 玉江橋
徒歩45分
❻ 安治川トンネル
徒歩1時間15分
❼ 天保山渡船（桜島乗り場）
渡船5分
❽ 天保山公園
徒歩10分
❾ 地下鉄大阪港駅

歩行時間
約4時間10分

歩行距離
約18km

歩数
約3万6000歩

ACCESS

電車 **行き**：JR大阪駅前から市バス守口車庫行きまたは京橋駅前行きで11分、毛馬橋下車（210円）
帰り：地下鉄大阪港駅から

車 阪神高速12号守口線長柄出入口から約1.5kmで毛馬橋東詰

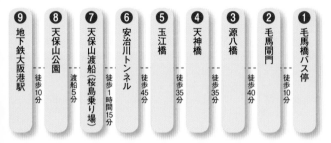

▲上：渡辺橋からは遊歩道が整備
下：田蓑橋の袂には「蛸の松」が

▲上：船着場として蘇った八軒家浜
下：華麗な照明灯も見どころの難波橋

▲白い斜張橋の川崎橋

❶**毛馬橋バス停**から川沿いを上流へ。❷**毛馬閘門**《けまこうもん》は淀川と大川の水位差を調節する設備で、明治40年（1907）に最初の閘門が完成、現在も保存されている。ここから大川を下流に向かって歩く。河川敷には桜並木が続き、毛馬橋をくぐり、春風橋を渡って遊歩道を歩く。都島橋をすぎると大阪市水道発祥の地がある。川には遊覧船の他に砂利運搬船なども往来している。

桜ノ宮駅をすぎると❸**源八橋**《げんぱちばし》だ。橋を渡ると橋のたもとに源八渡し跡の碑が立つ。帝国ホテル裏の水上バス乗り場をすぎてしばらく行くと、コロニアル様式の建物がある。造幣局に附属した応接所の泉布観《せんぷかん》だ。桜宮橋は昭和5年（1930）に完成。戦前では最大のアーチ橋で、西詰めに煉瓦造りの階段塔が残っている。春には賑わう造幣局の通り抜けの下の道を歩いて、川崎橋、天満橋をすぎ、南天満公園を行く。向かい側が八軒家浜（船着場跡）で、近年川辺が整備され蘇った。❹**天神橋**《てんじんばし》から中之島へ渡るとよい。中

豆知識

元は淀川の本流だった大川

明治40年（1907）に淀川本流からの放水路として開削されたのが新淀川で、現在では淀川と言えば新淀川を指す。旧淀川は大川と呼ばれ、区間によって名称が変わる。中之島の北側は堂島川、南側は土佐堀川、下流で合流してからは安治川と呼ばれる。毛馬閘門から河口にかけて36もの橋が架けられ、水の都らしい景観を形成している。

▶難波橋は通称「ライオン橋」。2匹のライオン像は阿吽の形

問い合わせ先

国土交通省淀川河川事務所毛馬出張所☎06-6351-2580
天保山渡船場☎06-6571-5919

▶上：天保山とUSJを結ぶ天保山渡船　右下：人と自転車が通行できる安治川トンネル　左下：フィナーレの天保山

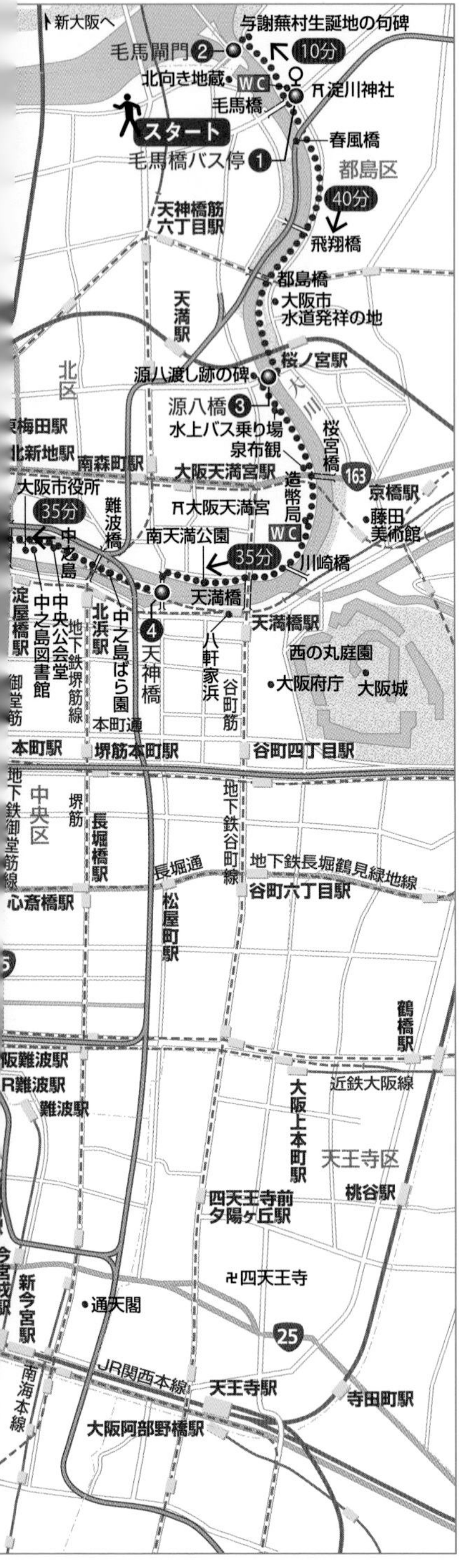

之島ばら園や難波橋、中央公会堂、中之島図書館、大阪市役所など見るべき建物や橋も多い。堂島川畔の遊歩道を歩いていくと❺玉江橋《たまえばし》だ。中之島の端まできたら、端建蔵橋《はたてくらばし》を渡って倉庫街を歩く。西大阪の名物、地下17mの川底を行く❻安《あ》治川《じがわ》トンネルを通り、ユニバーサルシティ駅から桜島駅、❼天保山渡船《てんぽうざんとせん》へ。船で❽天保山公園《てんぽうざんこうえん》へ渡る。天保山は標高4・53m、日本一低い山として有名だ。帰りは❾地下鉄大阪港駅《ちかてつおおさかこうえき》へ向かう。

立ち寄りスポット

魚市場の前身“ざこば”時代から続く

中央市場 ゑんどう寿司

とびきり新鮮な魚を扱う大阪市中央卸売市場の中にある老舗寿司店。明治40年（1907）創業、初代が考案した「つかみ寿司（上まぜ1皿1150円）」は、お任せの1皿5貫を好きな枚数注文する。炊き立てのシャリが口の中でほろりと崩れる独特の味わいで、旬のネタをたっぷり堪能できる。

☎06-6469-7108、6～14時、日曜・祝日休

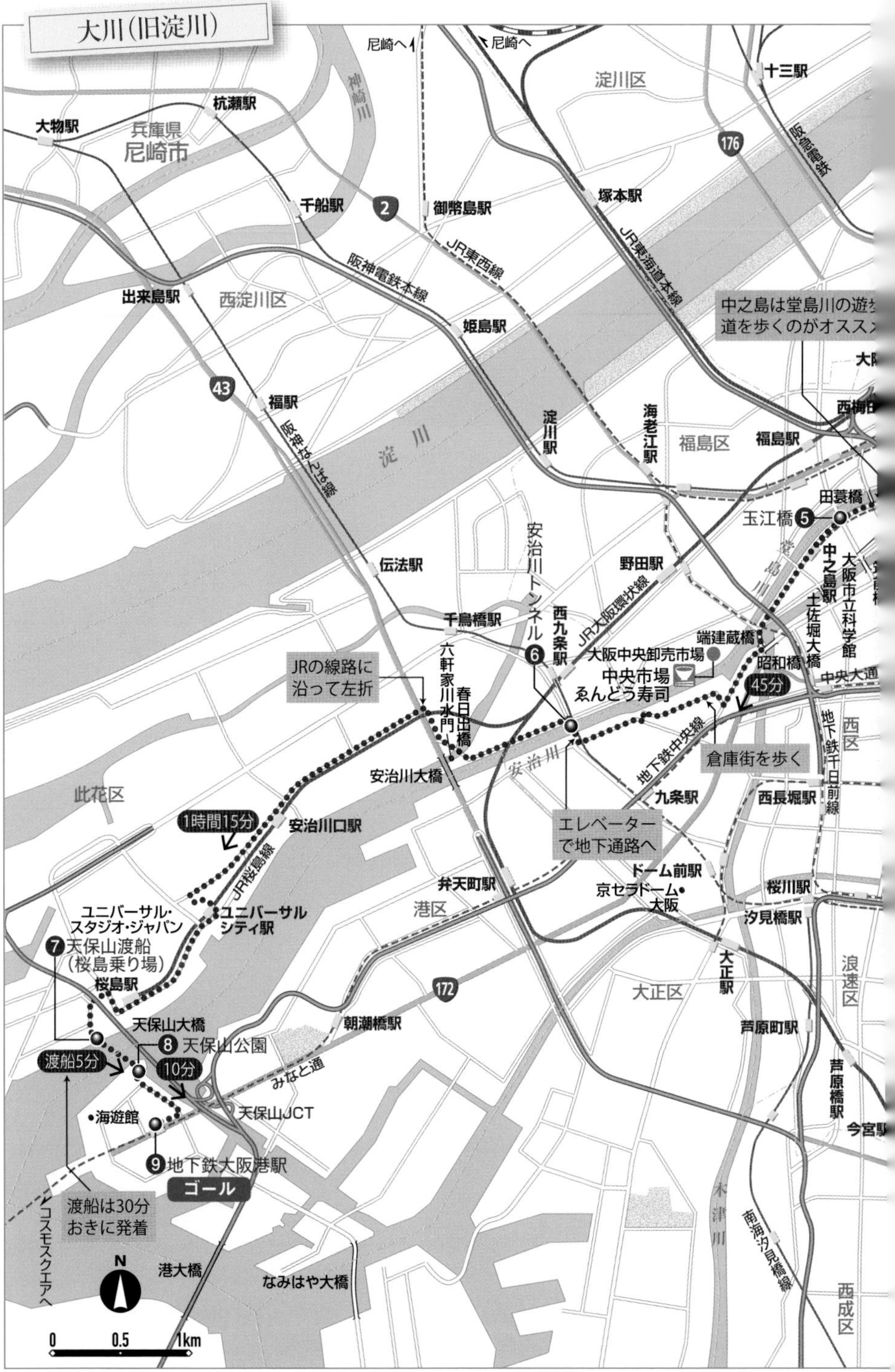
大川(旧淀川)
尼崎へ
尼崎へ
淀川区
十三駅
杭瀬駅
大物駅
兵庫県
尼崎市
神崎川
176
阪急電鉄
塚本駅
千船駅
2
御幣島駅
JR東西線
JR東海道本線
阪神電鉄本線
出来島駅
西淀川区
姫島駅
中之島は堂島川の遊歩道を歩くのがオススメ
大阪
43
福駅
阪神なんば線
淀川
淀川駅
海老江駅
福島区
福島駅
西梅田
田蓑橋
玉江橋
5
安治川トンネル
野田駅
伝法駅
堂島川
中之島駅
大阪市立科学館
JR大阪環状線
千鳥橋駅
西九条駅
端建蔵橋
土佐堀大橋
6
大阪中央卸売市場
昭和橋
JRの線路に沿って左折
六軒家川水門
春日出橋
中央市場
ゑんどう寿司
45分
中央大通
西区
地下鉄中央線
地下鉄千日前線
安治川
倉庫街を歩く
安治川大橋
九条駅
西長堀駅
此花区
1時間15分
安治川口駅
エレベーターで地下通路へ
JR桜島線
ドーム前駅
弁天町駅
京セラドーム大阪
桜川駅
ユニバーサル・スタジオ・ジャパン
ユニバーサルシティ駅
港区
汐見橋駅
7 天保山渡船(桜島乗り場)
浪速区
大正駅
桜島駅
172
大正区
天保山大橋
朝潮橋駅
芦原町駅
8 天保山公園
渡船5分
10分
みなと通
芦原橋駅
天保山JCT
海遊館
今宮駅
9 地下鉄大阪港駅
ゴール
渡船は30分おきに発着
コスモスクエアへ
木津川
南海汐見橋線
N
港大橋
なみはや大橋
西成区
0
0.5
1km

walking course 4

大阪府

生駒山《いこまやま》縦走《じゅうそう》①

都市近郊の手軽な山として人気
府民の森の園地を結ぶ縦走路

▲むろいけ園地ボードウォークコースは森の中へと木道が続く

▲阪奈道路を越えくさか園地へ向かう

▲むろいけ園地の水辺自然園

1. 逢阪バス停
   徒歩15分
2. むろいけ園地エントランスゲート
   徒歩1時間20分
3. くさか園地入口(灯籠ゲート)
   徒歩1時間
4. ぬかた園地
   徒歩45分
5. 国道308号出合
   徒歩40分
6. 枚岡神社
   徒歩5分
7. 近鉄枚岡駅

歩行時間 約4時間5分

歩行距離 約15km

歩数 約3万4000歩

ACCESS

電車 **行き**:JR学研都市線四条畷駅からコミュニティバスさつきヶ丘公園・緑風台行きで20分、逢阪下車(220円)。(土・日曜のみ緑の文化園行きあり)
帰り:近鉄奈良線枚岡駅から

車 第二京阪道路寝屋川南ICから府道21号線・国道163号線を経由し約5.5kmで逢阪バス停

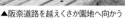

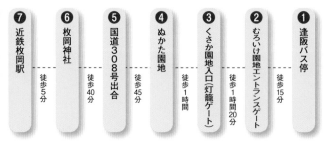

▲くさか園地からは大阪平野が箱庭のように広がって見える

▲くさか園地の森の中を行く

大阪と奈良を分ける生駒山は、早くから山上遊園地や、生駒山系を縦断するドライブウェイもあって、なにかと身近に感じる山である。古くからの峠道もこの山をたくさん越えている。歴史があり豊かな自然もある生駒山を、ただ車で走りすぎるのではなく、ゆったり歩いて展望や森林、峠などを楽しんでみよう。

❶**逢阪《おうさか》バス停《てい》**から府民の森に向かって歩く。このあたりは大阪とは思えないほどのどかな雰囲気だ。かつては逢坂千軒といわれたところで、南北朝時代の立派な五輪塔が立っている。緩やかに登って行くと緑の文化園のゲートがあり、しばらく行くと❷**むろいけ園地《えんち》エントランスゲート**である。森の工作館は植物や昆虫などの紹介もしている。コースはボードウォークやネイチャートレイル、ファミリートレイルと選択肢はいろいろあるが、どの道も森や水辺を楽しめる。また、いずれをとっても古池林間広場から中堤へ出て、生駒縦走歩道と合流する。室池を渡って森を抜けると芝生広場が広がり、

豆知識

レジャーも登山も人気の生駒山

奈良の都と難波の港をつなぎ、古代から交通の要衝であった生駒山。標高642mの山頂部には多くの電波塔が林立し、遠目にはまるで針の山のような特異な姿をしている。山頂付近は遊園地だが、入園料がいらないため、ぬかた園地から足を延ばすハイカーも。生駒ケーブル、ドライブウェイが利用できるため、観光客も多い。

▶近鉄新石切駅から見た生駒山。大阪と奈良を隔てる大きな壁のように見える

問い合わせ先

大阪府中部農と緑の総合事務所☎072-994-1515(代)
一般財団法人 大阪府みどり公社☎06-6266-1038

▼水辺のあるぬかた園地では四季折々に花が楽しめる

▼上：くさか園地からぬかた園地へ向かう
　下：辻子谷コースへの分岐を横目に

▼暗峠の下の集落を行く

権現川ハイキングコースと合流。阪奈道路に突き当たったら歩道橋を渡る。田んぼに沿った道を歩き、細い沢に沿った山道へ入ると竜王神の祠がある。あたりにはゴルフ場などもできているが、この道は古くからの道だ。樹林帯に入り信貴生駒スカイラインが見えて石灯籠があると❸**くさか園地《えんち》入口（灯籠ゲート）**だ。木製階段を上がり、スカイラインに沿って歩く。辻子谷ハイキングコースとの合流点から左の石畳道を登る。生駒山頂への道と分かれて右へ行くと❹**ぬかた園地《えんち》**である。摂河泉《せっかせん》展望ハイキングコース下のトンネルを抜けると、暗峠《くらがり》への❺**国道《こくどう》308号《ごう》出合《であい》**に出る。この国道を下り、❻**枚岡神社《ひらおかじんじゃ》**から❼**近鉄枚岡駅《きんてつひらおかえき》**に向かう。

立ち寄りスポット

おばちゃんの人柄も人気

峠の茶屋すえひろ

石畳の道に江戸時代の雰囲気があると人気の暗峠。その峠の茶屋は、ハイキングやツーリングの人たちによく知られている。人気の野菜カレー600円、うどん500円、各種定食もある。珍しいアズキ入りのコーヒー500円も名物だ。

☎0743-76-8495、9時30分～16時30分、月～金曜休(祝日を除く)

旧河内国の一之宮

枚岡神社

社伝によれば神武天皇紀元前3年（神武天皇即位の3年前）に、神津岳の頂に祖神の天児屋根神を祀ったのが始まりという古社。白雉2年(650)、平岡連によって現在の地に移された。なお、有名な枚岡梅林は2016年に病気対策のため伐採され、現在復活を目指して新たな梅の木を育成中。

☎072-981-4177、境内自由

生駒山縦走①

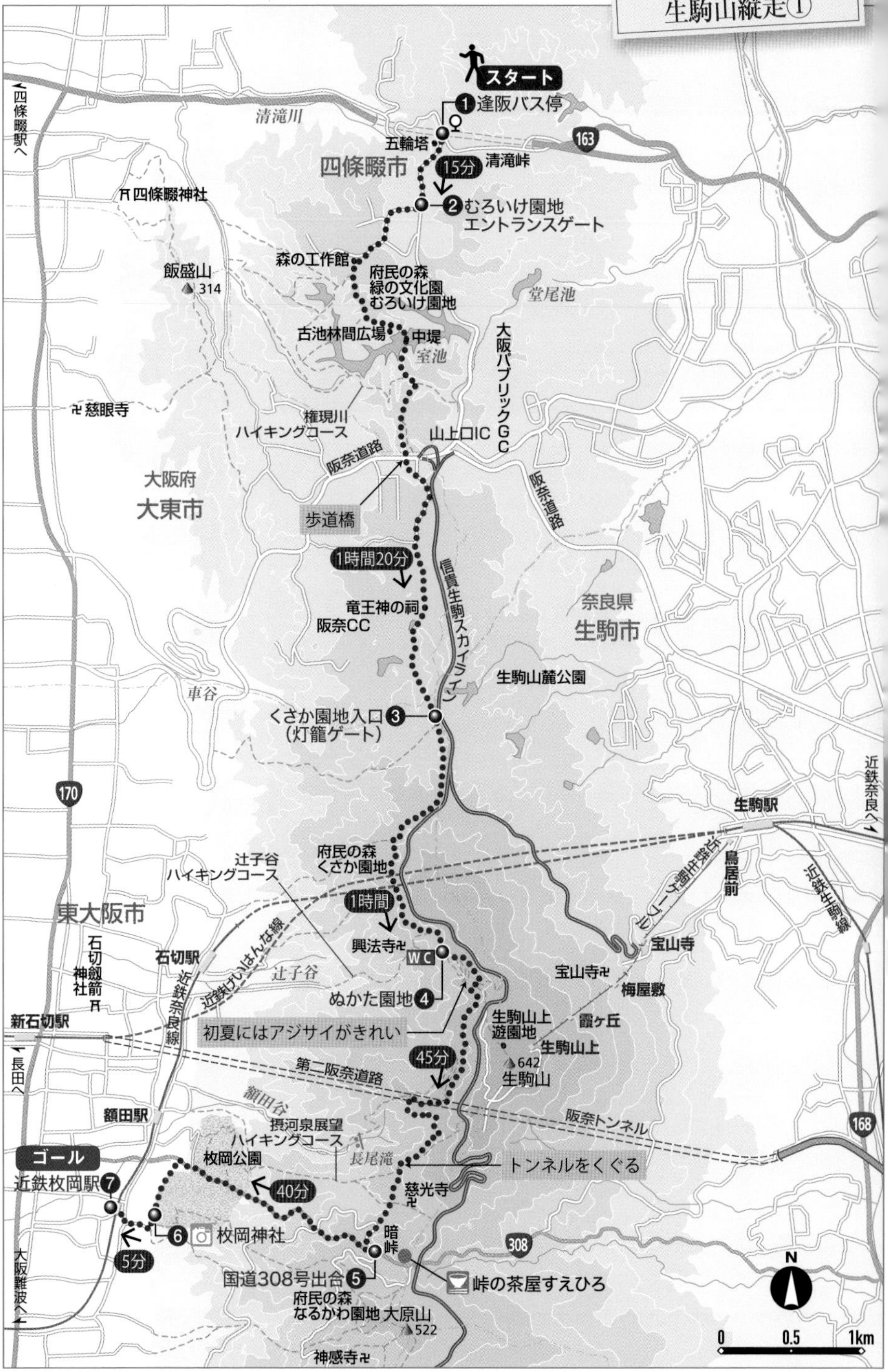

スタート
1 逢阪バス停
清滝川
五輪塔
163
15分
清滝峠
四條畷市
四條畷駅へ
四條畷神社
2 むろいけ園地エントランスゲート
森の工作館
府民の森
緑の文化園
むろいけ園地
飯盛山
314
堂尾池
古池林間広場
中堤
室池
大阪パブリックGC
慈眼寺
権現川
ハイキングコース
山上口IC
阪奈道路
大阪府
大東市
歩道橋
1時間20分
信貴生駒スカイライン
竜王神の祠
阪奈CC
奈良県
生駒市
生駒山麓公園
車谷
くさか園地入口 3
(灯籠ゲート)
170
近鉄奈良へ
生駒駅
府民の森
くさか園地
辻子谷
ハイキングコース
鳥居前
近鉄生駒ケーブル
近鉄生駒線
東大阪市
1時間
石切劔箭神社
石切駅
近鉄けいはんな線
興法寺
WC
宝山寺
辻子谷
宝山寺
ぬかた園地 4
梅屋敷
新石切駅
近鉄奈良線
初夏にはアジサイがきれい
生駒山上遊園地
霞ヶ丘
生駒山上
長田へ
45分
642
生駒山
第二阪奈道路
額田谷
額田駅
摂河泉展望
ハイキングコース
阪奈トンネル
168
ゴール
枚岡公園
長尾滝
トンネルをくぐる
近鉄枚岡駅 7
40分
慈光寺
6 枚岡神社
暗峠
308
5分
大阪難波へ
国道308号出合 5
峠の茶屋すえひろ
府民の森
なるかわ園地
大原山
522
神感寺
N
0
0.5
1km

walking course

5

大阪府・奈良県

生駒山縦走《いこまやまじゅうそう》②

暗峠から信貴山方面へ一気に縦断
大展望を楽しめる快適ウォーク

▲なるかわ園地「ぼくらの広場」からは大阪平野が一望のもと

▲椋ヶ根橋あたりには街道の名残がある

❶ 近鉄枚岡駅
徒歩1時間
❷ なるかわ園地ゲート
徒歩15分
❸ ぼくらの広場
徒歩20分
❹ 鳴川峠
徒歩30分
❺ 展望台
徒歩15分
❻ 十三峠
徒歩1時間
❼ 高安山駅

ACCESS

電車 **行き**:近鉄奈良線枚岡駅から
帰り:近鉄西信貴ケーブル高安山駅から

車 阪神高速東大阪線新石切ランプから国道308・170・308号線を経由し約2km で近鉄枚岡駅

歩行時間
約**3**時間**20**分

歩行距離
約**13**km

歩数
約**2**万**9500**歩

▲みずのみ園地付近のよく整備された道

▲鐘の鳴る丘展望台でひと休み。眺めのよさは生駒歩きの楽しみ

暗峠を越える道は暗越奈良街道といわれ、平城京と難波を結ぶ、古くからよく使われた道である。江戸時代には伊勢参りの人々で賑わい、茶店や旅籠が峠に並んでいたという。峠道は国道308号。1車線で20度余りの勾配があるため、「酷道」などと揶揄されることもあるが、それでかえって人気があったりするようだ。ただ歩いて登るにはやはり酷道なのかもしれない。

❶**近《きん》鉄《てつ》枚《ひら》岡《おか》駅《えき》**から枚岡神社へ向かい、境内を左に抜けて道幅の狭いコンクリート舗装の急坂に出る。これが暗峠への道で、道はケーブルカーのようにひたすら直登する。1時間近く登ると右手に弘法の水があるが、この水は生では飲めない。ここをすぎるとまもなく道が交差していて、右へ入ると❷**なるかわ園《えん》地《ち》ゲート**がある。まっすぐ行けば人家が現れ、石畳の道になると間もなく暗峠だ。

なるかわ園地へ入るとすぐに休憩所があり❸**ぼくらの広《ひろ》場《ば》**に着く。広い芝生の広場で、360度のパノラマを楽しむこ

豆知識

生駒山を越える峠道

難波と大和を隔てる生駒山には10以上の峠道が通る。岩船越、清滝越、中垣内越、日下越、辻子谷越、暗越、鳴川越、十三越、立石越、信貴越などと呼ばれている。中垣内越や日下越は道も定かではないが、岩船越と清滝越、暗越は車道となり、暗越と鳴川越、十三越はよく歩かれている。辻子谷越と立石越、信貴越は大阪側がよく利用されている。

▶南北の縦走路に東西の道が何本も交差。峠を数えながら進む（鳴川峠にて）

問い合わせ先

大阪府中部農と緑の総合事務所☎072-994-1515（代）
一般財団法人 大阪府みどり公社☎06-6266-1038

▲高安山山頂付近の縦走歩道

▲石仏が祀られた十三峠は松尾寺への松尾道と交差している

とができる。ここからは鳴川峠を目指して階段道をひたすら下っていく。やがて峠の地蔵が現れると❹鳴川峠《なるかわとうげ》である。丸太の階段を上り森を抜けると「自由の森なるかわ」の看板があり、奈良方面の視界が開ける。

再び森に入り登って行くと、希望の鐘のある❺展望台《てんぼうだい》が現れる。金属製の構築物は多少違和感もあるが、生駒らしいともいえる。舗装路を下って右の山道へ入り、スカイラインを陸橋で渡ってしばらく行くと十三塚があり、その先が❻十三《じゅうさん》峠《とうげ》だ。少し下りて竹林をすぎ、スカイラインと平行に歩く。スカイラインの下をくぐり、その先で信貴山への道と分かれて近鉄西信貴ケーブルの❼高安山駅《たかやすやまえき》に到着する。

▲近鉄西信貴ケーブル高安山駅がゴール

立ち寄りスポット

自然について学べる休憩所

森のレストハウス

生駒山系の樹林や生息する鳥などをジオラマで展示するなど、生駒山系の自然を紹介。図書コーナーには動植物の図鑑や自然観察に役立つ書籍がある。弁当を開いて休憩するのにちょうどよい休憩コーナーや、金剛山系の展望がよいデッキもある。

☎072-984-6924、9時30分～16時30分(季節により変動)、火曜休(祝日の場合は翌日)、無料

張り子の虎が迎える開運の寺

朝護孫子寺

聖徳太子が物部守屋討伐の戦勝祈願をした際に、寅年、寅の日、寅の刻に毘沙門天が現れ、その加護により勝利したと伝わる。そのため境内では張り子の虎に迎えられる。本尊の毘沙門天と虎から、阪神タイガースの選手も祈願に訪れる。信貴山絵巻でも有名。高安山駅から近鉄バス約10分。

☎0745-72-2277、境内自由

生駒山縦走②

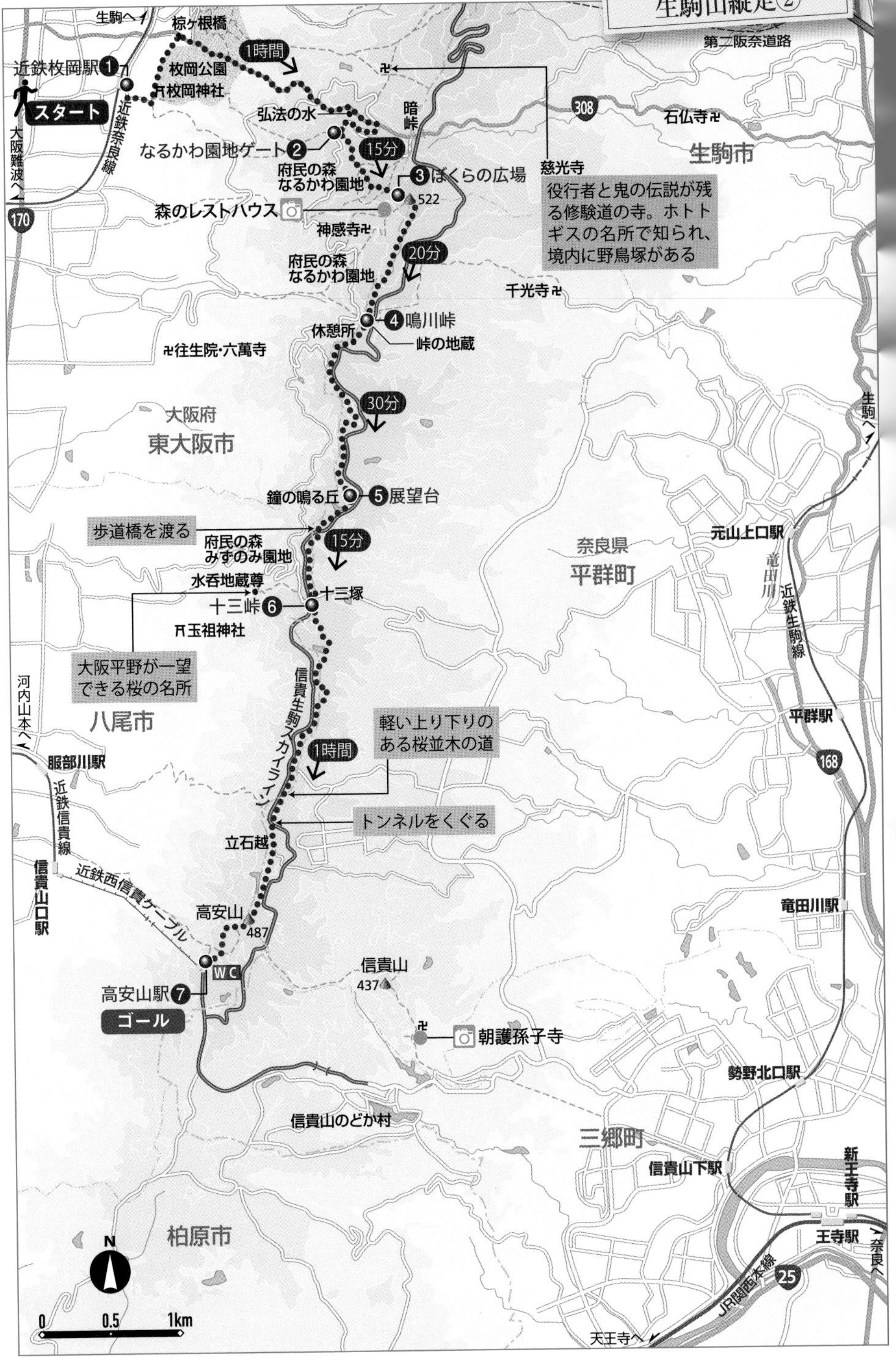
生駒へ
椋ヶ根橋
1時間
近鉄枚岡駅1
スタート
枚岡公園
枚岡神社
第二阪奈道路
308
石仏寺
生駒市
暗峠
弘法の水
なるかわ園地ゲート2
15分
府民の森
なるかわ園地
3ぼくらの広場
522
慈光寺
役行者と鬼の伝説が残る修験道の寺。ホトトギスの名所で知られ、境内に野鳥塚がある
森のレストハウス
神感寺
近鉄奈良線
大阪難波へ
170
府民の森
なるかわ園地
20分
千光寺
4鳴川峠
休憩所
峠の地蔵
往生院・六萬寺
30分
大阪府
東大阪市
生駒へ
鐘の鳴る丘
5展望台
歩道橋を渡る
府民の森
みずのみ園地
15分
奈良県
平群町
元山上口駅
竜田川
近鉄生駒線
水呑地蔵尊
十三峠6
十三塚
玉祖神社
大阪平野が一望できる桜の名所
信貴生駒スカイライン
河内山本へ
八尾市
軽い上り下りのある桜並木の道
1時間
平群駅
168
服部川駅
近鉄信貴線
トンネルをくぐる
立石越
信貴山口駅
近鉄西信貴ケーブル
高安山
487
竜田川駅
信貴山
437
WC
高安山駅7
ゴール
朝護孫子寺
勢野北口駅
信貴山のどか村
三郷町
信貴山下駅
新王寺駅
王寺駅
奈良へ
柏原市
N
25
JR関西本線
0
0.5
1km
天王寺へ

walking course

6

大阪府

摂《せっ》津《つ》峡《きょう》

桜と紅葉で有名な北摂屈指の景勝地
戦国時代の山城にも足をのばす

▲摂津峡を挟んで三好山の対岸は、春は桜が山肌を覆う

摂津峡は高槻市を流れる芥川上流の渓谷で、夫婦岩や屏風岩、行者岩などの奇岩や崖、滝、淵が約4km にわたって続く景勝地だ。「関西自然に親しむ風景100選」「大阪みどりの百選」にも選ばれ、西岸は摂津峡公園として整備されている。一帯には約420種の植物、昆虫数百種、野鳥も数多く生息。アユやアマゴ、ニジマスの釣りポイントとしても人気があり、桜や紅葉の名所でもある。

❶**塚脇《つかわき》バス停《てい》**から近くの水路に沿って北へ行く。地蔵寺千念院の Y字路を右へ、細い道を登っていく。「三好山へ40分」の道標に従って農道を緩やかに登る。あたりは城山集落の棚田や畑が広がり里山歩きの気分を満喫できる。「三好山へ25分」

❶ 塚脇バス停
徒歩45分
❷ 三好山
徒歩20分
❸ 原集落
徒歩15分
❹ 白滝
徒歩15分
❺ 花の里温泉 山水館
徒歩15分
❻ 美人湯 祥風苑
徒歩5分
❼ 塚脇バス停

歩行時間 約1時間55分

歩行距離 約5.5km

歩数 約1万2000歩

ACCESS

電車 行き：JR高槻駅北口から高槻市営バス塚脇行きで10分、終点下車（220円）
帰り：塚脇バス停から往路を戻る

車 新名神高速道路高槻ICから府道６号線を経由し約４kmで塚脇バス停

▲木橋を渡って白滝へ

▼摂津峡が始まる。道は整備されている

▼三好山への分岐点。道標が目印

▲東海自然歩道の道標がある旧白滝茶屋

▲三好山の頂上は広場になっている

の道標のあるところが三好山と摂津峡上流部への分岐点。三好山へは石垣のあるところから竹林の中を進む。土塁・曲輪・墓を見て少し登ると東出丸で、城跡碑が立てられている。左から回り込むように登ると❷**三好山**《みよしやま》の頂上だ。ここに芥川山城の本丸があった。山上からは高槻市街が一望できる。

井戸跡のある分岐点へ戻り北へ向かう。道が細くなるので注意が必要だ。芥川が左に見えてくると、しばらくして民家の裏へ出る。❸**原集落**《はらしゅうらく》の道路に出て左へ向かい、摂津峡大橋を渡る。慶住院をすぎて細い道を下りて行くと摂津峡の渓谷である。道はよく整備されている。旧白滝茶屋から右に行けば❹**白滝**《しらたき》がある。旧白滝茶屋からは屏風岩や八畳岩などの巨岩を見ながら摂津峡沿いに下っていく。❺**花**《はな》**の里温泉**《さとおんせん》　**山水館**《さんすいかん》をすぎると摂津峡公園で、広い道路に出る。塚脇橋を渡り、❻**美人湯**《びじんゆ》　**祥風苑**《しょうふうえん》前を通って❼**塚脇**《つかわき》**バス停**《てい》へ向かう。

豆知識

戦国時代を偲ぶ芥川山城

芥川山城は、永正年間（1520年ごろ）に管領細川高国が築城したと伝えられ、大阪府下では飯盛山城と並ぶ規模の山城だった。摂津峡の険峻な地形を生かして造られており、石垣や土塁、連続曲輪群などの遺構が残っている。信長の上洛まで、近畿一帯を支配していた三好長慶が城主だった時代もある。

▶かつて芥川山城本丸のあった三好山山頂からは高槻方面の眺めがよい

問い合わせ先

高槻市観光協会☎072-675-0081
高槻市営バス緑が丘営業所☎072-687-1500

立ち寄りスポット

2種類の源泉を楽しめる温泉旅館

♨花の里温泉 山水館

渓流沿いの温泉宿で、日帰り入浴も可能。野趣あふれる露天風呂は、重曹泉の濃度が高い療養泉。ラドンを含むアルカリ性単純泉の大浴場も、ガラス越しに渓流を眺められる。四季折々に美しい摂津峡の景色と、2種類の源泉をたっぷり楽しみたい。食事とセットのプランもある（要予約）。

☎072-687-4567、11時30分～19時、不定休、1400円

美肌効果抜群の日帰り入浴施設

♨美人湯 祥風苑

湧出量が1日600tもあり、約34度で、重曹の含有量が高いアルカリ性純重曹泉は、療養温泉規格に合格するほど泉質がよい。ぬめりのある湯はお肌にいいと評判だ。開放感のある屋上大露天風呂が気持ち良い。1階の食事処「花の里」は食事だけの利用も可能。

☎072-689-6700、10～24時、無休、900円(土・日曜、祝日1000円)

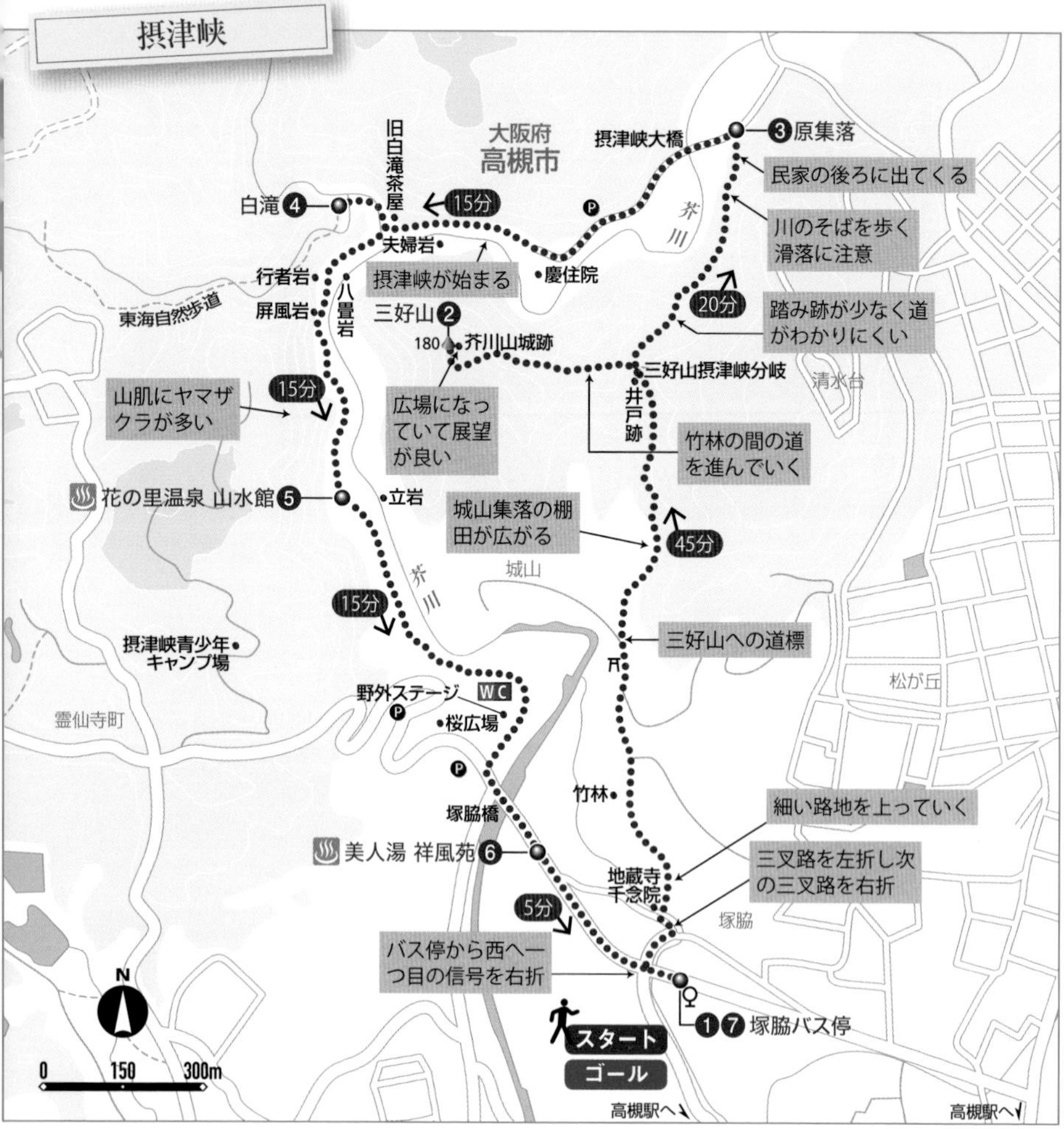

▲千早城跡からは金剛山が望める

▲葛木神社参道の巨大な夫婦杉

▲千早本道は丸太階段が延々と続く

walking course 7

大阪府

金剛山《こんごうざん》

遠足登山でもおなじみの山上にブナ林がある自然の楽園

金剛山は奈良県御所市《ごせし》と大阪府千早赤阪村にまたがり、一帯は金剛生駒紀泉国定公園に指定されている。地元の学校登山などでもよく登られているが、独自の登山回数記録システムがあるため、なかには1万回を超える人もいる。山頂に登るルートはいくつかあるが、楠木正成《くすのきまさしげ》が築城して百日籠城の舞台となった千早城跡を経由して、千早本道といわれる町石道をたどってみたい。

❶**金剛登山口《こんごうとざんぐち》バス停《てい》**から千早本道の入口とは逆に、バスの進行方向に歩くとすぐ左手に急な石段が見えてくる。この石段を上ると❷**千早城跡《ちはやじょうあと》**である。かつて二の丸があったという千早神社から楠木塚へ行って千早本道に合流する。道はよく

❶ 金剛登山口バス停
徒歩10分
❷ 千早城跡
徒歩45分
❸ のろし台
徒歩45分
❹ 葛木神社
徒歩10分
❺ 湧出岳
徒歩15分
❻ 府民の森ちはや園地
徒歩5分
❼ 伏見峠
徒歩50分
❽ 千早ロープウェイ前バス停

歩行時間 約3時間
歩行距離 約6.7km
歩数 約1万3300歩

ACCESS

電車 **行き**:近鉄長野線富田林駅から金剛バス千早ロープウェイ前行きで34分、金剛登山口下車(540円)
帰り:千早ロープウェイ前バス停から金剛バス富田林駅行きで39分、終点下車(590円)

車 南阪奈道路羽曳野ICから国道170・309号線、府道705号線を経由し約18kmで金剛登山口の駐車場(1日600円)

▲山頂にある役行者ゆかりの転法輪寺は葛城修験道の中心として栄えた

▲国見城跡が金剛山頂の展望台

▲一ノ鳥居あたりには神秘的な空気が

整備されているが、延々と続く階段に少し辟易するかもしれない。通勤前登山の人や、駆け上がり、駆け下りてくる人を目にすることも多い。谷筋からの合流地点をすぎると❸**のろし台**《だい》で、ここが5合目になる。途中で分岐があるが、どちらもすぐに合流する。40分ほどがんばると葛木神社社務所前の広場だ。ここには売店や休憩所、トイレなどがある。国見城跡からは南河内一帯が見渡せる。

売店を右に行けば転法輪寺境内で、本堂前を右に行くと❹**葛**《かつら》**木**《ぎ》**神社**《じんじゃ》である。金剛山最高峰の葛木岳は神社の背後にあり立入禁止。神社正面の階段を下りて縦走路を左へとり、一ノ鳥居をくぐったところでダイヤモンドトレールと合流する。すぐに分岐があり、左に行くと標高1112mの❺**湧出岳**《ゆうしゅつだけ》である。無線中継所脇の広い道を下り、もとの縦走路にでる。10分ほどで❻**府民**《ふみん》**の森**《もり》**ちはや園地**《えんち》で、素晴らしい展望である。❼**伏見峠**《ふしみとうげ》から、ダイヤモンドトレールと分かれて、「念仏坂」を下る。バス道に出ると❽**千**《ち》**早**《はや》**ロープウェイ前**《まえ》バス停だ。

豆知識

耐寒登山でおなじみの山

金剛山は大阪の最高地点であるだけに雪がよく降り、気温も低くなる。そのため冬季には霧氷を見ることができる。霧氷は気温が氷点下5度以下になると風上に向かって不透明な氷が木や岩につく樹氷や、樹木につく霜、樹霜などをいう。霧氷は大変美しいが、この季節の登山には防寒着や手袋、アイゼンなどが必須だ。

▶冬でも比較的安心して登れるため樹氷ハイクや初詣登山が人気

問い合わせ先

道の駅ちはやあかさか☎0721-21-7557
金剛バス☎0721-23-2287

立ち寄りスポット

自然と星空観察の情報基地

府民の森ちはや園地

標高1053mに位置するちはや園地は、メイン施設の星と自然のミュージアムや、観察デッキのある高山植物園、バンガローもあるキャンプ場などがある。芝生が広がるピクニック広場、大和と河内を一望の展望台にはぜひ立ち寄ってみよう。

ちはや星と自然のミュージアム☎0721-74-0056、10時～16時、火曜休（祝日の場合は翌日）、無料

金剛山の伏流水で作る豆腐をおみやげに

金剛山 山の豆腐 まつまさ

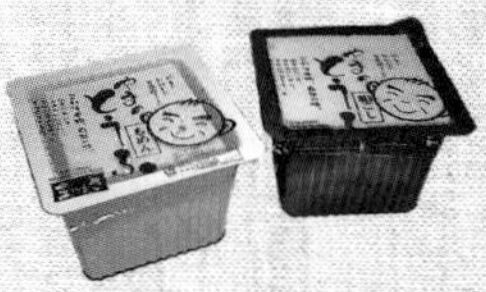

古くから凍り豆腐の名産地だった千早にある、安永6年（1777）創業の豆腐店。金剛山の伏流水と国産大豆で作った豆腐や湯葉などを販売している。豆乳ケーキ250円や豆腐かりんとう550円などのスイーツも人気。向かいの食堂で山の豆腐を使ったお豆富御膳1800円が味わえる。

☎0721-74-0015、9～17時、金曜休（祝日の場合は営業）

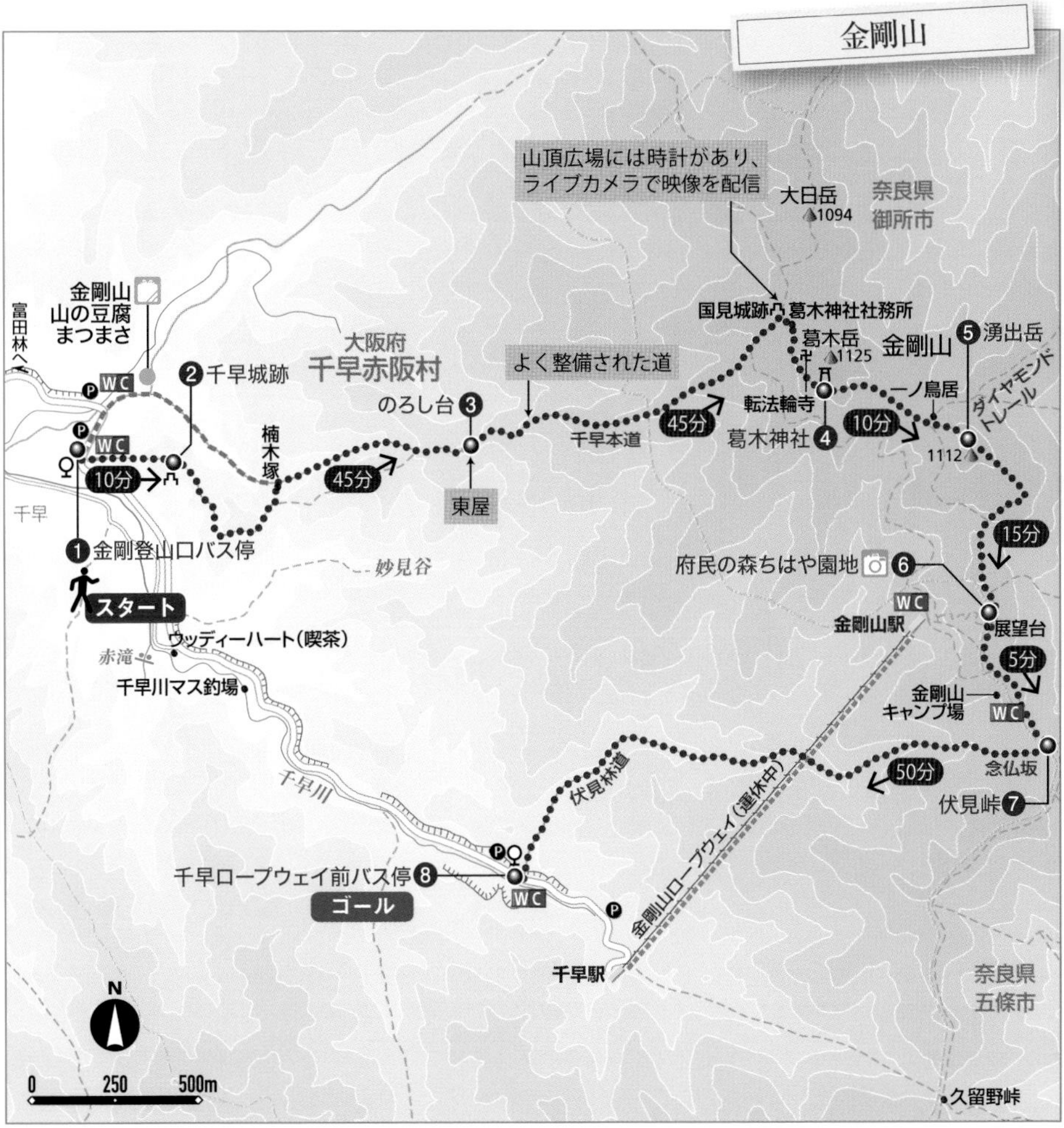

walking course **8**

兵庫県

兎《う》和《わ》野《の》高原《こうげん》

大カツラの根元から湧き出る千年水 但馬の森に巨樹老木を訪ねる

▲和池の大カツラの迫力に圧倒される

▲但馬高原植物園から歩き始める

▲和池の大カツラへの道

氷ノ山後山那岐山《ひょうのせんうしろやまなぎさん》国定公園に指定されている瀞川平《とろかわだいら》一帯は、豊かな植生と湧水に恵まれ、兵庫県観光百選の第1位に選ばれている。ここには兎和野の大カツラや和池《わち》の大カツラがあり、樹齢千年以上という大カツラの根元からは、清冽な水がこんこんと湧き出ている。

まずはこの大カツラの保護をテーマに開園された❶**但馬高原植物園《たじまこうげんしょくぶつえん》**（4～11月、9～17時、500円）に入り歩き始める。植物園の面積は約17haあり、約10haは手つかずの自然林。高山植物と低地植物がともに見られ、植物の南限や北限の境界線にもなっており、湿地も多く、植生が非常に豊かである。自生植物が約2000種類あり、昆虫や野鳥も多い。

❶ 但馬高原植物園
徒歩15分
❷ 和池の大カツラ
徒歩15分
❸ 但馬高原植物園
徒歩25分
❹ 木の殿堂
徒歩40分
❺ 兎和野の大カツラ
徒歩25分
❻ 但馬高原植物園

歩行時間
約**2**時間

歩行距離
約**8**km

歩数
約**1**万**6000**歩

ACCESS

電車 **行き**：JR山陰本線八鹿駅から全但バス村岡・秋岡・湯村温泉行きで39分、福岡ハチ北口下車（880円）。タクシーに乗り換えて10分、但馬高原植物園下車。（予約すれば送迎バスあり）

帰り：但馬高原植物園から往路を戻る

車 北近畿豊岡自動車道・播但連絡道和田山ICから国道312・9号線を鳥取方面へ向かい県道89号線を経由し約38kmで但馬高原植物園

▲枝が踊っているような兎和野の大カツラ

▲木の殿堂のユニークな建物が見えてくる

順路を進むと流れの速いきれいな小川があり、その先に巨木が現れる。樹齢1000年といわれる県指定特別天然記念物の❷**和《わ》池《ち》の大《おお》カツラ**である。樹高38m、幹周り18・5mあり、湧水をまたぐようにしてそびえ立っているため、この木から水が湧き出しているように見える。先ほどの小川はこの水である。すぐ近くにカツラの千年水を飲めるようにコップも用意してある。水は真夏でも10度を上回ることがないという。

湧水に育まれた植物を見て歩いた後は、❸**但馬《たじま》高原《こうげん》植物園《しょくぶつえん》**を出て車道を歩き、❹**木《き》の殿堂《でんどう》**に向かう。安藤忠雄設計のユニークな建物は、森と海と太陽をテーマとして建てられたもので、この先の県立兎和野高原野外教育センター所属の施設だ。

ここから自然散策路を歩いてもう一本の巨木、❺**兎和野《うわの》の大《おお》カツラ**に会いに行く。推定樹齢500年、樹高32m。やはり湧水の上にあって、苔に覆われた根元から清水が湧き出している。自然散策路から❻**但馬《たじま》高原《こうげん》植物園《しょくぶつえん》**に戻る。

豆知識

試飲できるカツラの千年水

カツラの木の近くには水脈があるといわれるように、和池の大カツラや兎和野の大カツラの根元から水が湧き出している。和池の大カツラから湧き出す水は1日に500tとも言われ、水温10度以下で色や透明度、臭気、味などいずれも優れた軟水である。但馬高原植物園前の道路沿いで、「カツラの千年水」として20ℓ100円で販売している。

▶和池の大カツラ近くでは千年水の試飲も。野趣あふれる自然の恵みだ

問い合わせ先

但馬高原植物園☎0796-96-1187
兎和野高原野外教育センター☎0796-94-0211
全但バス八鹿営業所☎079-662-6151

立ち寄りスポット

こくのある千年水コーヒー

ヒュッテブルンネン

植物園に併設のレストランで、一番のおすすめは瀞川山からつたう湧水「千年水」でいれた千年水コーヒーと紅茶各450円や、カツラの千年水豆腐膳1280円（写真）。また、但馬牛を使ったたじま牛すき皿セット1380円なども人気だ。

☎0796-96-1187、9～17時、11月下旬～４月上旬休(開園期間は無休)

森と海と太陽をテーマにした博物館

木の殿堂

館内ではアップダウンする順路に沿って民家模型や民具、玩具など、木から生まれたさまざまな文化を紹介した展示室をめぐる。建物は杉と杉集成材を使用して建設された直径46mの円筒形で、真ん中に直径22mの吹き抜けがあり、底には大きな池がある。

☎0796-96-1388、10時～16時30分(12～３月は～16時)、月曜休(祝日の場合は翌日)、無料

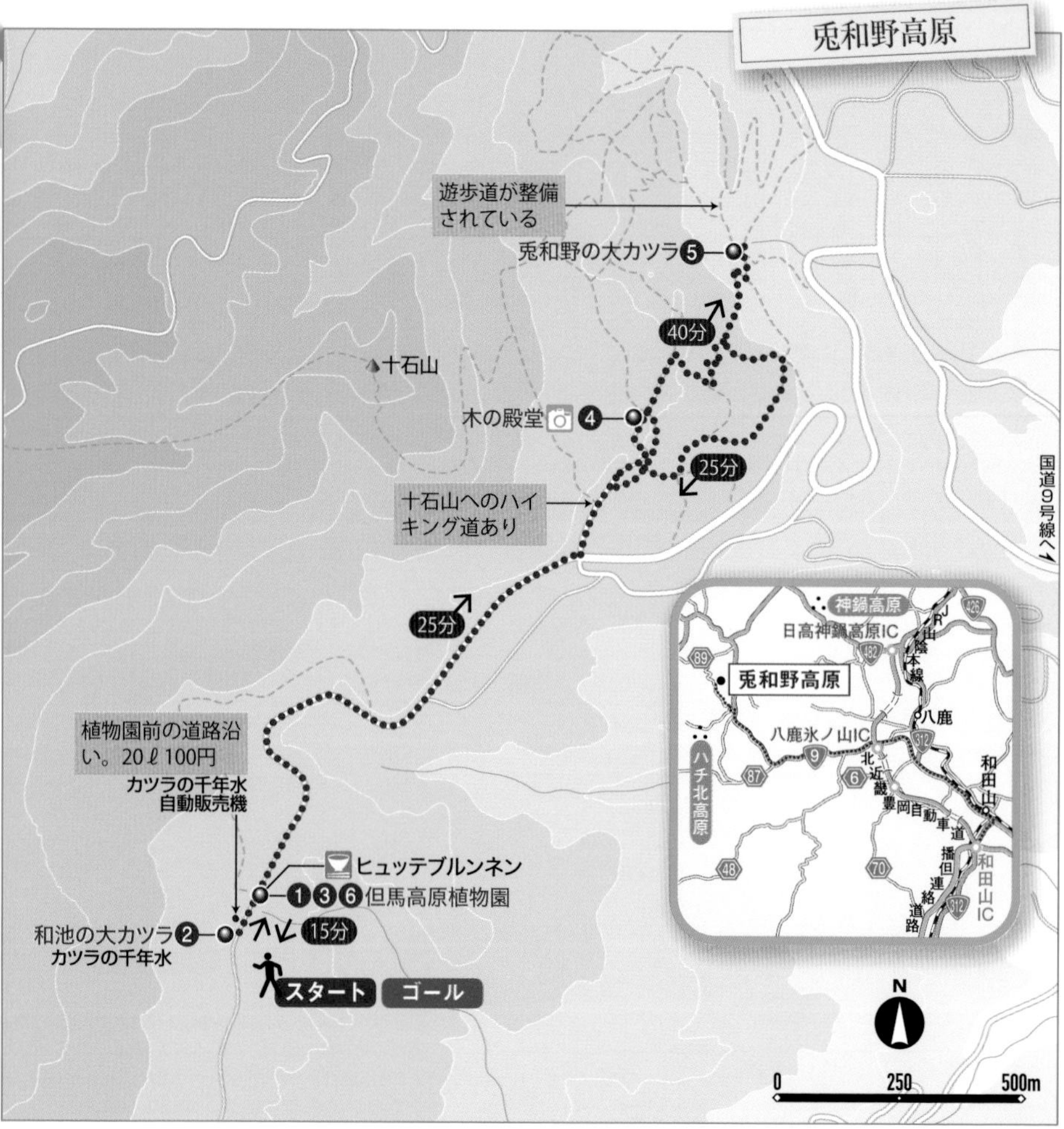

walking course
9

兵庫県

天滝《てんだき》

落差98mで降り注ぐ大迫力「日本の滝百選」の名瀑をめぐる

▲天から噴き出してくるような大迫力の天滝

氷《ひょう》ノ《の》山《せん》山麓にある天滝は、兵庫県下随一であるのはもちろん、「日本の滝百選」にも選ばれている名瀑である。しかし交通が不便なので、車の利用をすすめる。車なら遊歩道入口まで行けるので便利だ。

❶**天滝口《てんだきぐち》バス停《てい》**からは緩やかな登りの林道を歩いて、遊歩道入口を目指す。❷**レストハウス天滝《てんだき》**には駐車場があるが、車はまだ先の遊歩道入口まで入れる。ここから天滝

❶天滝口バス停
徒歩30分
❷レストハウス天滝
徒歩30分
❸鼓ヶ滝
徒歩15分
❹天滝
徒歩40分
❺レストハウス天滝
徒歩30分
❻天滝口バス停

歩行時間	歩行距離	歩数
約2時間25分	約5.4km	約1万2000歩

ACCESS

電車 **行き**:JR山陰本線八鹿駅から全但バス大屋・若杉行きで40分、大屋下車(850円)、若杉・横行行きに乗り換えて10分、天滝口下車(290円)
帰り:天滝口バス停から往路を戻る

車 北近畿豊岡自動車道・養父ICから県道6・48号線を経由し約18kmで天滝遊歩道入口

▲落差10mを超える重厚感のある鼓ヶ滝

▲夫婦滝を見ながら遊歩道を行く

▲滝見台の広場にある天瀧三社大権現

までは約1・2km。遊歩道はしっかり整備されているが、環境に配慮して最小限にとどめられている。それだけに、遊歩道の周りは鬱蒼とした山道になっている。

しのびの滝、岩間の滝、連理の滝、糸滝、久遠の滝、夫婦滝など、渓谷には次々と小さな滝が続き、やがて天滝に次いで大きな❸**鼓《つづみ》ケ《が》滝《たき》**が現れる。落差10m以上の堂々とした滝だ。

滝の前で橋を渡り、急な坂を登って行くと左に東屋がある。右を見上げると木の間から❹**天滝《てんだき》**の飛沫が見えている。以前はここに滝見橋が架けられていて正面から見られたが、老朽化のため撤去された。右の方にある鉄製の階段を上がると、天瀧三社大権現を祀る社のある滝見広場があり、天滝の全容を見ることができる。落差98mの天滝は、その迫力もさることながら美しさが際立った滝だ。少し先から滝の中段あたりの岩棚に下りることができるが、滑らないように気をつけたい。

帰りは来た道を戻り、❺**レストハウス天滝《てんだき》**から❻**天滝口《てんだきぐち》バス停《てい》**へ向かう。

豆知識

滝と緑の景勝地・天滝渓谷

兵庫県の最高峰氷ノ山を源とする天滝川は、豊富な水量で深い谷を刻み、原生林に覆われた渓谷には多くの滝が連続する。氷ノ山後山那岐山国定公園にあって、谷沿いの遊歩道は「森林浴の森100選」の一つ。「但馬名三瀑」でもある天滝は古くから名勝として名高く、『大和長谷寺縁起』『役行者本記』などにも登場。

▶遊歩道が整備されているので安心。滝見台ではゆっくり滝を観賞できる

問い合わせ先

やぶ市観光協会☎079-663-1515
全但バス八鹿営業所☎079-662-6151

立ち寄りスポット

但馬の四季を地元産食材で味わう

レストハウス天滝

天滝渓谷入り口にある食事処。鹿カツ定食1020円、但馬牛・八鹿豚・猪肉を使った養父市まるごとハンバーグ定食1230円など、但馬ならではのジビエ料理、地元産の野菜や食材を生かした料理が自慢。予約すれば登山弁当550円～も用意してくれる。

☎079-669-1849、11時～15時30分、月曜休、12月下旬～３月下旬ごろ休(積雪状況による)

迫力ある樹齢1000年超えの巨樹

樽見の大桜

兵庫県下随一の滝を見たら、春なら但馬随一の桜も見たい。樹齢は1000年を超えるといわれるエドヒガン桜は樹高13.8m、幹周り6.3m、根周り７m。「仙桜」とも呼ばれ、国の天然記念物だ。元禄時代より多くの文人墨客が訪れた。樹盛は弱まったが毎年見事な花をつける。

☎079-663-1515(やぶ市観光協会)、見学自由

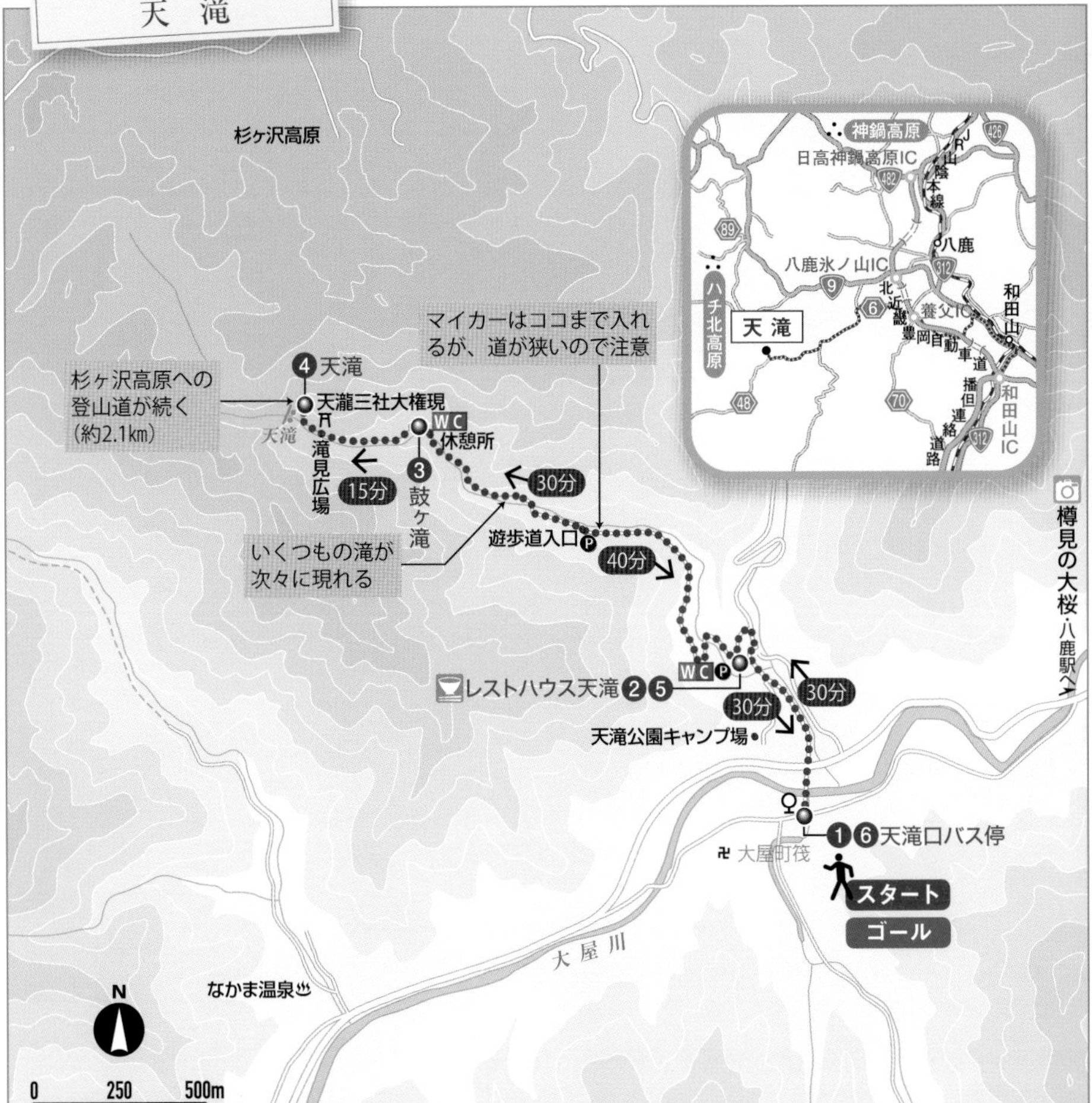

walking course

10

兵庫県

竹田城《たけだじょう》

雲海に浮かぶ天空の城の絶景と風情ある城下町を訪ねて

▲立雲峡から眺める秋の竹田城　写真：吉田利栄

城好きのみならず、その絶景が「天空の城」「日本のマチュピチュ」として人気の竹田城。城下の街並みと、ワイルドな山城と。竹田では、趣の異なる2つの歴史散策が楽しめる。

まずは竹田城の全景を眺望できるスポットへ。❶**竹田駅**《たけだえき》から、城を背に東へと進み、円山川を渡り県道277号の上り坂をゆく。立雲峡の看板が見えたら右折。車1台ほどの幅の山道をしばらく登ってゆくと、駐車場に到着する。その先の開けた斜面が❷**立雲峡**《りつうんきょう》だ。駐車場から15分ほど歩くと、真正面には竹田城のある古城山。運良く雲海が広がっていれば、城が宙に浮かぶ姿がここから見られる。立雲峡は約3000本が咲き誇る桜の名所

❶竹田駅 — 1時間 — ❷立雲峡 — 1時間 — ❸法樹寺 — 20分 — ❹竹田城 — 20分 — ❺竹田駅

ACCESS

電車　**行き**:JR播但線竹田駅から
　　　帰り:JR播但線竹田駅から

車　播但連絡道和田山ICから国道312号線・県道277・104号線を経由し約3kmで竹田駅

歩行時間
約**2**時間**40**分

歩行距離
約**7.5**km

歩数
約**1**万**5000**歩

▲南千畳から本丸を見上げる

▲大手門の折れは敵防衛のため

▲寺町通りの水路には鯉も優雅に泳いでいる

▲本丸から城下を見下ろす

▲本丸から南千畳方面の眺望

でもある。

駅前の市街地へ引き返したら、今度は線路の裏手へ。白塀沿いに水路が流れる寺町通りだ。古刹が並ぶ静かな路地で、その最も北側に立つのが❸**法樹寺**《ほうじゅじ》。竹田城の最後の城主とされる赤松広秀の屋敷跡があり、本堂裏に供養塔もある。

そのすぐ脇が、城への登山道入口だ。登りはなかなか大変だが、苦労して登った分、絶景の感動もひとしおのはず。このコース一番の踏ん張りどころ。

登り切ると、山上一帯が❹**竹田城**《たけだじょう》の広大な城域だ。大手門から先が城内。それぞれに景色や石垣のスタイルが異なるので、三方に広がる尾根上をグルリと巡りたい。山頂にあたる本丸に立てば、先程までいた城下町が、はるか真下に広がっているのが見える。

城内をひと通り巡ったら大手門まで引き返し帰路へ。下りなので、往路に比べると楽に麓までたどり着ける。❺**竹田駅**《たけだえき》はすぐだが、時間があるなら旧生野街道沿いの街並みをぶらぶらするのもいい。

写真：吉田利栄

豆知識

四季折々に趣異なる絶景

雲海に浮かぶだけでも唯一無二な存在だが、竹田城は季節によってもその姿が一変する。春は城内の桜が咲き、夏は新緑、秋はその緑に差し色のような紅葉。真冬、雪化粧に彩られた白一色の世界もまた一見の価値あり。なお、雲海は晩秋、よく晴れた早朝に発生しやすい。現地に前泊して、朝早くから歩き出したい。

▶雲海と満開の桜。この世のものとは思えぬ奇跡のような一瞬

問い合わせ先

朝来市観光交流課☎079-672-4003
情報館 天空の城☎079-674-2120

立ち寄りスポット

城下町にたたずむ古民家カフェ

竹田町屋カフェ 寺子屋

明治時代に建てられた町家をリノベーションしたカフェ。落ち着きある和風の座敷で、ゆったりとした時間を過ごせる。ランチの定番は、但馬牛すき小鍋膳1350円～。店オリジナルのご当地飲料、天空サイダー320円は、レトロなラベルの瓶入り。持ち帰りも可能（260円）。

☎079-674-1255、9時30分～14時、不定休

登城前に立ち寄っておきたい

情報館 天空の城

城主や城下町の歴史がわかる展示、ビデオなどで竹田城の概要を知るならここ。特に精巧な模型は必見。中心部のみならず山全体を網羅しており、360度あらゆる角度から城の構造を把握できる。竹田城グッズの販売も行っている。

☎079-674-2120、9～17時(1·2月は～16時)、入館無料

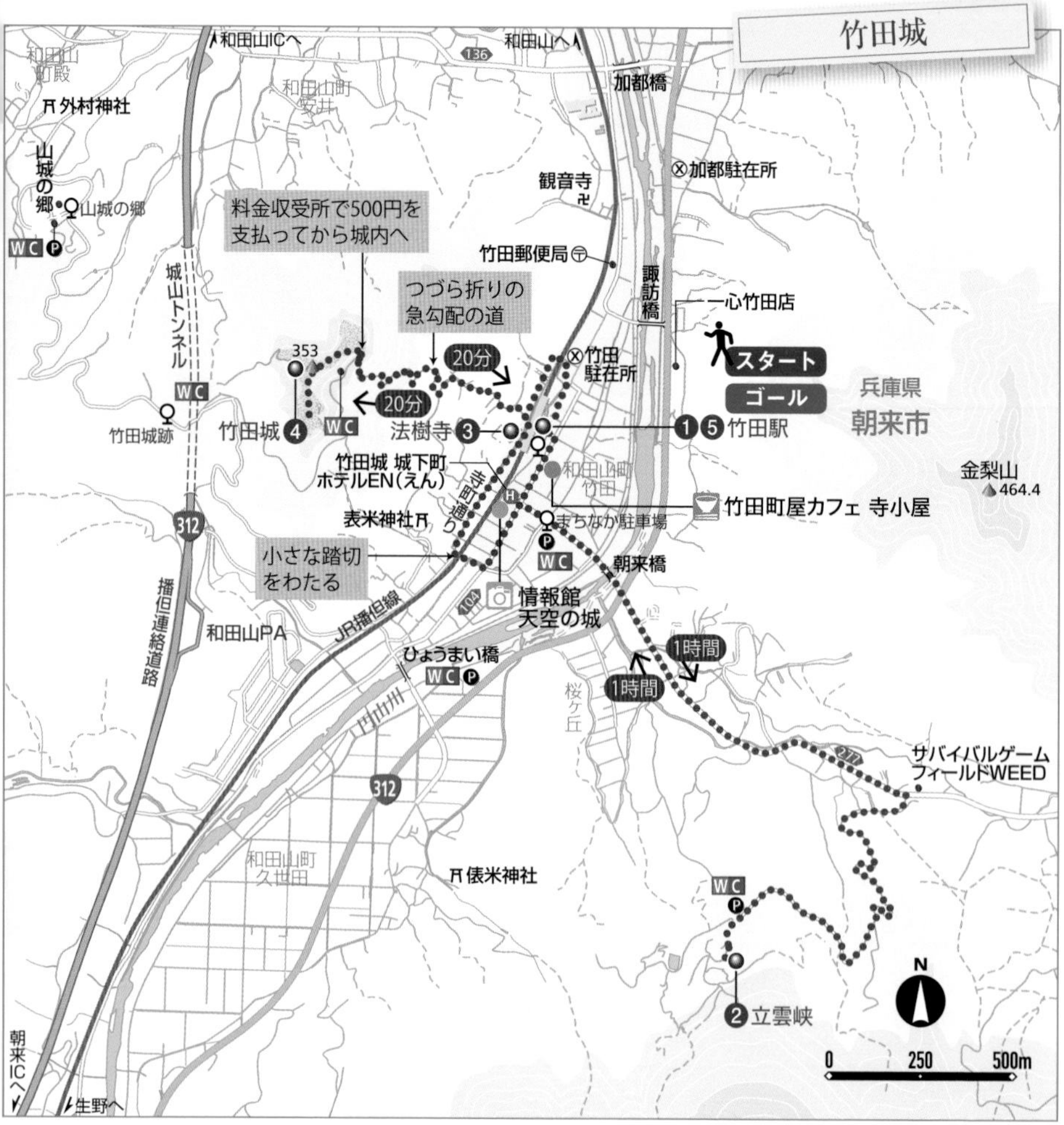

walking course 11

兵庫県

書寫山圓教寺《しょしゃざんえんぎょうじ》

播磨の名刹を訪ねる巡礼道は深い森と展望の充実コース

▲紅葉に包まれた舞台づくりの摩尼殿

▲のどかな刀出集落が出発点

▲奥の院まで1時間余り山道を登る

書寫山圓教寺は姫路の西北にあり、西国三十三所霊場の27番札所である。かつては難所とされていたこの霊場も、昭和30年代にロープウェイができてからは、楽にお参りができるようになった。しかし豊かな自然に包まれた天台の古刹には、自らの足で歩いて行きたい思いもある。幸い参道を利用して一部近畿自然歩道が整備されている。鬱蒼とした山道を歩き、壮麗な伽藍に出合うと、過去の巡礼者の思いが少しわかるかもしれない。

❶**刀出《かたなで》バス停《てい》**から刀出の集落を東へ歩く。刀出古墳のある天神神社をすぎて緩やかに登り、突き当たりを右へ行くと自然歩道の入口となる。ここから山道が始まるが、この道を利用する人はあまりい

❶刀出バス停
徒歩1時間10分
❷圓教寺
徒歩20分
❸ロープウェイ山上駅
徒歩30分
❹女人堂
徒歩10分
❺書写バス停

歩行時間
約**2**時間**10**分

歩行距離
約**5**km

歩数
約**1**万**2000**歩

ACCESS

電車 **行き**:JR山陽本線姫路駅北口から神姫バス荒木、古瀬畑、バーズタウン行きで33分、刀出下車(480円)
帰り:書写バス停から神姫バス姫路駅行きで23分、終点下車(280円)

車 山陽自動車道山陽姫路西ICから国道29号線、県道545・411号線を経由し約4kmで刀出バス停

▼休憩にぴったりの紫雲堂跡展望台

▲女人禁制の名残を伝える女人堂

▲山上駅近くにある紫雲堂跡展望台からは姫路市街の眺望が抜群

ないようで、静かな山歩きとなる。本来の刀出からの参道の登り口はここからではないが、途中で参道と合流する。刀出坂参道は石畳や石段などがある雑木林の中の道なので展望はなく暗いが、比較的緩やかな登りだ。途中には石仏や道標などがあって、昔の参道の面影を感じさせている。1時間余りで**❷圓教寺《えんぎょうじ》**の奥の院の一角に出る。右に行けば姫路市街一望の展望公園があり、山門の方へ行けば三つの堂と呼ばれる大講堂、食堂《じきどう》、常行堂がある。その広場を進んでいくと舞台造りの摩尼殿《まにでん》へと続く。

精進料理でよく知られた塔頭《たっちゅう》 壽量院《じゅりょういん》の横を通り、仁王門を出ると下りとなって**❸ロープウェイ山上駅《さんじょうえき》**に着く。受付を出るときには拝観料を支払うこと。ここからは近畿自然歩道になっている東坂参道を下る。下り始めてすぐ左に出れば、紫雲堂跡展望台がある。姫路市街や播磨灘が眼下に広がっている。展望のよい岩場の道を下って**❹女人堂《にょにんどう》**を経て**❺書写《しょしゃ》バス停《てい》**へ向かう。

豆知識

「西の比叡山」圓教寺

康保3年（966）、性空上人によって開かれた。西の比叡山といわれ、比叡山、大山とともに天台の三大道場と称された巨刹である。皇族や貴族の信仰も篤く、花山法皇は性空上人と結縁するなど尊崇の念が強かった。寛和2年（986）、花山法皇が来山して圓教寺の勅号を与え、後白河天皇、後醍醐天皇など多くの皇族が行幸した。

▶この大講堂をはじめ3つの堂がコの字型に並ぶ配置になっている

問い合わせ先

圓教寺☎079-266-3327
神姫バス姫路駅前案内所☎079-285-2990
姫路市観光案内所（姫路観光なびポート）☎079-287-0003

立ち寄りスポット

後白河法皇参籠の塔頭で食事

塔頭 壽量院

重要文化財の格式ある建物「壽量院」で、書寫塗りの器に盛られた精進本膳料理がいただける。「圓教寺行事記」に書かれた料理献立を元に、現代風にアレンジして作られるメニュー。5250円〜、5名以上で予約が必要。

☎079-266-3553、12〜15時、木曜・12〜3月休

姫路の伝統工芸品や玩具など展示

書写の里・美術工芸館

姫路市出身の元東大寺別当・故清水公照師の作品と愛蔵品や姫路の伝統工芸、全国の郷土玩具などを展示している。日曜・祝日を中心に、姫路はりこや姫路こまの職人の製作実演が見られる。はりこの絵付け体験（おめん1000円、ほか）などが楽しめる。

☎079-267-0301、10〜17時、月曜（祝日をのぞく）・休日の翌日休、310円

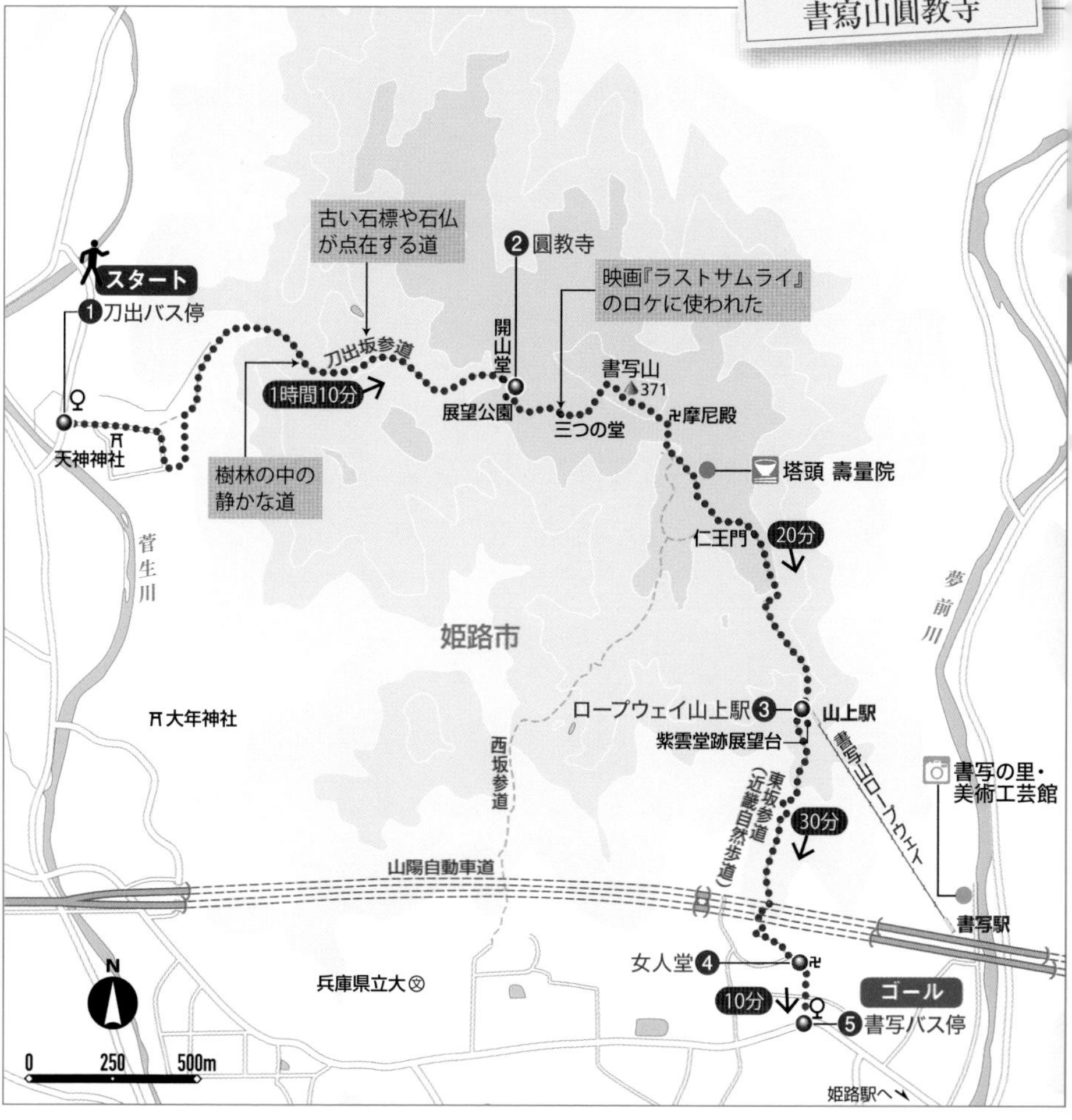

walking course

12

兵庫県・岡山県

因幡街道《いなばかいどう》

大原宿から峠を越えて平福宿へ 宮本武蔵の面影を偲びつつ歩く

（上）なまこ壁が美しい大原宿脇本陣
（下）武蔵の故郷、旧宮本村はのどかな里

▲宿場町の面影を伝える大原宿本陣

❶**智《ち》頭《ず》急行《きゅうこう》大原《おおはら》駅《えき》**で下車し、国道373号線を渡って因幡街道の旧道を歩く。旧播磨国・因幡国を結ぶ因幡街道は、古くから人馬が往来し、江戸時代は鳥取藩主の江戸参勤の際にも使われた。美作の因幡街道には、坂根、大原（古地名・小原）、辻堂と3カ所の宿場があり、そのうちの大原には本陣、脇本陣があった。その大原を今は❷**古町《ふるまち》**と呼んでおり、「大原宿町並み保存地区」に指定されている。江戸時代後期から明治・大正期の町家が建ち並び、特徴的なナマコ壁や虫籠窓などが見られる。本陣の有元家や脇本陣の湧元家の遺構も保存され、界隈は宿場の風情がよく残されている。古町から国道373号線に合流すると辻堂の宿場があ

❶ 智頭急行大原駅
徒歩10分
❷ 古町
徒歩1時間
❸ 武蔵の里
徒歩35分
❹ 鎌坂峠
徒歩50分
❺ 大畠
徒歩1時間
❻ 平福
徒歩10分
❼ 智頭急行平福駅

歩行時間
約3時間45分

歩行距離
約13km

歩数
約2万7000歩

ACCESS

電車 **行き**：JR山陽本線上郡駅から智頭急行智頭線で56分、大原駅下車（880円）。（特急スーパーはくとではJR大阪駅から1時間42分、3190円）※所要時間は便により異なる

帰り：智頭急行平福駅から

車 中国自動車道佐用JCTから鳥取自動車道を経て大原ICから国道373号線を経由し約3kmで智頭急行大原駅

▲旧宮本村から鎌坂峠へとつづく街道。武蔵が若いころ、何度も歩いたという道だ

▼二刀流を発想したという讃甘神社

▲武蔵神社には武蔵と両親の墓が

った中町。やがて旧街道は国道を離れて旧宮本村へと向かう。

智頭急行の線路に沿ってしばらく行くと、人家の間から宮本武蔵駅が見えてくる。ここから10分ほどで温泉宿「武蔵の里五輪坊」などがある❸**武蔵《むさし》の里《さと》**の中心地へ。武蔵が二刀流のヒントを得たという逸話が残る讃甘神社《さのもじんじゃ》と武蔵生家跡が並ぶ。生家跡は外観のみ見学可。鎌坂峠へ向かう道は、武蔵の姉お吟の婚家平尾家の横を通って行く。すぐに右の山の斜面に武蔵神社が現れる。境内には武蔵の墓と、その両親である平田無二斎夫婦の墓がある。

急坂をしばらく歩くと一貫清水があり、その先で竹林が現れると❹**鎌坂峠《かまさかとうげ》**だ。船上山で幕府に勝利した後醍醐天皇が京へ向かうときにも通り、武蔵も通ったかもしれず、参勤交代の大行列も幾度となく通った。かつては峠に茶店もあったというが、今は竹林の中に続く静かな細道となっている。峠を越えると播磨の国へ入る。急坂を下ると明るい谷に飛び出す。

豆知識

宮本武蔵の出生地は？

宮本武蔵の出自や生誕地については諸説がある。江戸時代後期の地誌『東作誌』には因幡街道大原宿のある美作国宮本村で生まれたと書かれており、この説に基づくゆかりのスポットがこの付近に多い。宮本村出身説は吉川英治の小説『宮本武蔵』などでも採用されたことから、一般に広く知られるようになった。

▶武蔵神社の拝殿に掲げられた武蔵の肖像。養子の伊織が分骨したという墓もある

問い合わせ先

美作市商工観光課☎0868-72-6693
佐用町観光協会☎0790-82-0670
智頭急行☎0858-75-6600

▲かつて賑わった平福宿の本陣跡

▲戦国時代、山城があった利神城跡

▲武蔵が喉を潤したという一貫清水

▲平福独特の川端風景はいつまでも目に焼き付く

❺**大畠**《おおはた》を経て豊福の手前の三叉路を左へ折れて延吉方面へ向かう。再び国道373号線に出合うと❻**平福**《ひらふく》である。

江戸時代になって平福は因幡街道の宿場町として栄えた。13歳の宮本武蔵に倒された新当流の達人、有馬喜兵衛が高札を立てるほど当時の因幡街道は往来が盛んで、平福もまた賑やかな町であった。大原宿と同じく、古き良き宿場町の風情をよく残した町並みを歩いて❼**智頭急行**《ちずきゅうこう》**平福駅**《ひらふくえき》へ向かう。

立ち寄りスポット

平福の典型的な町家を再現

平福郷土館

大屋根の煙だしやくぐり戸のついたつり上げ大戸、葬式の出棺のときにだけ使う出口など、江戸時代の町家の代表的な建築様式を再現した資料館。呉服屋や薬屋、居酒屋、髪結などの商家の道具や民具、利神城ゆかりの品々も展示されている。

☎0790-83-2635(開館時のみ)、9～16時、土・日曜、祝日のみ開館、200円

芸術家としての宮本武蔵の魅力に迫る

武蔵資料館

公共の宿・武蔵の里五輪坊に併設の宮本武蔵に関する資料館。剣豪としてだけでなく、絵画や工芸などの分野でも卓越した芸術家として知られる武蔵の作品や、ゆかりの品々を展示している。直筆の書「達磨頂相図」や自作の瓢箪鯰鍔（重要文化財）などは必見。

☎0868-78-4600、9～17時、無休、500円

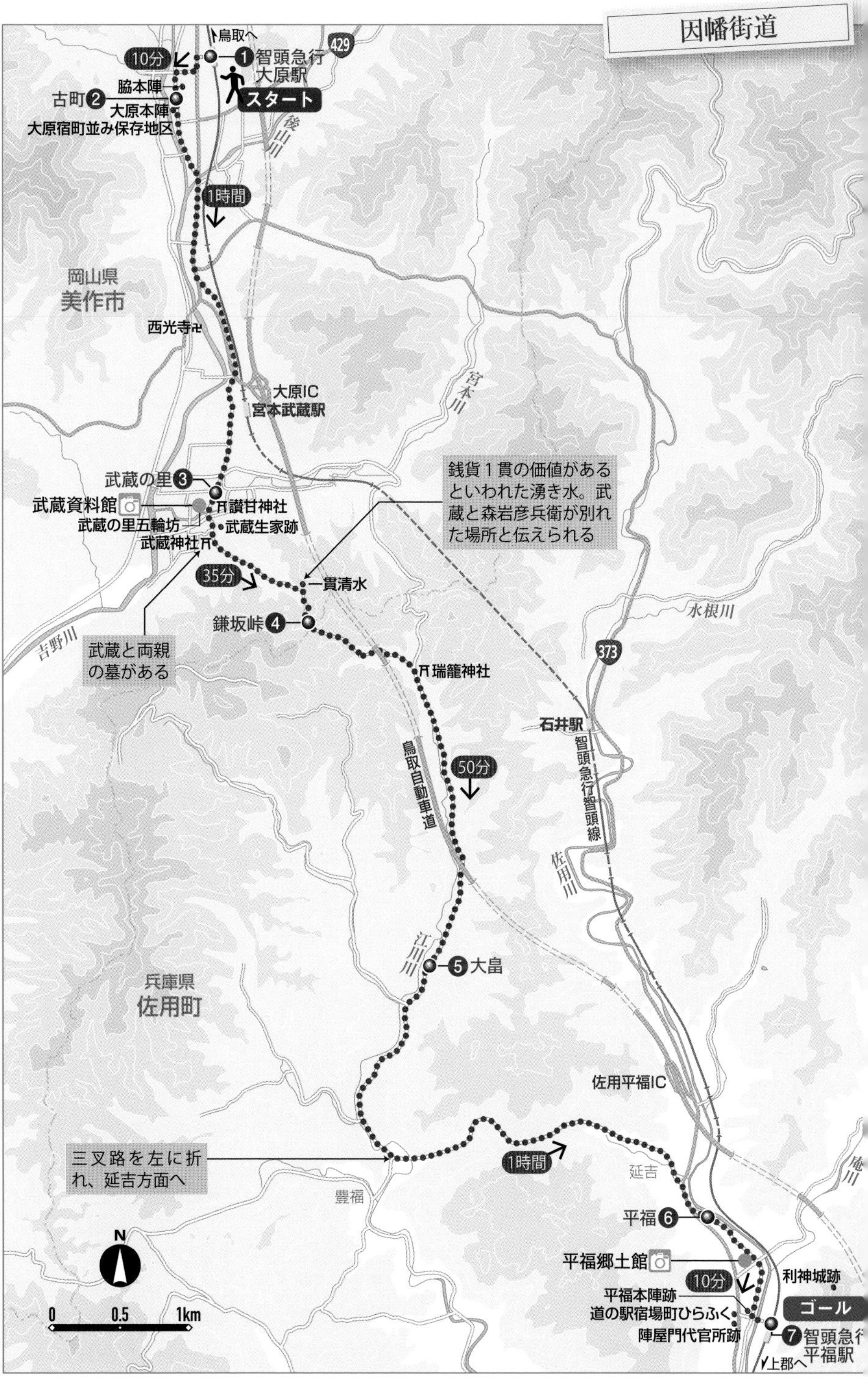

鳥取へ
429
10分
1 智頭急行
大原駅
スタート
脇本陣
古町 2
大原本陣
大原宿町並み保存地区
後山川
1時間
岡山県
美作市
西光寺
大原IC
宮本武蔵駅
宮本川
銭貨1貫の価値があるといわれた湧き水。武蔵と森岩彦兵衛が別れた場所と伝えられる
武蔵の里 3
武蔵資料館
讃甘神社
武蔵の里五輪坊
武蔵生家跡
武蔵神社
35分
一貫清水
鎌坂峠 4
水根川
吉野川
373
武蔵と両親の墓がある
瑞龍神社
石井駅
智頭急行智頭線
鳥取自動車道
50分
佐用川
江川川
5 大畠
兵庫県
佐用町
佐用平福IC
1時間
三叉路を左に折れ、延吉方面へ
延吉
豊福
庵川
平福 6
平福郷土館
10分
利神城跡
平福本陣跡
道の駅宿場町ひらふく
ゴール
陣屋門代官所跡
7 智頭急行
平福駅
上郡へ
N
0 0.5 1km

walking course

13

兵庫県

室津《むろつ》

昔から天然の良港と知られる レトロでのどかな漁師町を歩く

▲町のところどころには細い路地が

▲かつては「室津千軒」と謳われた港町

参勤交代で江戸へ向かう西国大名は、瀬戸内の海路をとってこの室津に上陸、ここから陸路に切り替えた。室津からは山陽道正條宿《しょうじょうしゅく》へ出て山陽道を使ったのである。この山陽道へ出る道を室津街道といったが、使われなくなってその後荒れ果て、一部私有地にもなっていた。近年、荒れた旧街道を甦らそうと住民ボランティアによって遊歩道が整備された。播磨風土記に記されているように、三方を山に囲まれた室津は天然の良港で風光明媚。古くから多くの歌にも詠まれてきた。

❶**室津《むろつ》西口《にしぐち》バス停《てい》**前に、室津街道入口の小さな看板がある。細い道を上り始め竹林をすぎると緩やかになってくる。突然視界が開けて広場に出ると❷**大《おお》きなク**

❶ 室津西口バス停
徒歩10分
❷ 大きなクスノキ
徒歩30分
❸ お茶屋跡
徒歩20分
❹ 市道(室津屋津坂線)
徒歩50分
❺ 室津西口バス停
徒歩5分
❻ 室津本通り
徒歩9分
❼ 大坂城石
徒歩6分
❽ 浄運寺
徒歩30分
❾ 室津バス停

歩行時間
約2時間40分

歩行距離
約7.5km

歩数
約1万5000歩

ACCESS

電車 **行き**:山陽電鉄山陽網干駅から神姫バス大浦行きで24分、室津西口下車(470円。平日は網干駅7時台の1便、土・日曜、祝日は午前の3便のみ。タクシーなら網干駅から15分、3000円程度)

帰り:室津バス停から往路を戻る(本数が少ないので要チェック)

車 山陽自動車道龍野西ICから約14kmで室津西口バス停

▲海辺の道を行くと藻振鼻に

▼浄運寺前の遊女友君の塚

▲万葉集にも出てくる唐荷島

▼大坂城築城の際の逸話が残る大坂城石

▲国の重文が多い賀茂神社

スノキに出合う。30分ほど歩くと❸**お茶**《ちゃ》**屋**《や》**跡**《あと》で、シーボルトも立ち寄ってここから播磨灘を眺めたとか。しばらく行くと嫦《じょう》峨《が》山《やま》への分岐がある。旧室津街道は峠を越えて北へ続くが、この先は私有地なので左に折れ、❹**市**《し》**道**《どう》**（室津屋津坂線）**に出て❺**室**《む》**津**《ろ》**西**《つ》**口**《にしぐち》**バス停**《てい》前へ向かう。

室津の町並みへ入っていくと、すぐに❻**室**《む》**津**《ろ》**本**《つ》**通り**《ほんどお》と交わる。室津海駅館は廻船業で財をなした豪商嶋屋の建物。見性寺の隣の室津民俗館は海産物問屋魚屋の建物で、脇本陣にも使われたもの。室津には本陣が6軒もあった。いかにこの港が重要で賑わったかがわかる。湊口番所跡近くに輸送中に海に落ちたという❼**大**《お》**坂城石**《さかじょういし》がある。よくこんなものを運んだものと驚く。この上の丘に賀茂神社がある。本殿と拝殿が向き合う形が珍しい。本殿、社殿、回廊、唐門は国の重要文化財だ。道なりに進むと❽**浄運寺**《じょううんじ》。讃岐へ流罪の法然上人により念仏往生したという遊女友君の塚がある。ここから藻振鼻を回り❾**室津**《むろつ》**バス停**《てい》までは30分ほど。

豆知識

文人ゆかりの割烹旅館きむらや

室津街道への入口近くに「きむらや」という割烹旅館がある。ここにはかつて谷崎潤一郎が滞在して、室津の遊女伝説をもとに『乱菊物語』を書き、竹久夢二はこの旅館の女将をモデルに「室の津懐古」を描いたというエピソードがある。現在も本館の上に建つ別棟の「別館千年茶屋」には古き良きたたずまいが残されている。

▶「文人ゆかりの宿」きむらやの別館、千年茶屋。高台にあって室津の町が一望できる

問い合わせ先

たつの市観光協会御津支部☎079-322-1004
神姫バス山崎案内所☎0790-62-0723
山陽電鉄ご案内センター☎078-913-2880

立ち寄りスポット

再現した料理も食べられる資料館

室津海駅館

廻船業で財をなした豪商嶋屋の建物を博物館として公開。廻船、参勤交代、江戸参府、朝鮮通信使をテーマに展示している。朝鮮通信使饗応料理や、大名の「御上御献立」などを再現した料理の提供も。冬季限定で、時価、完全予約制。

☎079-324-0595、月曜休(祝日の場合は翌日)、毎月末日休(日曜、祝日の場合は開館)

地元産の新鮮な魚介を割烹料理に

まるよし

室津漁港にある割烹と寿司の店。なんといっても新鮮な季節の魚介がうれしい。昼は小会席の御膳2300円〜。刺身定食や穴子丼定食、天丼定食、天ぷら定食各1300円など、手軽なメニューもある穴場的料理屋。

☎079-324-0015、11時30分〜14時30分、17〜21時、月曜休(振替あり)

室津

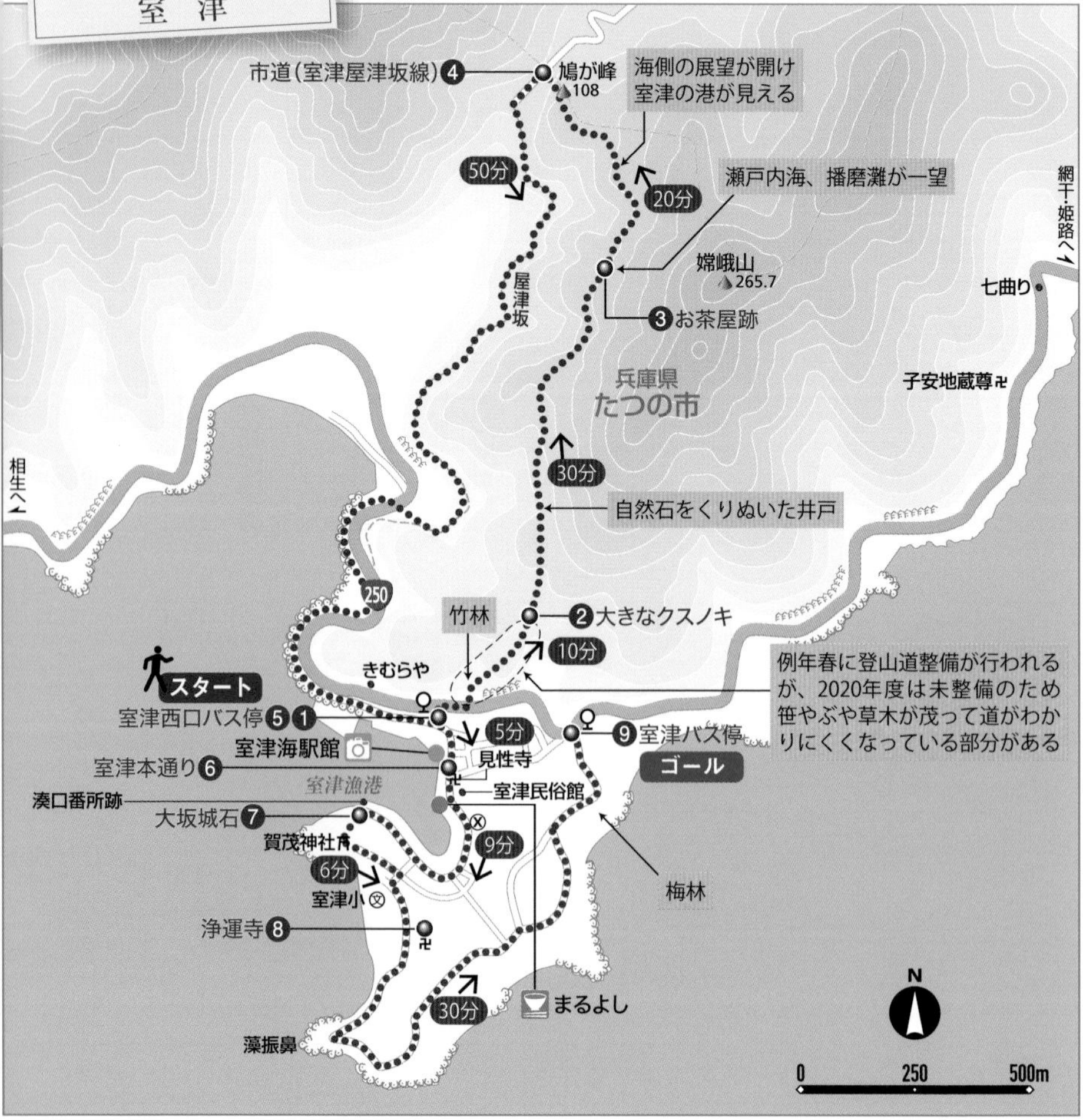

walking course
14
兵庫県

六甲《ろっこう》・布引《ぬのびき》の滝《たき》

神戸の街と海を一望するビュースポットから歴史ある古刹と和歌にも多く詠まれる名勝の滝へ

▲神戸布引ロープウェイ周辺の道

▲ハイキングコースから見る再度山

▲紅葉に包まれる古刹、大龍寺仁王門

異国情緒あふれる町歩きと自然散策を合わせて楽しめるコース。❶**地下鉄《ちかてつ》新神戸駅《しんこうべえき》**から西へ緩やかな坂を上っていくと❷**北野異人館街《きたのいじんかんがい》**に入っていく。旧米国領事館の官舎を利用した神戸北野美術館は白壁が印象的だ。向かいのベンの家は異人館街でも最も古い造りだという。美術館の西側の石段を上っていくとラインの館やオランダ坂上のうろこの家、下って西へ行けば風見鶏の館など、まるでテーマパークに迷い込んだような気分になる。北野通りへ下って西へ歩き、交番をすぎて10分ほどで❸**諏訪山公園《すわやまこうえん》**の入口である。

細くて急な坂を上っていくと金星台の碑が立つ諏訪山公園だ。北へ坂を上がり再度山ドライブウェイ方面を目指して公

❶ 地下鉄新神戸駅
徒歩10分
❷ 北野異人館街
徒歩40分
❸ 諏訪山公園
徒歩20分
❹ 再度山ハイキングコース
徒歩1時間10分
❺ 大龍寺
徒歩20分
❻ 市ヶ原
徒歩40分
❼ 布引の滝・雄滝
徒歩15分
❽ 地下鉄新神戸駅

歩行時間
約3時間35分
歩行距離
約9km
歩数
約2万3000歩

ACCESS

電車 **行き**：三宮駅から神戸市営地下鉄西神・山手線谷上行きで２分、新神戸駅下車（210円）
帰り：地下鉄新神戸駅から往路を戻る

車 阪神高速道路神戸線生田川出口から約２kmで新神戸駅

▶市ヶ原辺りも紅葉が素晴らしい

▲緑に囲まれた布引貯水池

▲市ヶ原、紅葉茶屋あたりを行く

▲布引の滝・雄滝。滝ウォークが楽しい

園を出ると、車道の手前にある階段がビーナスブリッジへの道。螺旋階段を上がると神戸一望の展望台である。再度山ドライブウェイを北に行き、道標に従い❹**再度山《ふたたびさん》ハイキングコース**へ入る。1時間ほど歩くと❺**大龍寺《たいりゅうじ》**の山門が見えてくる。弘法大師空海ゆかりの寺院である。山門の前の遊歩道は渓流のそばを通って❻**市ヶ原《いちがはら》**に続いている。

市ヶ原からは、茶屋を左に見ながら坂を下る。渓流沿いの道は猿のかけ橋で分岐するが、橋を渡らずそのまま行くと滝の音がだんだん大きく聞こえてくる。快適な道を下っていくと布引の滝を詠んだ後鳥羽院などの歌碑が立てられている。華厳の滝、那智の滝とともに日本三大神滝といわれる布引の滝は、『伊勢物語』や『平家物語』にも登場するなど古くからよく知られていた滝である。階段を下ると❼**布引《ぬのびき》の滝《たき》・雄滝《おんたき》**が現れてくる。少し小さな夫婦滝、鼓を打ったように聞こえる鼓滝、雌滝を訪ねて新幹線の高架下を通り❽**地下《ちか》鉄《てつ》新神戸《しんこうべ》駅《えき》**へと向かう。

豆知識

ハイカーにお馴染みの大龍寺

寺伝によれば神護景雲2年（768）、和気清麻呂が摩尼山（再度山）に、一木造りの如意輪観音を安置する祠を建てたのが始まりであるという。空海が唐へ渡る直前と帰国直後に参詣したことから再度山と呼ばれ、奥の院には空海作と伝わる亀の石がある。鎌倉時代以降は戦禍によって幾たびか荒廃したが、江戸時代に再興した。

▶朱塗りの山門が鮮やかな大龍寺は空海ゆかりの寺として名高い

問い合わせ先

神戸市観光企画課☎078-984-0361
神戸観光局☎078-230-1120

立ち寄りスポット

眼下に雄滝を眺めながらひと息

おんたき茶屋

創業大正4年（1915）の歴史ある茶屋で、雄滝を眺める最高のロケーションにある。地下鉄新神戸駅から徒歩約15分とアクセスがよく、滝めぐりや神戸布引ハーブ園への途中に立ち寄る人も多い。滝が一番の見ごろとなる紅葉シーズンは特に人気の茶屋だ。おでん各100円、布引ラーメン500円など。

☎078-241-3484、9～15時、不定休

ハーブの香りと神戸の展望が楽しめる

神戸布引ハーブ園

園内に14のガーデンエリアがあり、約200種7万5000株のハーブや花を四季を通じて楽しめる。神戸市街を一望するカフェのテラスでハーブティ500円～を飲んだり、レストラン「ハーブダイニング」で季節のハーブを使った料理を味わえる。展望テラスには足湯もあって、ゆったりくつろげる。

☎078-271-1160、10～17時、無休、200円

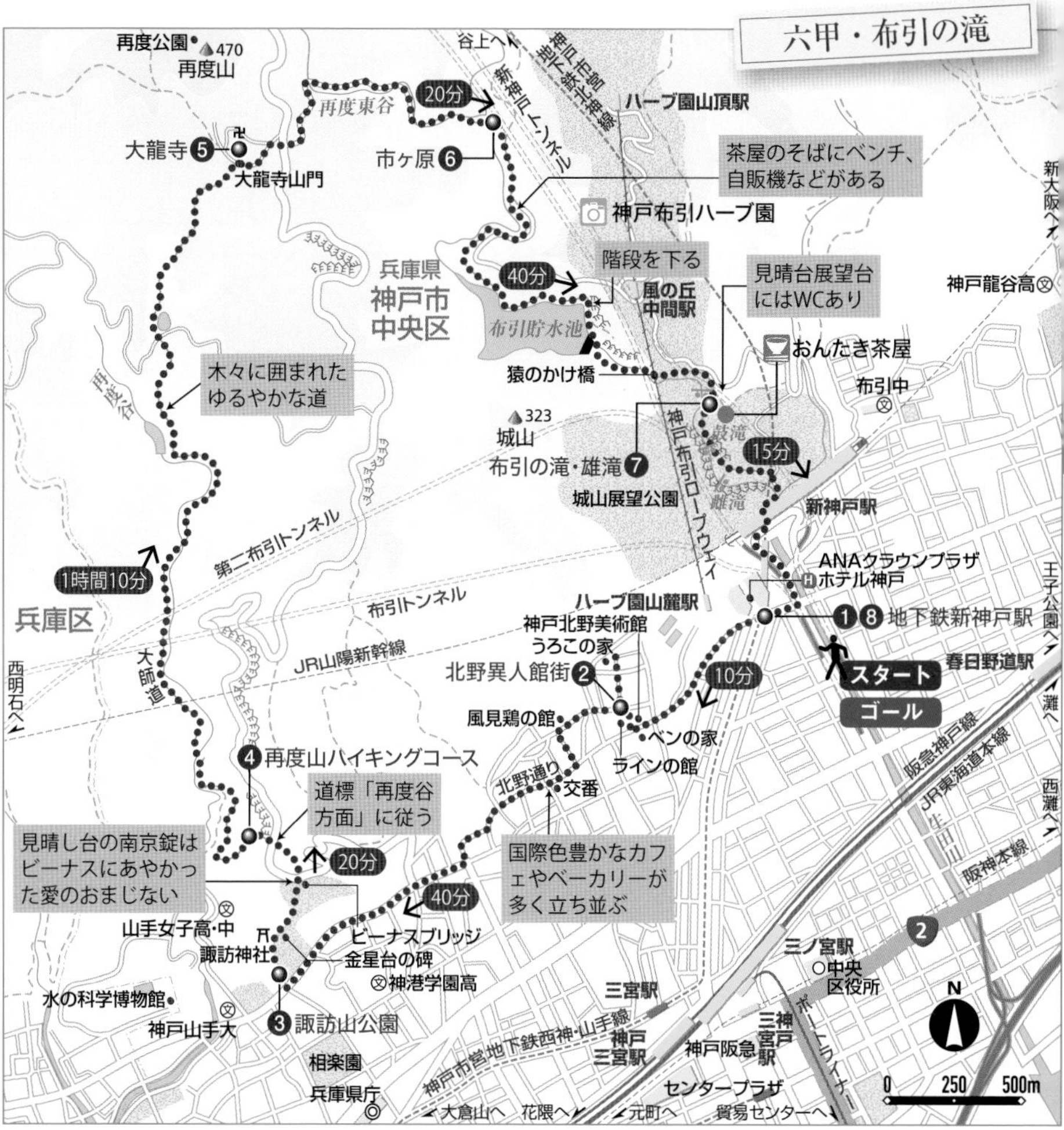

walking course

15

兵庫県

▲上：みよし観音あたりは快適な散策路
下：標高888mの六甲枝垂れ

▲上：六甲ケーブルで六甲山上駅へ
下：パワースポットで知られる天狗岩

六甲山上《ろっこうさんじょう》

眺望抜群の六甲枝垂れをはじめ山上の見どころと展望を楽しむ

六甲山のハイキングというと、六甲山上は単に通過するだけの人が多い。行楽客も単なる施設巡りで終わる人が多いようだ。しかし山上エリアには見どころも多く、快適なハイキングコースが組める。六甲ケーブルを利用すれば、六甲は初めてという人にはぴったりのコースとなる。

❶**六甲《ろっこう》ケーブル山上駅《さんじょうえき》**から右へ折れて、サンライズドライブウェイをたどっていく。途中に小さな道標があるので見落とさないように右の道に入る。天狗に似た大きな岩が❷**天狗岩《てんぐいわ》**で、ここからの眺望はすばらしい。下から樹林の中を登ってくると、この眺望と高原を思わせる道が、気持ちを晴れやかにする。サンライズドライブウェイに戻り、しばらく行く

❶ 六甲ケーブル山上駅
徒歩25分
❷ 天狗岩
徒歩20分
❸ みよし観音
徒歩15分
❹ 六甲ガーデンテラス
徒歩25分
❺ 六甲高山植物園
徒歩30分
❻ 六甲記念碑台
徒歩25分
❼ 三国岩
徒歩10分
❽ 三国池バス停

歩行時間
約2時間30分

歩行距離
約8.5km

歩数
約2万400歩

ACCESS

電車 **行き**：阪急神戸線六甲駅から神戸市営バス六甲ケーブル行きで16分、終点下車（210円）。六甲ケーブルに乗り換え10分、六甲ケーブル山上駅下車（600円）
帰り：三国池バス停から六甲ケーブル山上駅行きで8分、終点下車（300円）

車 阪神高速神戸線魚崎出入口から国道43号線、県道95・16号線を経由し約13.5kmで六甲ケーブル山上駅

▲上：六甲高山植物園では高山の花が咲く
下：グルームが別荘を建てた三国池

▲六甲ガーデンテラスの見晴らしのテラスからは街と海の大展望が楽しめる

と、車道から少し入ったところに❸**みよし観音**《かんのん》がある。遭難した旅客機の乗客を助けて殉職したスチュワーデスが由来となって、この観音像が建立されたという。全山縦走路と出合い、紫陽花の多い自然歩道を登っていくと❹**六甲**《ろっこう》**ガーデンテラス**だ。市街地と大阪湾を見下ろす自然体感展望台・六甲枝垂れがランドマーク。カンツリーハウスバス停をすぎ、毘沙門天が降り立ったという雲ヶ岩を往復して❺**六甲高山植物園**《ろっこうこうざんしょくぶつえん》へ。しばらく行くと六甲オルゴールミュージアムがある。サンセットドライブウェイから離れてゴルフ場沿いに行き、六甲山小学校の先でドライブウェイに合流すると、六甲山の開祖といわれるグルームを称える❻**六甲**《ろっこう》**記念碑**《きねんひ》**台**《だい》だ。ここには六甲山ビジターセンターや六甲山の案内人がいるガイドハウスなどがある。丁字ヶ辻から別荘地の道をたどり、❼**三国岩**《みくにいわ》を往復して、グルームの別荘があった三国池へ向かう。帰りは❽**三国池**《みくにいけ》**バス停**《てい》から六甲ケーブル山上駅へ向かう。

豆知識

六甲開山の祖は英国人

慶応3年(1867)に神戸港が開港し、多くの外国人が住むようになったことが六甲山にも影響を及ぼした。明治28年（1895)、英国人貿易商のA.H.グルームが六甲山上に別荘を建て、週末にリゾートライフを楽しむようになったのが六甲山が開発されるきっかけにとなった。ゴルフ場を造る一方、植林や登山道整備にも私財を投じた。

▶グルームは六甲の歴史に欠かすことのできない人物。記念碑台の銅像はその象徴

問い合わせ先

神戸観光局☎078-230-1120
六甲ケーブル☎078-861-5288

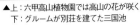

立ち寄りスポット

大パノラマを眺めながら食事ができる

六甲ガーデンテラス

エキゾチックな欧風庭園に展望テラスやカフェ、レストランなどが点在。気軽に利用できるセミセルフの六甲ビューパレスではワイン仕込みのビーフシチュー1200円などの洋食メニューが人気。

営業時間、定休日は店舗・季節・曜日・天候により異なる

六甲山の施設や自然を案内

六甲山ビジターセンター

六甲山の歴史や地形、動植物などの自然を、写真やジオラマ、標本などで解説している。また、併設の六甲山ガイドハウスでは、約60名のボランティアガイド「山の案内人」が土・日曜、祝日に無料で参加できる自然観察会を行っている。

☎078-891-0616、9時30分～15時(土・日曜、祝日、7/20～8/31は～16時)、月曜休(祝日の場合は翌日)、無料

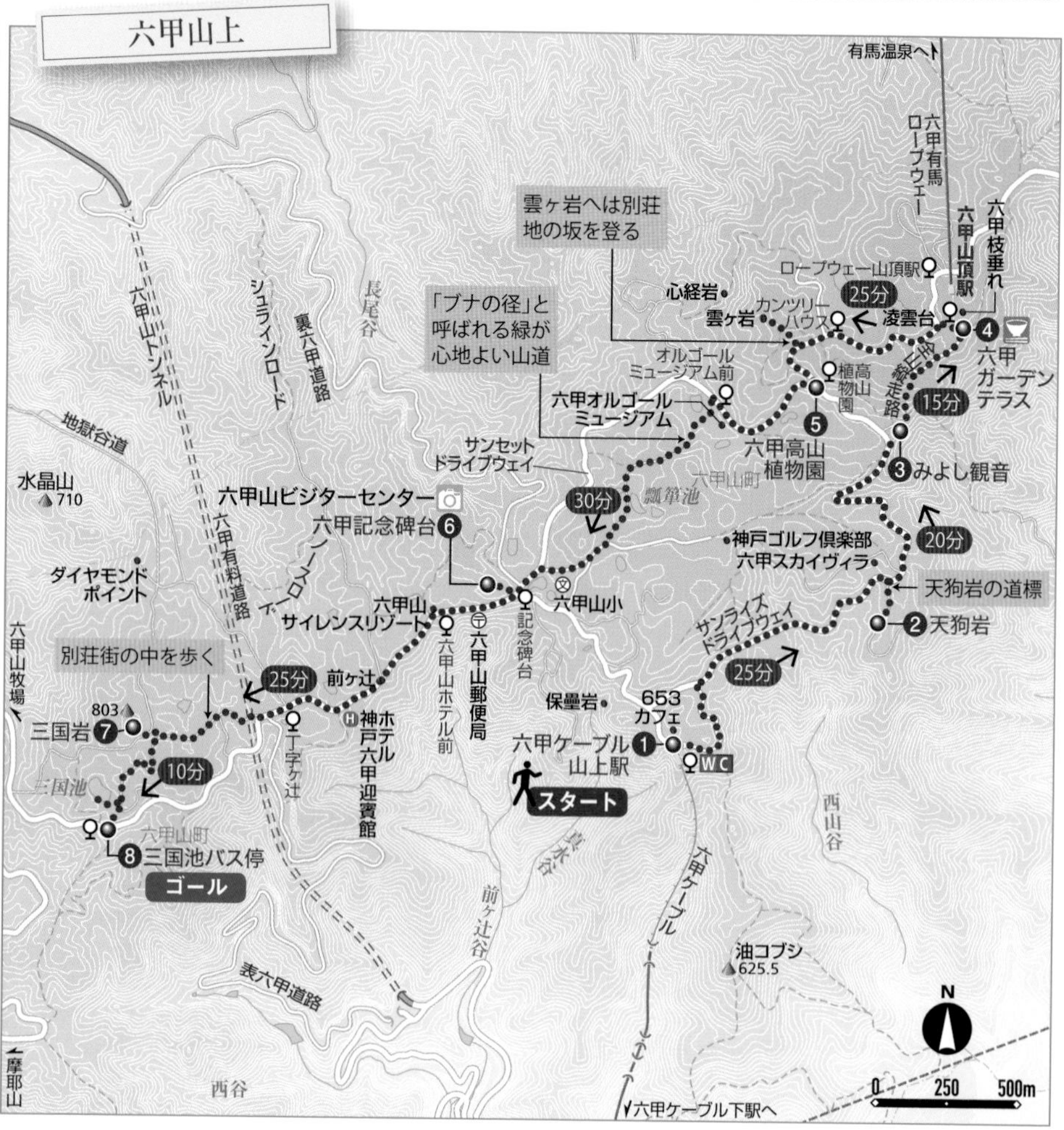

京都・滋賀

▲琵琶湖北岸・海津大崎周辺

walking course
16

京都府

京都《きょうと》市内《しない》の西国巡礼《さいこくじゅんれい》
市内5ヵ所にある札所を一度に巡礼
見どころ満載の京都まち歩き

▲秋は紅葉が美しい15番・今熊野観音寺がスタート

▲中宮定子の御陵とされる鳥戸野陵

▲17番・六波羅蜜寺

▲鳥戸野陵参道からは市街が望める

1. 泉涌寺道バス停
   徒歩20分
2. 今熊野観音寺
   徒歩1時間
3. 六波羅蜜寺
   徒歩30分
4. 清水寺
   徒歩30分
5. 八坂神社
   徒歩50分
6. 六角堂(頂法寺)
   徒歩35分
7. 革堂(行願寺)
   徒歩15分
8. 地下鉄丸太町駅

歩行時間
約4時間15分

歩行距離
約12km

歩数
約2万4000歩

ACCESS

電車 行き:JR京都駅烏丸口から市バス泉涌寺・東福寺行きで13分、泉涌寺道下車(230円)
帰り:地下鉄烏丸線丸太町駅から

車 阪神高速京都線鴨川西出入口から約2kmで泉涌寺道

▼16番・清水寺からは、京都市街の展望がよい。向こうに愛宕山も望める

▼八坂の塔を目印に東山を歩く

広範囲に点在する西国三十三所霊場にも疎密があり、なかでも京都市は7ヵ所ある札所のうち5ヵ所が町中に集中している。それを一筆書きに歩いてみたい。❶**泉涌寺道《せんにゅうじみち》バス停《てい》**から泉涌寺の参道を行き、分岐で左の燈籠のある細い道を行くと15番札所❷**今熊野観音寺《いまくまのかんのんじ》**。右へ行くと泉涌寺だ。

中宮定子の御陵とされる鳥戸野陵《とりべののみささぎ》から東大路通へ出て北上、七条通を左折して京都国立博物館を通りすぎ、大和大路通を北上する。大坂冬の陣の口実になったという「国家安康　君臣豊楽」と彫られた梵鐘で有名な方広寺をすぎて五条通を渡る。

広い十字路を右に行けば17番札所❸**六《ろく》波羅蜜寺《はらみつじ》**である。かつては広大な境内地を有していたが現在は民家の間にある。「市の聖」の寺らしく庶民的な雰囲気が漂っている。

寺の入口を北に行くと松原通。右折すると小野篁《おののたかむら》が冥界へ通ったと伝わる井戸で知られた六道珍皇寺《ろくどうちんのうじ》がある。清水道の

豆知識

いけばな発祥の地 六角堂

六角堂の北側は聖徳太子が沐浴したと伝わる池の跡とされる。そのほとりにあった僧侶の住坊はいつしか「池坊」と呼ばれるようになった。この池坊に住まう僧侶の本尊への朝夕の供花が、やがて「いけばな」として昇華。華道の始まりとなったという。華道家元池坊がそれであり、中世以来、代々の家元が六角堂の住職を兼務してきた。

▶六角堂に隣接するビル「WEST18」のエレベーターから見下ろしてみよう

問い合わせ先

京都市観光協会☎075-213-1717(※1)
京都総合観光案内所☎075-343-0548(※1)
JR京都駅前バス総合案内所☎075-371-4474
※1：京都観光に関する問い合わせ先

▼北政所ねねが開創した高台寺に寄りたい。桜・紅葉が美しい

▼産寧坂(三年坂)を下って円山公園方面へ向かう

▼革堂の名で親しまれる19番・行願寺

交差点で東大路通を渡ってゆっくり上って行くと16番札所❹**清水寺**《きよみずでら》に着く。世界文化遺産でもあり、いつ来ても観光客が多い。

来た道を少し戻り、右へ折れて古くからのみやげ物店が並ぶ産寧坂(三年坂)の石段を高台寺に向かって下りる。高台寺は北政所《きたのまんどころ》ねねが開創した寺である。

京都らしい風情のある道をそのまま円山公園まで行く。❺**八坂神社**《やさかじんじゃ》を抜けて祇園から四条通を西へまっすぐに行く。寺町通を右折して1筋目を左折、錦小路を東洞院通まで行き右折すると2筋目の六角通に18番札所❻**六角堂**《ろっかくどう》**(頂法寺)**がある。

六角通の北の道、三条通を右折して寺町通へ。寺町通を左折して御池通を渡り北へまっすぐ進んでいくと、19番札所❼**革堂**《こうどう》**(行願寺)**の山門が落ち着いた町並みの中にある。

北の丸太町通へ出て京都御苑を右手に、左へ進路をとる。烏丸通まで歩けば❽**地下鉄丸太町駅**《ちかてつまるたまちえき》がある。

立ち寄りスポット

幽霊が通った伝説で知られる飴

みなとや幽霊子育飴本舗

埋葬後に墓の中で生まれた子供のために、女の幽霊が毎夜買い求めに来たという幽霊子育飴。六道の辻といわれたこの界隈らしい逸話だ。カナヅチで砕いたように不揃いな琥珀色の飴は、麦芽糖で作った懐かしい素朴な味わいだ。大500円、小300円。

☎075-561-0321、10〜16時、無休

ここでしか食べられないへそ石餅

六角堂のお茶所

境内にある六角形の石は、かつてこのあたりが京都の中心地だったので「へそ石」と呼ばれている。納経所に併設のお茶所で、へそ石にちなんだ「へそ石餅」が売られている。餡を求肥で包んだ餅を抹茶と一緒にいただける(550円)。また、かわいい鳩のおみくじ500円が女性に人気だ。

☎075-221-2686、9〜17時、無休

京都市内の西国巡礼

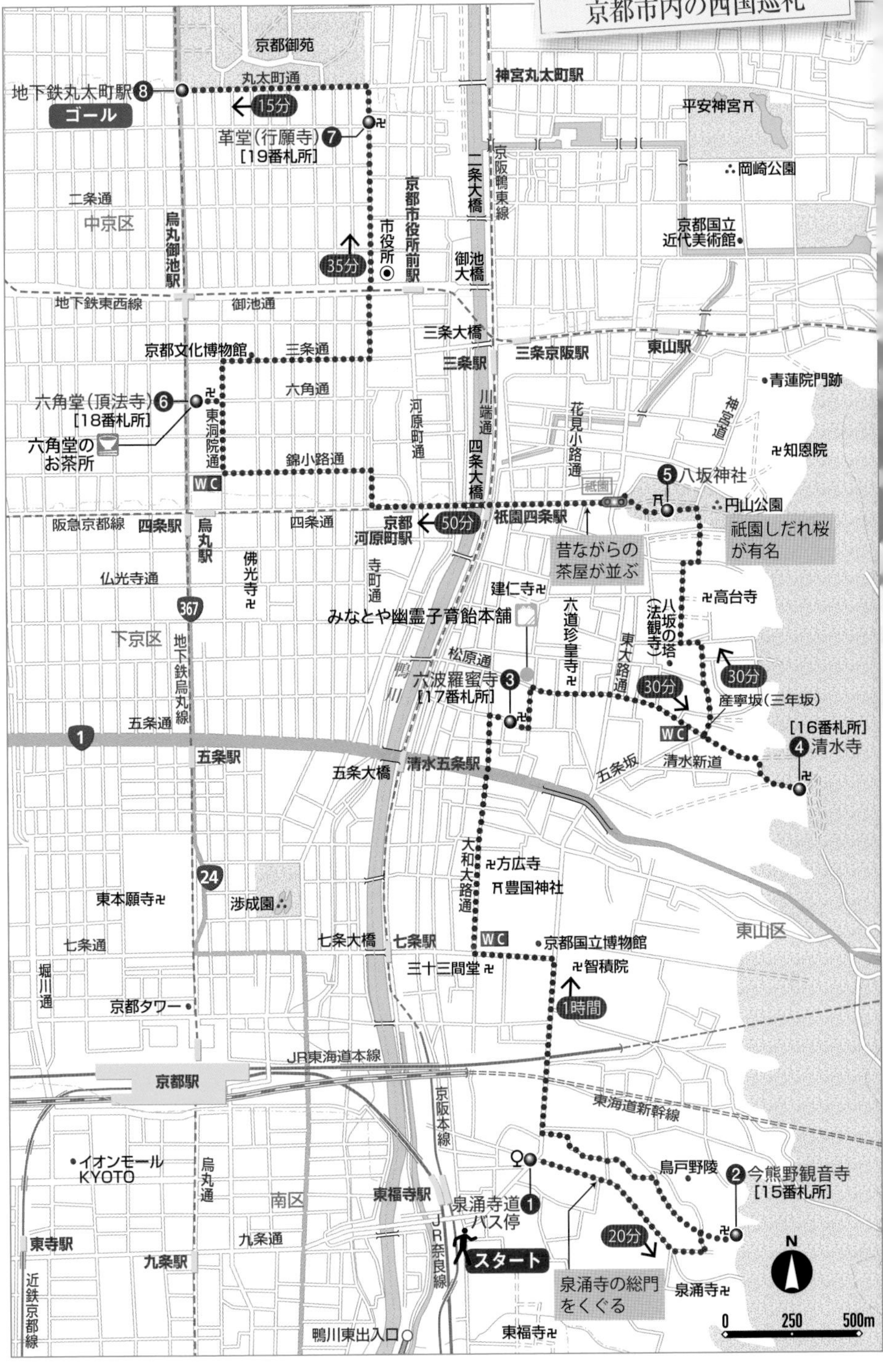

京都御苑
丸太町通
神宮丸太町駅
地下鉄丸太町駅 8
ゴール
15分
革堂（行願寺）7
[19番札所]
平安神宮
京阪鴨東線
岡崎公園
二条通
中京区
烏丸御池駅
京都市役所前駅
二条大橋
市役所
35分
御池大橋
京都国立近代美術館
地下鉄東西線
御池通
三条大橋
京都文化博物館
三条通
三条駅
三条京阪駅
東山駅
青蓮院門跡
六角堂（頂法寺）6
[18番札所]
六角通
東洞院通
河原町通
川端通
花見小路通
神宮道
知恩院
六角堂のお茶所
錦小路通
四条大橋
5 八坂神社
WC
祇園
円山公園
阪急京都線
四条駅
烏丸駅
四条通
京都河原町駅
50分
祇園四条駅
祇園しだれ桜が有名
昔ながらの茶屋が並ぶ
仏光寺通
佛光寺
寺町通
建仁寺
六道珍皇寺
八坂の塔（法観寺）
高台寺
367
みなとや幽霊子育飴本舗
下京区
地下鉄烏丸線
松原通
鴨川
六波羅蜜寺 3
[17番札所]
東大路通
30分
30分
産寧坂（三年坂）
五条通
1
[16番札所]
4 清水寺
五条駅
五条大橋
清水五条駅
五条坂
清水新道
大和大路通
方広寺
豊国神社
24
東本願寺
渉成園
東山区
七条通
七条大橋
七条駅
京都国立博物館
三十三間堂
智積院
堀川通
1時間
京都タワー
JR東海道本線
京都駅
東海道新幹線
京阪本線
イオンモールKYOTO
烏丸通
鳥戸野陵
2 今熊野観音寺
[15番札所]
南区
東福寺駅
泉涌寺道バス停 1
20分
東寺駅
九条通
九条駅
JR奈良線
スタート
泉涌寺の総門をくぐる
泉涌寺
近鉄京都線
東福寺
鴨川東出入口
N
0
250
500m

walking course
17

京都府

宇《う》治《じ》川《がわ》沿《ぞ》い
三室戸寺から川に沿って天ヶ瀬へ『源氏物語』の舞台と世界遺産を歩く

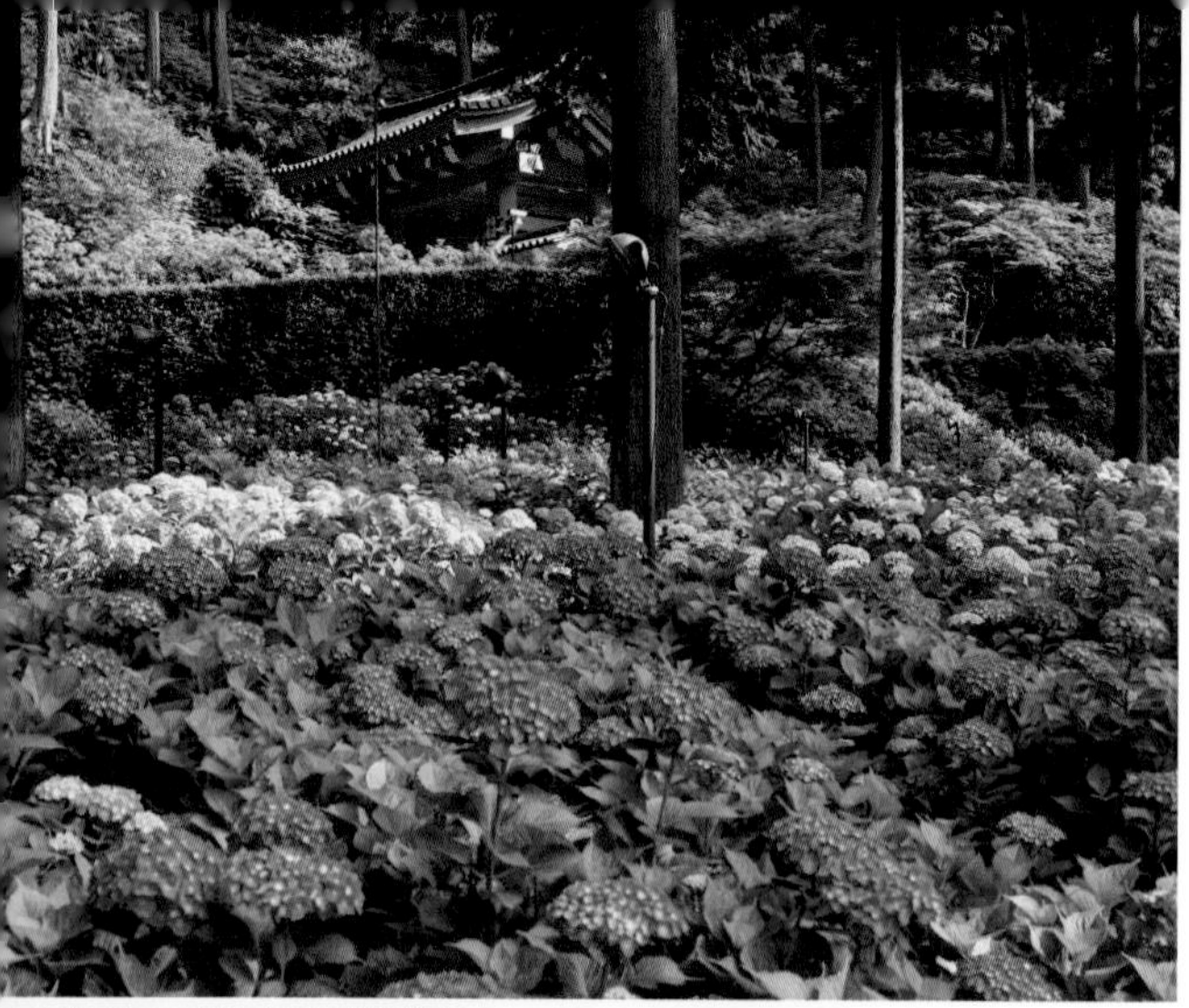

▲三室戸寺。アジサイの頃は格別美しい

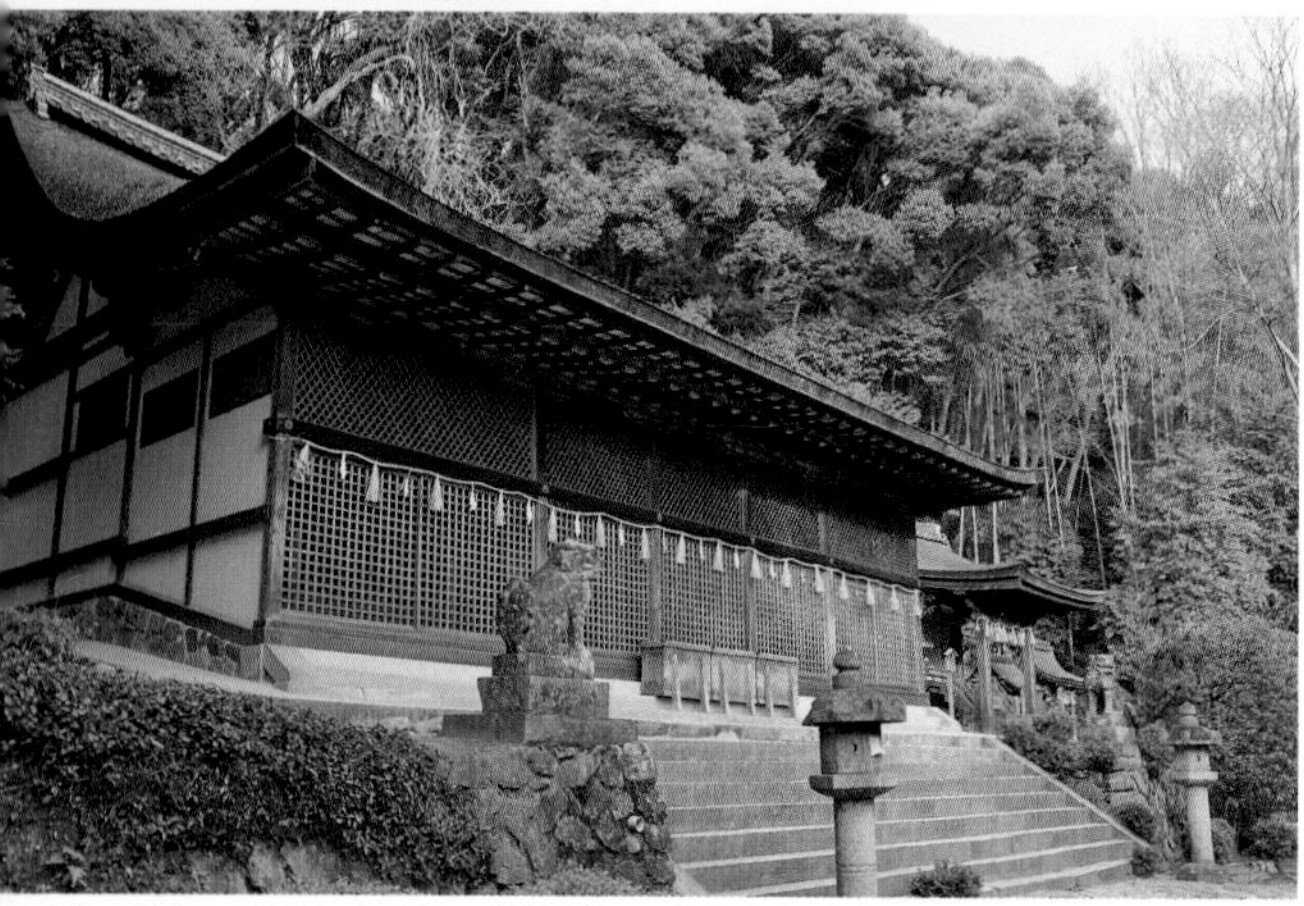

▲宇治上神社の本殿はわが国最古の神社建築で、世界遺産に指定

1. 京阪電鉄三室戸駅
   - 徒歩20分
2. 三室戸寺
   - 徒歩15分
3. 蜻蛉石
   - 徒歩13分
4. 宇治神社
   - 徒歩50分
5. 天ヶ瀬ダム
   - 徒歩45分
6. 平等院
   - 徒歩7分
7. 橋姫神社
   - 徒歩7分
8. 彼方神社
   - 徒歩3分
9. 京阪電鉄宇治駅

歩行時間
約2時間40分

歩行距離
約9km

歩数
約1万8000歩

ACCESS

電車 行き：京阪電鉄宇治線三室戸駅から
帰り：京阪電鉄宇治線宇治駅から

車 京滋バイパス宇治西ICから市道を経由し約3kmで三室戸駅
東京方面からは京滋バイパス宇治東ICからすぐで三室戸駅

▼禅宗の名刹、興聖寺への参道は「琴坂」と呼ばれ秋は紅葉のトンネルになる

▼宇治神社の参道にある早蕨の古墳

▼宇治十帖の舞台を歩く

三室戸寺から平等院への道は、そのまま源氏物語の宇治十帖の世界を歩く道である。ゆかりの古蹟が宇治川を挟んで10ヵ所定められており、碑などを巡り源氏物語の世界を歩くことができるが、ここでは宇治川に沿って天ヶ瀬ダムまで行く道を紹介する。

❶**京阪電鉄《けいはんでんてつ》三室戸《みむろど》駅《えき》**から東へ向かい府道7号線を渡る。ここには手習の碑がある。道標に従って民家の間を行くと西国三十三所霊場10番札所❷**三室戸寺《みむろとじ》**。朱塗りの山門をくぐると右手一帯はアジサイやツツジが植えられ、花の名所としても知られる。境内には浮舟の碑もある。寺を後にして右手に並ぶ小さな地蔵を目印に左へ行くと阿弥陀三尊を刻んだ❸**蜻蛉《かげろう》石《いし》**があり、その先に源氏物語ミュージアムがある。総角《あげまき》の碑からさわらびの道を直進すると宇治上神社《うじかみじんじゃ》である。菟道稚郎《うじのわきいらつ》子《こ》の山荘があったとされ、日本最古の神社建築の本殿と鎌倉時代の拝殿がある。❹**宇治神社《うじじんじゃ》**へ続く参道には早蕨《さわらび》の碑がある。宇治川沿いに天ヶ瀬ダムへ向かう。

豆知識

『源氏物語』に触れる

源氏物語の第45帖橋姫から54帖夢浮橋の十帖は、主な舞台を宇治とすることから「宇治十帖」といわれる。光源氏亡き後の物語で、主な登場人物は光源氏の子、薫である。物語の背景にある王朝文化や年中行事など、源氏物語ミュージアムで分かりやすく解説されている。宇治を歩くにあたり、その世界を少し勉強していきたい。

▶源氏物語をテーマにしたミュージアム。宇治十帖の世界を知ることができる

問い合わせ先

宇治市観光協会☎0774-23-3353

いかにも平安の香りを漂わせる朱塗りの朝霧橋

▼朝霧橋のたもとの源氏物語モニュメント

非常に歩きやすく快適な道だ。吊り橋の天ヶ瀬橋を渡り、❺**天《あま》ヶ瀬《せ》ダム**を見て、再び川沿いに戻る。やがて宿木の碑に行き当たる。広い道を行くと❻**平等院《びょうどういん》**である。平等院は光源氏のモデルといわれる左大臣 源 融《みなもとのとおる》の別荘を藤原道長が譲り受け、その子頼通が寺院に改めた。極楽浄土をイメージした阿弥陀堂は、鳳凰堂の名前で大変よく知られている。

平等院から西へ出ると縣神社《あがたじんじゃ》がある。祭神は木花咲耶姫《このはなさくやひめ》。縁結びの神である。神社前のあがた通を宇治橋の方へ行くと❼**橋姫神社《はしひめじんじゃ》**があり、こちらは縁切りの神として知られる。宇治橋たもとには夢浮橋《ゆめのうきはし》の碑、橋を渡って椎本《しいがもと》の碑がある❽**彼方《おちかた》神社《じんじゃ》**へ行って❾**京阪電鉄宇治駅《けいはんでんてつうじえき》**へ向かう。

▼落差73mの天ヶ瀬ダム

▼天ヶ瀬吊り橋あたりは快適な道

立ち寄りスポット

老舗茶屋の宇治名物・茶だんご

通圓茶屋

永暦元年（1160）創業。狂言『通圓』で演じられ、吉川英治の小説『宮本武蔵』にも登場する老舗茶屋。名物の茶だんごは10本入り540円。茶房では上抹茶と茶だんごのセット860円、宇治金時ソフトクリーム650円(写真)などの甘味や、宇治抹茶入りざる茶そば900円などの軽食が食べられる。

☎0774-21-2243、10時～17時30分、無休

宇治茶を体験・見学・食事で堪能

福寿園 宇治茶工房

老舗茶舗「福寿園」が運営する体験施設。宇治茶を販売するほか、「石臼で抹茶づくり」1320円など各種お茶づくり体験や、昔の製茶機が展示された資料館（見学無料）も。福寿茶寮や玉露亭では宇治茶を使った料理・甘味が味わえる。

☎0774-20-1100、10～17時、月曜休(祝日の場合は翌日)、玉露亭は火曜休

宇治川沿い

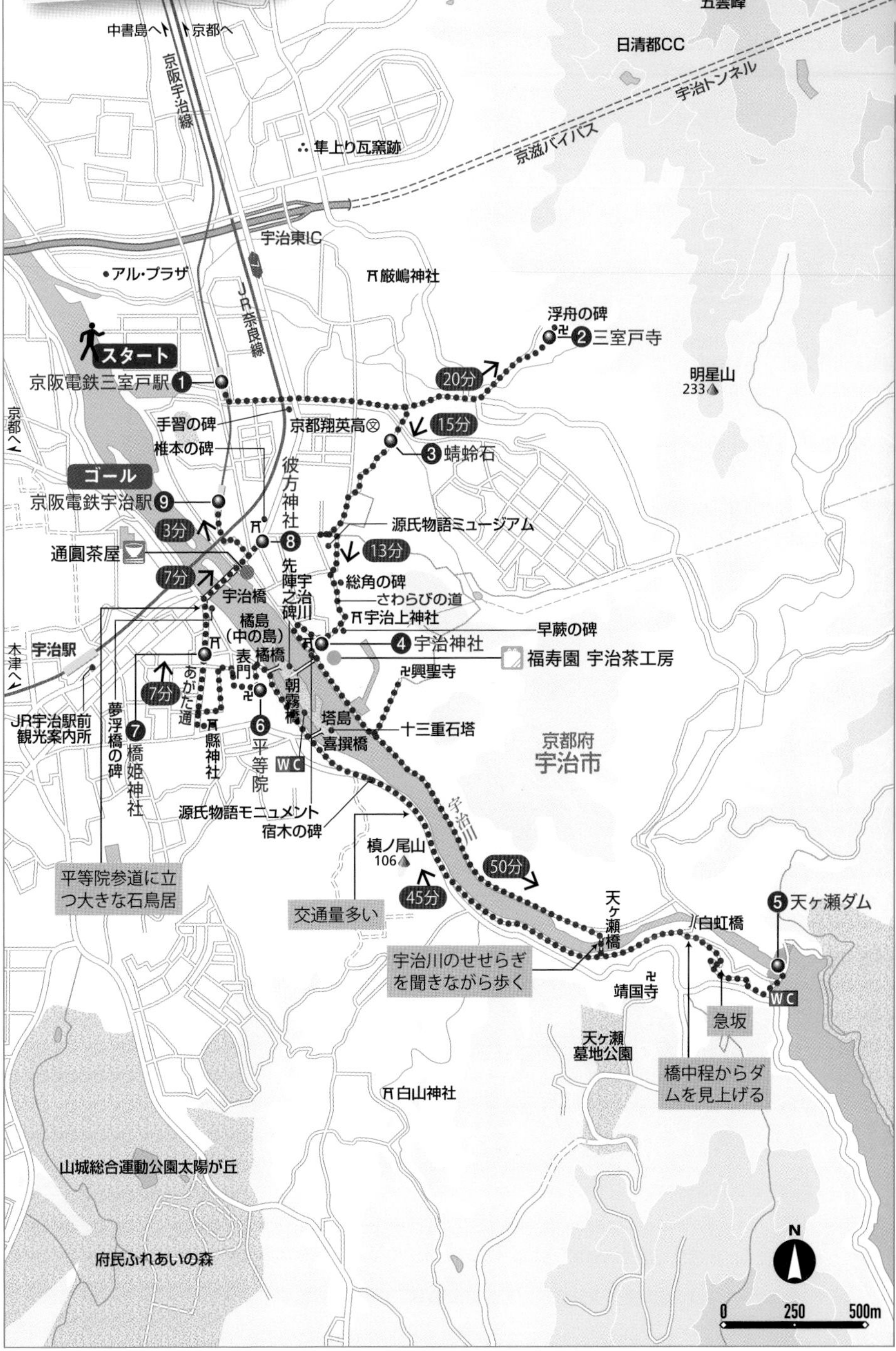
343
五雲峰
日清都CC
宇治トンネル
京滋バイパス
中書島へ
京都へ
京阪宇治線
隼上り瓦窯跡
宇治東IC
JR奈良線
アル・プラザ
厳嶋神社
浮舟の碑
2 三室戸寺
スタート
20分
明星山
233
京阪電鉄三室戸駅 1
手習の碑
京都翔英高
15分
京都へ
椎本の碑
3 蜻蛉石
ゴール
彼方神社
京阪電鉄宇治駅 9
源氏物語ミュージアム
3分
通圓茶屋
8
13分
7分
先陣之碑
宇治川
総角の碑
さわらびの道
宇治橋
宇治上神社
早蕨の碑
橘島（中の島）
橘橋
4 宇治神社
木津へ
宇治駅
福寿園 宇治茶工房
表門
あがた通
興聖寺
7分
朝霧橋
JR宇治駅前観光案内所
夢浮橋の碑
7
橋姫神社
縣神社
6
平等院
塔島
十三重石塔
喜撰橋
WC
京都府
宇治市
源氏物語モニュメント
宿木の碑
槇ノ尾山
106
50分
45分
平等院参道に立つ大きな石鳥居
交通量多い
天ヶ瀬橋
白虹橋
5 天ヶ瀬ダム
宇治川のせせらぎを聞きながら歩く
靖国寺
WC
急坂
天ヶ瀬墓地公園
橋中程からダムを見上げる
白山神社
山城総合運動公園太陽が丘
府民ふれあいの森
N
0
250
500m

▲「関西花の寺二十五ヵ所」の1つ、アジサイに埋もれる岩船寺三重塔

▲里のシンボルともいえるわらい仏。鎌倉時代から人々を明るくしてきた

walking course 18

京都府

当尾《とうの》の里《さと》
花の寺・岩船寺から浄瑠璃寺へ 石仏たちが語りかけるのどかな里の道

1. 岩船寺バス停
   徒歩11分
2. わらい仏（阿弥陀三尊磨崖仏）
   徒歩10分
3. カラスの壺二尊磨崖仏
   徒歩10分
4. 薮の中三尊磨崖仏
   徒歩30分
5. 大門仏谷大磨崖仏
   徒歩15分
6. 西小バス停
   徒歩20分
7. 長尾阿弥陀磨崖仏
   徒歩6分
8. 浄瑠璃寺
   徒歩3分
9. 浄瑠璃寺バス停

歩行時間
約1時間45分

歩行距離
約6km

歩数
約1万2000歩

ACCESS

電車　行き：JR加茂駅から木津川市コミュニティバス加茂山の家行きで16分、岩船寺下車（300円）
帰り：浄瑠璃寺バス停から奈良交通急行バス近鉄・JR奈良駅行きで23分、近鉄奈良駅下車（580円）

車　京奈和自動車道木津ICから府道44号線を経由し約9.5kmで岩船寺

▼東小バス停にあるあたご灯籠

▼細い首が切れているように見える首切地蔵

▼カラスの壺二尊磨崖仏

▼当尾は全体的にのどかな里歩きだ

JR加茂駅から歩く場合は、岩船寺バス停まで1時間30分程度。旧道「くぬぎ坂」を歩き、宝珠寺付近では辻地蔵不動明王も見ていこう。

❶**岩船寺《がんせんじ》バス停《てい》**から岩船寺へ。天平元年（729）聖武天皇が行基に命じて創建したもので、アジサイの名所として有名だが、三重塔が紅葉に映える季節も美しい。

山門を出て車道を離れ、急坂を下ると「一願不動」と呼ばれる不動明王立像に迎えられる。一心に一つのことを願えば叶うという。その先はほら貝で人を呼び寄せたというほらぶき岩があり、浄瑠璃寺への分岐を左に少し行くと、当尾のシンボルともいえる❷**わらい仏《ぼとけ》（阿弥陀三尊磨崖仏《あみださんぞんまがいぶつ》）**が優しく微笑む。ついその笑顔に引き込まれてしまうが、その傍らで半分地面に埋もれながら顔をのぞかせている「眠り仏」も見落とさないようにしよう。

浄瑠璃寺方向へ戻ってしばらく進むと❸**カラスの壺二尊磨崖仏《つぼにそんまがいぶつ》**が現れる。一つの岩に、面を変えて阿弥陀如来と地蔵菩

豆知識

9つの扉を付けた浄瑠璃寺本堂

浄瑠璃寺は本堂（阿弥陀堂）に9体の阿弥陀如来像を安置することから九体寺とも呼ばれる。永承2年（1047）の創建当時、本尊は薬師如来であったが、嘉承2年（1107）に九体阿弥陀如来を安置する本堂が建立された。九体阿弥陀堂は「九品往生」という思想により、当時京都を中心に多数建立されたが、これが現存する唯一の遺構となった。

▶石仏めぐりの締めくくり、浄瑠璃寺本堂。四季折々、凛とした静けさをたたえる

問い合わせ先

木津川市観光協会☎0774-39-8191
奈良交通お客様サービスセンター☎0742-20-3100

▼少し遠回りして大門仏谷の大磨崖仏へも足を延ばす

▼道路脇の竹やぶにある藪の中三尊磨崖仏

▼早春はアシビの花で彩られる浄瑠璃寺

薩が刻まれた磨崖仏だ。田畑の中に民家が見えるとあたご灯籠があり、東小《ひがしお》バス停がある。車道を浄瑠璃寺方面に行くと道路脇の竹やぶに❹**藪《やぶ》の中三尊磨崖仏《なかさんぞんまがいぶつ》**が見える。この阿弥陀如来、地蔵菩薩、観世音菩薩の3像が当尾在銘石仏の中で最古といわれている。

ここから大門仏谷の方へ向かう。首切地蔵、大門石仏群からしばらく行くと、当尾最大という❺**大門仏谷大磨崖仏《だいもんほとけだにだいまがいぶつ》**である。谷を隔てて拝観しても圧巻の大きさだ。旧加茂青少年山の家の横を通り、浄瑠璃寺への丁石、ツジンドの焼け仏を見て❻**西小《にしお》バス停《てい》**から浄瑠璃寺方面へ向かう。

たかの坊地蔵、西小墓地石仏群を経由して鎌倉後期の名作といわれる❼**長尾阿《ながおあ》弥陀磨崖仏《みだまがいぶつ》**を見る。ここから浄瑠璃寺奥の院への道があるが、それをとらず三体磨崖仏を見て❽**浄瑠璃寺《じょうるりじ》**へ向かう。

国宝の本堂や三重塔、特別名勝の浄瑠璃寺庭園などを拝観して、❾**浄瑠璃寺《じょうるりじ》バス停《てい》**へ。

立ち寄りスポット

浄瑠璃寺の門前で心休まるひとときを

茶房 吉祥庵

明治初期の風情ある古民家を利用した茶房。雑味を取り除き丁寧にいれたブレンドコーヒー550円や自家製チーズケーキ450円、抹茶（菓子付き）900円（写真）を提供するほか、象牙に彫刻などの装飾を施す「撥鏤《ばちる》」の技法を用いた工芸アクセサリーの展示販売も行っている。

☎0774-76-4007、11〜16時、水曜休

のどかな風景の中に無人スタンド

吊り店

当尾の里歩きの楽しみには「吊り店」といわれる無人の農産物販売所がある。道路沿いに点在し、地元でとれた季節の野菜や果物、自家製の漬物、かきもちなど、さまざまなものが売られている。色とりどりの品物がずらりと吊るされた様子を見るだけでも楽しいが、ほとんどが一袋100円という格安な値段なので、ついつい買いすぎてしまう。

当尾の里

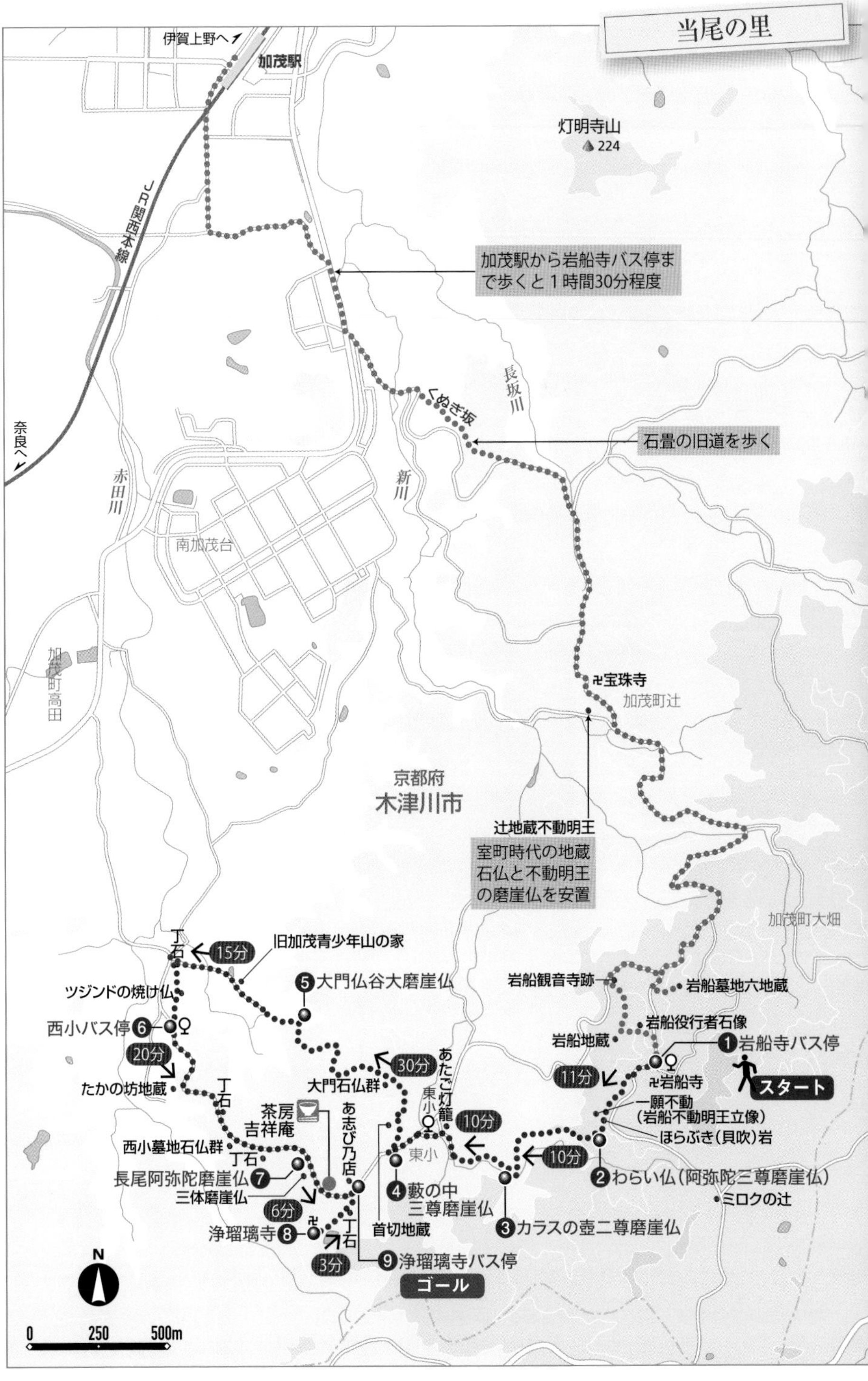

伊賀上野へ
加茂駅
灯明寺山
224
JR関西本線
奈良へ
加茂駅から岩船寺バス停まで歩くと１時間30分程度
くぬぎ坂
長坂川
石畳の旧道を歩く
赤田川
新川
南加茂台
加茂町高田
卍宝珠寺
加茂町辻
京都府
木津川市
辻地蔵不動明王
室町時代の地蔵石仏と不動明王の磨崖仏を安置
加茂町大畑
丁石
15分
旧加茂青少年山の家
5 大門仏谷大磨崖仏
ツジンドの焼け仏
西小バス停 6
20分
たかの坊地蔵
丁石
岩船観音寺跡
岩船墓地六地蔵
岩船役行者石像
岩船地蔵
1 岩船寺バス停
卍岩船寺
スタート
11分
30分
大門石仏群
あたご灯籠
東小
一願不動
（岩船不動明王立像）
ほらぶき（貝吹）岩
茶房
吉祥庵
あ志び乃店
10分
10分
東小
西小墓地石仏群
丁石
長尾阿弥陀磨崖仏 7
三体磨崖仏
2 わらい仏（阿弥陀三尊磨崖仏）
ミロクの辻
4 藪の中三尊磨崖仏
6分
3 カラスの壺二尊磨崖仏
浄瑠璃寺 8
丁石
首切地蔵
3分
9 浄瑠璃寺バス停
ゴール
N
0
250
500m

walking course 19

京都府

高《たか》雄《お》・清《きよ》滝《たき》

新緑と紅葉の名所・三尾から清滝川の東海自然歩道を歩く

▲清滝川に沿って東海自然歩道を行く

▲快適な水辺のウォークが楽しめる

▲はじめに朱塗りの渡猿橋を渡る

❶ 清滝バス停
徒歩10分
❷ 金鈴橋
徒歩30分
❸ 沈下橋
徒歩30分
❹ 清滝橋
徒歩20分
❺ 神護寺
徒歩30分
❻ 西明寺
徒歩15分
❼ 高山寺
徒歩10分
❽ 栂ノ尾バス停

歩行時間
約**2**時間**25**分

歩行距離
約**4.6**km

歩数
約**9200**歩

ACCESS

電車 **行き**:JR京都駅から京都バス嵐山・苔寺行きで50分、嵐山公園下車(230円)。大覚寺・清滝行きに乗り換えて20分、終点下車(230円)
帰り:栂ノ尾バス停からJRバス京都駅前行きで1時間、終点下車(530円)

車 名神高速道路京都南ICから国道1号線、府道118号線、国道9・162号線を経由し約17kmで高山寺

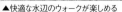

▲神護寺名物、錦雲渓のかわらけ投げ

▲真っ直ぐに伸びた杉の美林が目立つ

▲杉木立の道から清滝橋へ

三尾《さんび》といえば紅葉で有名だが、桜や新緑の季節も捨てがたい魅力がある。

❶**清滝《きよたき》バス停《てい》**を降りて、渡猿橋を渡る。清滝の集落を抜け、愛宕山への表参道を左に分けいらず❷**金鈴橋《きんれいきょう》**を右手に梨ノ木林道を行くと、月輪寺への分岐に出合う。林道を月輪寺の方へ向かうと途中に空也の滝があり、愛宕山への参道になるが、そちらへは行かず、東海自然歩道の道標に従って高雄方面へ向かう。ほどなく、石造りの❸**沈下橋《ちんかきょう》**が現れる。手前のベンチなどがある広場で休憩するのもよい。しばらく行くと、杉木立が続くハイキングコースに入る。このあたりは流れが緩やかで川辺に下りられるので水遊びをする人も多い。時候のよいころは結構な人出となる。❹**清滝橋《きよたきばし》**を渡り、❺**神護寺《じんごじ》**の参道へ上がる。長い石段を上ると山中に金堂、多宝塔、大師堂などの堂宇がある。神護寺は和気氏の私寺、高雄山寺が前身であったといわれるが、創立の時期はわかっていない。一時は空海が住持し、最澄が法華経の講義を行った、大変重要な寺

豆知識

都の名建築を支えた北山杉

高山寺から周山街道を北へ行くと、北山杉の名産地・中川だ。北山杉は30年あまりの歳月をかけ、真っ直ぐで節のない木に育てなければならない。丹念に枝打ちを続け、一定の太さにコントロールするのである。そのように育てた北山杉の皮をはがして磨き上げた磨き丸太は、室町時代以降、近現代まで茶室や数寄屋建築に珍重されてきた。

▶初夏の神護寺は緑に包まれる

問い合わせ先

京都市観光協会☎075-213-1717(※1)
京都総合観光案内所☎075-343-0548(※1)
西日本JRバス京都営業所☎075-672-2851
京都バス☎075-871-7521
※1：京都観光に関する問い合わせ先

▼標識をたよりに三尾の里を歩く

▼コバノミツバツツジで有名な西明寺の裏山

▼指月橋を上ると西明寺に着く

院である。境内は広く、地蔵院からは眼下に錦雲渓が広がる。ここから素焼きの皿を投げるかわらけ投げができる。この寺が発祥といわれる厄除け祈願だ。

川沿いの道から指月橋を渡り、❻**西明《さいみょう》寺《じ》**へ。空海の弟子である智泉の開創で、現在の伽藍は桂昌院の寄進により再建されたものだ。西明寺を後にして、川沿いの道から国道へ出る。白雲橋を渡り、少し行くと❼**高山《こうさん》寺《じ》**だ。奈良時代の創建といわれ、神護寺の別院であったが建永元年（1206）に明恵上人が再興した。鳥獣人物戯画は大変有名だが、他にも国宝や重要文化財を多数所蔵しており、1994年には世界文化遺産に登録された。ここから❽**栂《とが》ノ尾《お》バス停《てい》**へ向かう。

▼巨大な杉や老松に覆われた高山寺参道

立ち寄りスポット

清滝川の清流を一望する川床

とが乃茶屋

高山寺の参道裏に位置する食事処。清滝川にせり出すように立っており、清流を一望する絶景が広がる。うどんやそばなどの軽食や甘味のほか、夏は鮎の塩焼きを味わえる涼み御膳2300円（写真）、秋はキノコの陶板焼き定食1800円といった、季節のメニューも揃う。

☎075-861-4206、11～16時、木曜休

神護寺への参道でひと休み

硯石亭

神護寺への急な石段を歩いていると、休憩をうながすように茶屋が現れる。名物もみじ餅650円は道明寺餅の上に自家製の餡をのせたひと口サイズの和菓子。ぜんざいなど甘味のほか、うどんやそば、湯豆腐セット1900円など食事もある。

☎075-872-3636、9時～16時30分、不定休(11月は無休、1～2月休)

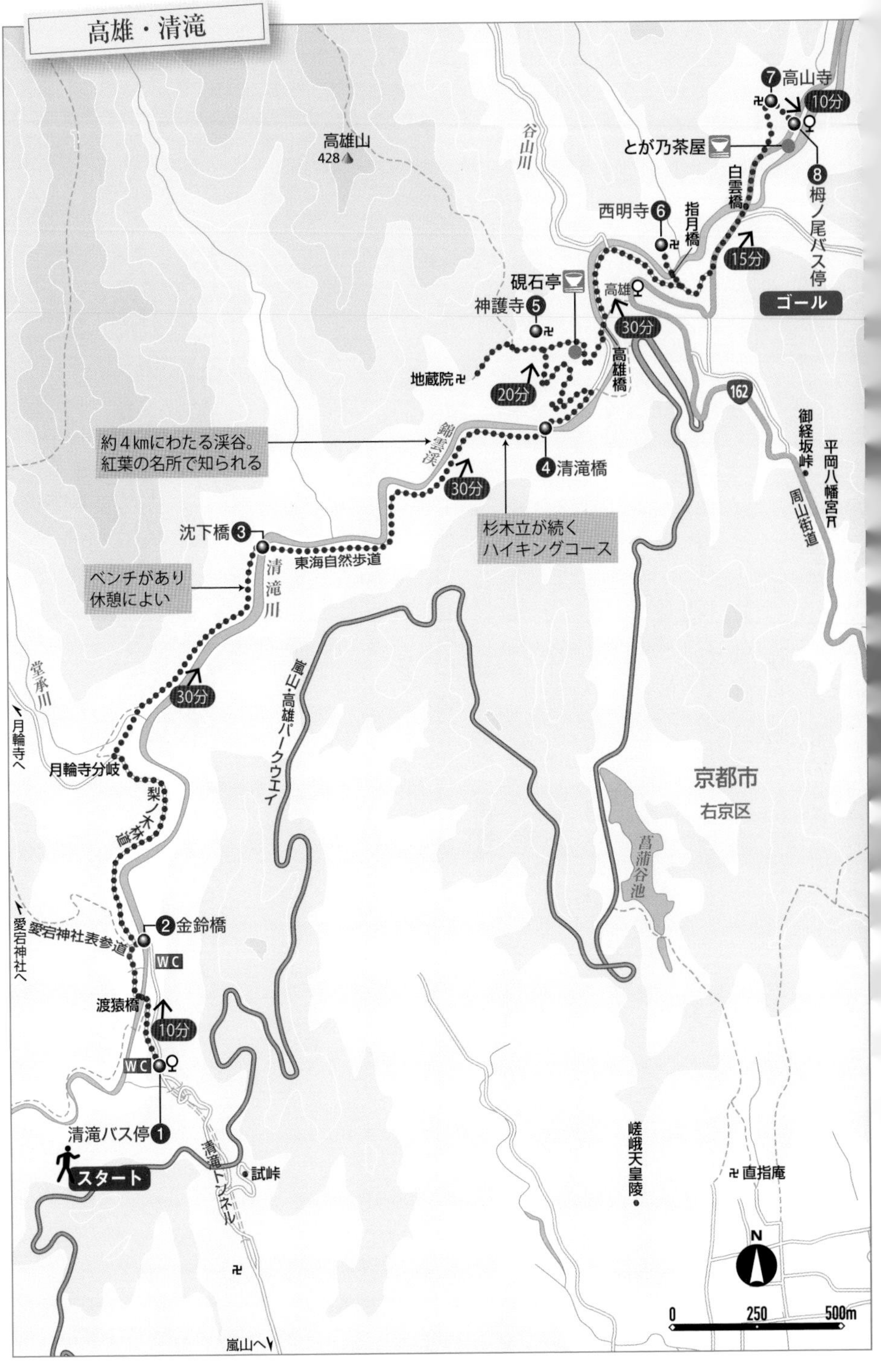

高雄・清滝
高雄山
428
谷山川
⑦高山寺
10分
とが乃茶屋
⑧栂ノ尾バス停
白雲橋
西明寺⑥
指月橋
15分
硯石亭
高雄
神護寺⑤
ゴール
30分
地蔵院
20分
高雄橋
162
御経坂峠
平岡八幡宮
周山街道
約４㎞にわたる渓谷。
紅葉の名所で知られる
錦雲渓
④清滝橋
30分
杉木立が続く
ハイキングコース
沈下橋③
東海自然歩道
清滝川
ベンチがあり
休憩によい
嵐山・高雄パークウエイ
堂承川
30分
月輪寺へ
月輪寺分岐
梨ノ木林道
京都市
右京区
菖蒲谷池
愛宕神社へ
②金鈴橋
愛宕神社表参道
WC
渡猿橋
10分
WC
清滝バス停①
スタート
清滝トンネル
試峠
嵯峨天皇陵
直指庵
N
0
250
500m
嵐山へ

walking course
20

京　都　府

京都西山《きょうとにしやま》

大原野神社から善峯寺へ 桜と紅葉が美しい竹林の道を行く

▲大原野神社から勝持寺へ

▲桜の勝持寺も秋は紅葉が美しい

▲大原野神社の参道は紅葉で埋まる

京都西山一帯は桜と紅葉が美しいところが多い。宅地化が進んだとはいえ、田んぼの中を行く山里の道がまだ残っており、のんびりしたウォーキングができる。

❶南春日町《みなみかすがちょう》バス停《てい》で降り、最初に訪れるのは藤原氏ゆかりの**❷大原野神社《おおはらのじんじゃ》**。社伝によれば長岡京へ遷都された延暦3年（784）、春日大社から分霊されたのが興り。社殿は文徳天皇の時代の造営で、長岡京の氏神として崇められている。春の桜がみごとで「花の寺」と呼ばれる❸**勝持寺《しょうじじ》**、枝垂れ桜が美しい**❹正法寺《しょうほうじ》**とともに訪れる人が多い。

ここから田畑の中を歩いて大原野小学校をすぎ、灰方《はいかた》の集落を行くと地元の氏神、**❺大歳神社《おおとしじんじゃ》**がある。奈良時代の創建

❶南春日町バス停
徒歩15分
❷大原野神社
徒歩10分
❸勝持寺
徒歩10分
❹正法寺
徒歩30分
❺大歳神社
徒歩30分
❻十輪寺
徒歩40分
❼善峯寺
徒歩5分
❽善峯寺バス停

歩行時間	歩行距離	歩数
約**2**時間**20**分	約**7**km	約**1**万**5000**歩

ACCESS

電車 **行き**：JR東海道本線向日町駅または阪急京都線東向日駅から阪急バス南春日町行きで25分、終点下車（300円）

帰り：善峯寺バス停から阪急バスJR向日町行きで往路を戻る（370円）。冬期（1月6日～2月末）は小塩バス停から乗車

車 名神高速道路大山崎ICから約10kmまたは京都第二外環状道路大原野ICから約3kmで大原野神社

▲年中花が絶えない善峯寺

▼在原業平の隠棲の地、十輪寺

▼いたるところに竹林の道が延びる

▲善峯寺からは京都市街の眺めが広がる

▲「鳥獣の石庭」で知られる正法寺

といわれるがよくわかっていない。

竹やぶの中を歩き、急勾配になると❻**十輪寺**《じゅうりんじ》である。在原業平の晩年の住まいといわれる。京都市左京区の吉田山に業平の墓があるが、ここにも業平の墓がある。業平が塩を焼いてその煙に二条后（藤原高子）への想いを託したという塩竈跡があり、このあたりの地名「小塩《おしお》」はこの故事にちなんでつけられたものだという。

道は上りが続き、しばらく歩くと駐車場があって、ここから善峯寺の山門へと登る。❼**善峯寺**《よしみねでら》は平安時代中期の長元2年（1029）、恵心僧都の高弟である源算上人によって開かれた。長元7年（1034）、後一条天皇より国家鎮護の勅願所と定められ、良峯寺の寺号となった。応仁の乱の兵火で焼けたが、将軍綱吉の母、桂昌院が再建。山門には文殊菩薩と運慶作の金剛力士像が安置されている。また「遊龍の松」という五葉松がよく知られている。西国三十三所霊場20番札所として、季節を通して多くの参拝者が訪れる。帰りは❽**善峯寺**《よしみねでら》**バス停**《てい》へ。

豆知識

善峯寺の「遊龍の松」

国の天然記念物に指定されている「遊龍の松」は、樹齢およそ600年の五葉松である。遊龍の名は安政4年（1857）に右大臣花山家厚（いえあつ）が命名した。地面を這うように伸びる松は、代々の住職が手入れをしてきた賜物。中央から北と西方向に伸びて全長は54mほどあったが、松食い虫の害で15mほど切られ、現在は約40m。

▶臥龍が遊ぶ姿にも見える遊龍の松は1本の木とは思えぬほど枝を伸ばしている

問い合わせ先

京都市観光協会☎075-213-1717（※1）
京都総合観光案内所☎075-343-0548（※1）
阪急バス向日出張所☎075-921-0160
※1：京都観光に関する問い合わせ先

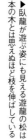

立ち寄りスポット

桜や紅葉を愛でながらひと休み

春日乃茶屋

桜や紅葉の美しさで知られる大原野神社の境内にある休み処。奈良の猿沢池を模したとされる鯉沢池のほとりにあり、池を望む縁台でゆっくりと景色を眺めながら休憩できる。名物の自家製よもぎだんごは1つ220円。店の隣には手打ちそばがいただける『そば切りこごろ』もある。

☎075-332-2281、10時〜日没、木曜休

タケノコづくしを堪能

畑井

京都西山のタケノコはえぐみが少ないことでよく知られている。畑井は自家所有の竹林でとれたタケノコを料理する。竹の子そば（抹茶、抹茶餅付き）1500円、竹の子ご飯（タケノコの煮物、佃煮、吸物付き）2000円などが年間通していただける。

☎075-331-0902、11〜15時ごろ、不定休（4・5・11月は無休）

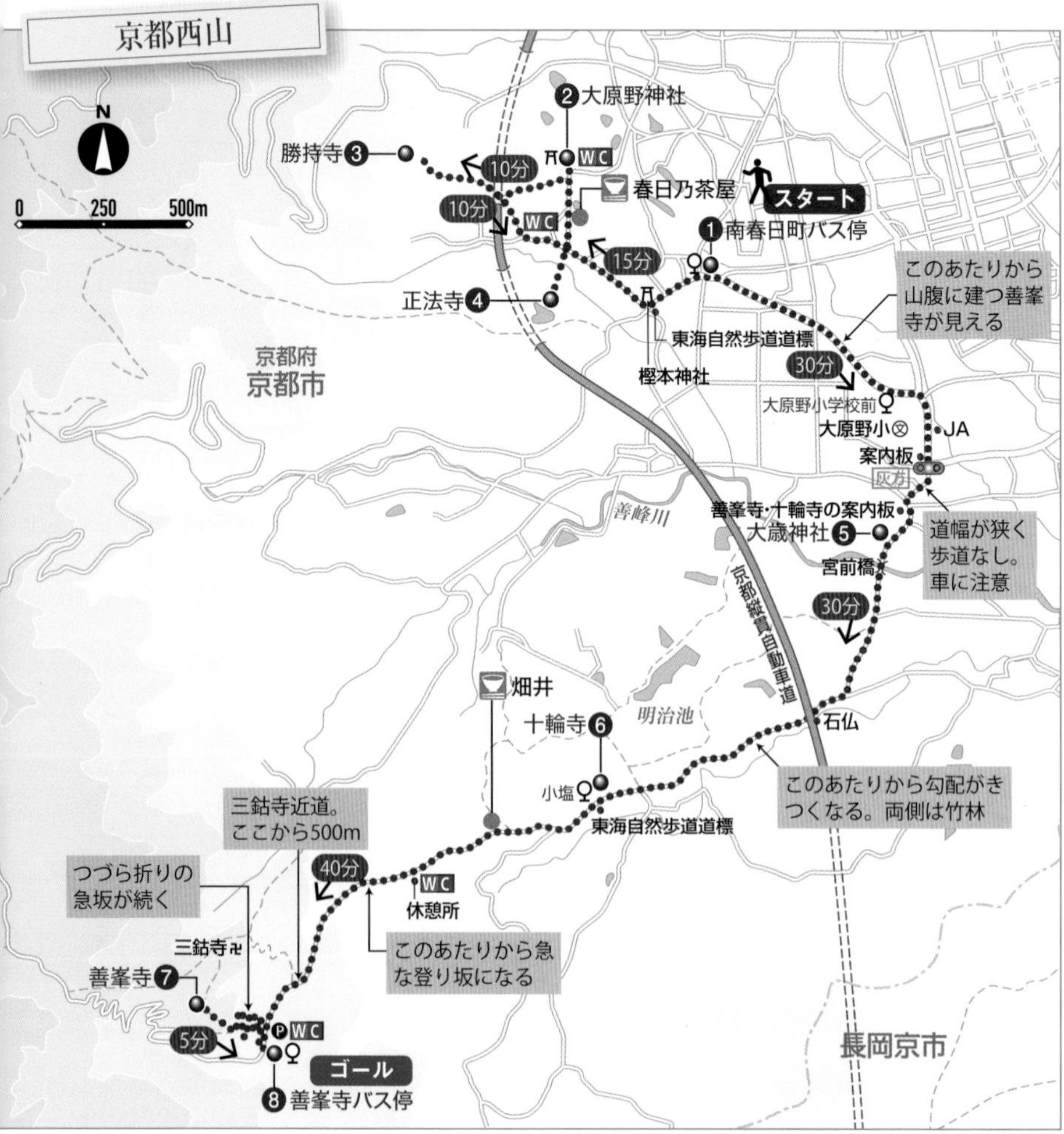

▲園部川が流れる4kmほどの渓谷。周囲には侵食による奇岩が多い

walking course

21

京都府

るり渓《けい》

樹林の緑と渓流の音に包まれたマイナスイオンがたっぷりの道

関西の避暑地として古くから親しまれているるり渓。樹林に包まれた渓谷を歩くと、マイナスイオンたっぷりの風景に癒される。JR園部駅から京阪京都交通バスを八田でぐるりんバスに乗り換えるが、午前中にるり渓橋に到着するバスの運行は1本のみなので注意が必要だ。

❶**るり渓橋《けいばし》バス停《てい》**で降りてバス道に沿って歩くと左へ下りる道があり、「日本の音風景百選」に選ばれたるり渓へと入る。遊歩道へは❷**榎《えのき》バス停《てい》**をすぎたところの標識に従って下りて行く。樹林の中に緩やかな上りの遊歩道が続き、錦繍巌《きんしゅうがん》、双《そう》龍淵《りゅうえん》、會仙巌《かいせんがん》、渇虬澗《かっきゅうかん》、座禅石《ざぜんせき》、水晶《すいしょう》簾《れん》など難しい名前がついた「るり渓12勝」と呼ばれる名所がある。滝道が終わるこ

❶ るり渓橋バス停 —徒歩20分— ❷ 榎バス停 —徒歩50分— ❸ 通天湖 —徒歩30分— ❹ 登山口 —徒歩1時間— ❺ 深山 —徒歩45分— ❻ 登山口 —徒歩15分— ❼ るり渓温泉

歩行時間	約3時間40分
歩行距離	約10.2km
歩数	約2万2000歩

ACCESS

電車 **行き**:JR園部駅西口から京阪京都交通バスJR亀岡駅南口行きで24分、八田下車(570円)。ぐるりんバス西本梅スクール・癒しの森線に乗り換えて6分、るり渓橋下車(150円)

帰り:平日のバス利用は無理。るり渓温泉のシャトルバスかタクシーを利用

車 阪神高速池田線池田木部ICから国道173号線、府道731・54号線を経由し約31kmでるり渓橋

▼クマザサの間を抜けて続く深山への道

▲深山登山道からるり渓高原を望む

▲「日本の音風景百選」を実感する鳴滝の水音

▼整備された探勝路は歩きやすい

▲双龍淵も見どころの一つ

ろ、通天湖のダムの滝を見て石段を上がりバス道に出ると❸**通天湖**《つうてんこ》である。

渓谷とはうって変わって明るい風景になり、一帯はるり渓高原と呼ばれている。バス道を行くとるり渓温泉があり、ここに奥るり渓バス停もある。バス停を通り過ぎて15分ほど歩くと深山への❹**登山口**《とざんぐち》に到着。深山への道は歩きやすく整備されているが、上りはじめは勾配が急なのでペース配分に注意したい。深山高原といわれるだけあって、クマザサの広がる風景は広々として気持ちがよい。40分ほど上ったところで、山頂の雨量観測所への管理舗装路と出合う。その道をしばらく行くと❺**深山**《みやま》山頂にたどり着く。山頂には巨岩をご神体とする深山宮があり、剣尾山などが望め、眺めがよい。

帰りは往路をたどって❻**登山口**《とざんぐち》から❼**るり渓温泉**《けいおんせん》へ。るり渓温泉を利用した場合はJR園部駅行きのシャトルバスに乗車できるので、おすすめだ。ぐるりんバス利用の場合は平日は本数が少ないので注意が必要だ。

豆知識

「るり渓」の名の由来

園部川が流れる全長4kmほどのるり渓は、もとは「滑（なめら）」と呼ばれており、江戸時代にも園部藩主がよく探勝していたといわれている。るり渓の名は明治38年（1905）にこの渓谷に遊んだ船井郡の郡長が「瑠璃渓」と命名して知られるようになったという。清流が光に反射して瑠璃色に見えた美しさを表現したものだ。

▶るり渓はレクリエーションゾーンとしても人気だ。写真は通天湖

問い合わせ先

南丹市観光交流室☎0771-68-0050
京阪京都交通亀岡営業所☎0771-23-8000

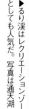

立ち寄りスポット

室町時代の歴史を伝える社殿

大山祇神社

藤原純索が天暦3年（949）に熊野三所権現を祀り、造営鎮座した。重要文化財の本殿は応永26年（1419）に建てられたもので覆屋に守られ保存状態がよい。一間社流造りで、屋根は薄い桧板を交互に並べて葺いた柿葺。応永当時の型板も保存されており、室町時代の建物として非常に価値が高い。

☎0771-68-0057(南丹市社会教育課)、境内自由

国内有数のラドン含有量を誇る天然温泉

京都るり渓温泉 for REST RESORT

日本の名勝地に指定された自然公園内に位置。水着着用のバーデゾーンは、男女混浴で楽しめる露天風呂やサウナ、温泉プールが揃う。グランピング気分で涼んだり、読書を楽しんだりと、思い思いに過ごせるリラクゼーションルームも。

☎0771-65-5001、7～24時、無休、お気軽入浴700円～、全館利用1500円～

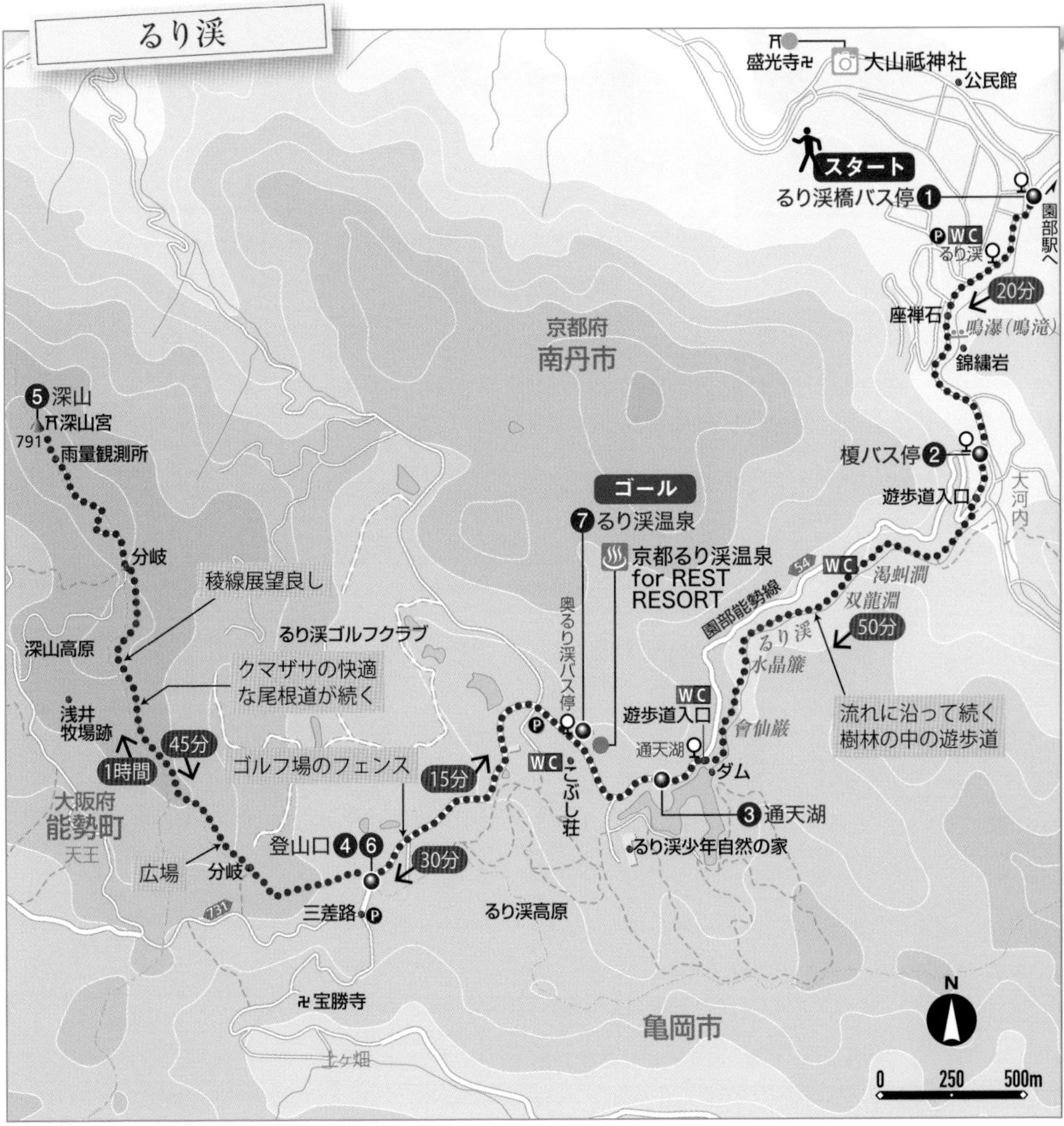

walking course

22

京都府

天橋立《あまのはしだて》

成相寺からの展望を楽しんだ後は日本三景の一つ天橋立を歩く

▲成相寺は日本三景の一つ、天橋立を望む位置に建つ

▲江戸中期に再建された本堂

▲参道にある撞かずの鐘

▲約400年ぶりに再建された五重塔

1. 成相寺バス停
   - 徒歩5分
2. 成相寺
   - 徒歩15分
3. 近畿自然歩道入口
   - 徒歩30分
4. 本坂の板碑
   - 徒歩20分
5. 元伊勢籠神社
   - 徒歩15分
6. 天橋立砂嘴入口
   - 徒歩1時間
7. 智恩寺
   - 徒歩5分
8. 京都丹後鉄道天橋立駅

歩行時間
約2時間30分

歩行距離
約9km

歩数
約2万歩

ACCESS

電車 **行き**:京都丹後鉄道天橋立駅から丹後海陸交通天橋立観光船で12分、一の宮下船(600円)。ケーブルカーまたはリフトに乗り換えて4分、傘松駅下車(共通340円)。成相登山バスに乗り換えて7分、終点下車(360円+入山料400円)
帰り:京都丹後鉄道天橋立駅から

車 京都縦貫自動車道与謝天橋立ICから約10kmで成相寺

▼成相寺から展望台への道

▼本坂の板碑へ竹やぶの道を歩く(写真左奥へ

▼本坂へは近畿自然歩道で向かう

天橋立観光船を一の宮で下船し、ケーブルで傘松公園へ。そこから登山バスに乗り換えて❶**成相寺《なりあいじ》バス停《てい》**で下車。山門を抜けて400mほど行くと❷**成相寺《なりあいじ》**である。西国三十三所霊場28番札所として、多くの人が参拝に訪れる寺である。五重塔の先にある弁天山展望台からは能登や白山が望める。

バス道を引き返して少し下ると❸**近畿《きんき》自然歩道入口《しぜんほどういりぐち》**の標識があるのでそれに従って下っていく。道幅も広く迷うようなこともない。林道のようにも見えるが、もとは成相寺への参道であった。

竹やぶを抜けると❹**本坂《ほんざか》の板碑《いたひ》**である。説明板によれば、板碑は板状の石造物のこと。この場所にある5体の石仏は鎌倉末期から室町時代の作であるという。成相寺の参道は複数あったが、この参道が最も賑わったそうだ。少し行くと大きな石灯籠がある。昭和2年(1927)の丹後大地震で倒れなかった灯籠として、集落のシンボルになっている。

集落から❺**元伊勢籠神社《もといせこのじんじゃ》**へ下り、一の

豆知識

知恵を授ける「智恩寺」

智恩寺は奈良県桜井市の安倍文殊院、山形県高畠町の亀岡文殊とともに日本三文殊のひとつとされる。臨済宗妙心寺派の寺院で、寺伝によれば大同3年（808）に平城天皇の勅願寺として創建されたという。知恵を授かる文殊として信仰され、受験生にも人気がある。本尊の文殊菩薩は秘仏とされ、年に5日だけ開帳がある。

▶智恩寺山門前の茶屋（※1）では、智恵を授けるといわれる「智恵の餅」が食べられる

問い合わせ先

天橋立観光協会☎0772-22-8030
丹後海陸交通☎0772-42-0323

※1：吉野茶屋・彦兵衛茶屋・勘七茶屋・ちとせ茶屋の4軒で販売

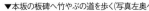

▼天橋立から成相寺方面を振り返る

▼伊勢神宮と同じ造りの元伊勢籠神社

▼鎌倉時代作の狛犬は重文

▼天橋立の松並木は気持ちのよい道

宮桟橋へ戻る。しばらく歩き❻天橋立砂《あまのはしだてさ》嘴入口《しいりぐち》から天橋立へ入っていく。

天橋立は松島、宮島とともに日本三景の一つとして数えられ、古くからよく知られてきた。現在は幅20～170mの砂嘴が約3・6km続き、夕日が山に沈む前に府中の入口付近から眺めると海を渡る線路のように見えることから、トワイライト・レールロードなどとも呼ばれている。この砂嘴には大小5000本ほどの松が生い茂っている。なかには大正天皇や昭和天皇お手植えの松もある。磯清水や岩見重太郎仇討ちの場、天橋立神社などを見て廻旋橋を渡ると知恵の文殊❼智《ち》恩寺《おんじ》の山門前に出る。ここから数分歩くと❽京都丹後鉄道天橋立駅《きょうとたんごてつどうあまのはしだてえき》である。

立ち寄りスポット

ほんのり赤い赤米ざるうどん

つるや食堂

元伊勢籠神社の近くにあるつるや食堂は、古代米の赤米を使った赤米うどん900円が名物。麺はほんのり赤くて甘みがある。また、4月末～9月は数量限定で紫米使用の紫米そうめんも登場する。オリジナルの黒豆金時ソフトクリーム350円をテイクアウトするのもおすすめだ。

☎0772-27-0114、8時30分～17時、不定休

白山や能登半島まで見渡せる

成相山パノラマ展望所

時間と体力があれば、山頂の成相山パノラマ展望所まで登ってみるのもよい。標高470m地点にあり、石碑に日本一と刻まれているだけあって、晴れた日は能登半島や白山まで見渡す大パノラマが広がる。ここでも「天橋立の股のぞき」をしてみよう。成相寺本堂から徒歩30分。かなり急な山道となるため足元には注意を。

天橋立
成相山パノラマ展望所
伊根
成相寺 2
与謝野町
スタート
5分
1 成相寺バス停
弁天山展望台
15分
京都府
宮津市
鎌倉時代の建築様式を
再現し2005年に復元
五重塔
3 近畿自然歩道入口
近畿自然歩道
登山バス
歩きやすい道が続く
傘松公園
サクラが有名
30分
傘松駅
ケーブル
4 本坂の板碑
つるや食堂
府中駅
20分
5 元伊勢籠神社
一の宮桟橋
石灯籠
15分
丹後郷土資料館
丹後国分寺跡
WC
6 天橋立砂嘴入口
WC
見返りの松
下にはたくさんの
お地蔵さまがある
178
小袖の松
丹後海陸交通
雪舟松
羽衣の松
宮津湾
夫婦松
1時間
阿蘇海
千貫松
一声塚
一里塚
あさり丼と黒ち
くわが名物の
はしだて茶屋
天橋立神社
大砲
岩見重太郎仇討ちの場
峰山
磯清水
5～6月初めにハマナス
の花が一面に咲く群生地
式部の松
2
雲井の松
WC
乗船場
京都丹後鉄道宮豊線
智恵の松
智恩寺 7
WC
WC
智恩寺山門
大天橋
廻旋橋(小天橋)
対橋楼
5分
京都丹後鉄道 8
天橋立駅
ゴール
天橋立温泉 智恵の湯
天橋立ビューランド
宮津港
N
176
0
250
500m
宮津

22
天橋立

walking course

23

京都府

鞍馬山《くらまやま》

牛若丸伝説が残る神秘の山 貴船へ続く木の根道を行く

▲火祭りで有名な由岐神社を通る

▲鞍馬寺への急勾配の登りでひと休み

▲威風堂々とそびえる鞍馬寺山門

能の「鞍馬天狗」で知られ、大天狗と牛若丸の逸話からも山に満ちた霊気を想わせる鞍馬山。❶**叡山電鉄鞍馬駅**《えいざんでんてつくらまえき》を出るとすぐに鞍馬街道で、みやげ物店の先に鞍馬寺の仁王門がある。石段を上り仁王門をくぐるとケーブル乗り場があるが、ここでは乗らずに鞍馬の火祭で有名な❷**由岐神社**《ゆきじんじゃ》へと歩いて行く。「近うて遠きもの」と清少納言が枕草子に書いた「鞍馬のつづらおりという道」はここからの坂であるという。牛若丸の守り本尊という川上地蔵堂や義経公供養塔などがある。この供養塔は牛若丸が7歳で預けられたといわれる東光坊跡に立てられている。石段を上り中門をすぎると❸**本殿金堂**《ほんでんこんどう》。鞍《あん》馬蓋寺《ばがいじ》縁起《えんぎ》によれば、鑑真の高弟鑑禎《がんてい》が

❶ 叡山電鉄鞍馬駅(※2)
徒歩15分
❷ 由岐神社
徒歩25分
❸ 本殿金堂
徒歩5分
❹ 霊宝殿
徒歩10分
❺ 木の根道
徒歩15分
❻ 魔王殿
徒歩20分
❼ 貴船神社本宮
徒歩15分
❽ 奥宮
徒歩45分
❾ 叡山電鉄貴船口駅(※2)

歩行時間
約2時間30分

歩行距離
約6.1km

歩数
約1万4000歩

ACCESS

電車 **行き**:出町柳駅から叡山電鉄鞍馬線で22分、市原駅下車(380円)。徒歩3分の市原バス停から京都バス鞍馬温泉行きに乗り換え12分、鞍馬下車(170円)(※1)
帰り:貴船口駅前バス停から往路を戻る(※1)

車 名神高速道路京都東ICから府道143・181号線、国道367号線、府道40・103・40・38号線を経由し約23kmで鞍馬

※1:2020年7月18日現在、叡山電鉄鞍馬線の市原～鞍馬間が土砂崩れによる運転見合わせのため、市原駅以降はバスを利用。年内に復旧予定。

▲昼なお暗い木の根道をたどって

▲牛若丸が修業したあたりにある義経堂

▼鞍馬寺の本殿金堂

▲鞍馬寺奥の院に建つ魔王殿

宝亀元年（770）に草庵を結び、毘沙門天を安置したのが始まり。昭和期の住職信楽香雲が鞍馬《くらま》弘教《こうきょう》を開宗して、昭和24年（1949）から鞍馬弘教総本山となった。本殿金堂の本尊は尊天と呼ばれる。

奥の院への案内板に従い❹**霊宝殿**《れいほうでん》から❺**木**《き》**の根**《ね》**道**《みち》へと向かう。奥州へ下る牛若丸が別れを惜しんだ背比べ石をすぎると木の根道が始まる。杉の巨木に囲まれた大杉権現社や鞍馬天狗の舞台となった僧正ヶ谷を経て、奥の院❻**魔王殿**《まおうでん》となる。ここから貴船へは急な下りになるので足下に注意したい。

寺の西門を出るとすぐに❼**貴船**《きふね》**神社**《じんじゃ》**本宮**《ほんぐう》である。創建年代は不明だが、白鳳6年（666ころと推測される）に社殿造替えの記録がある。祭神は水神である高《たか》龗神《おかみのかみ》で、古くから雨乞いの神として信仰される。本宮から上流へ向かうと良縁を結ぶという結社があり、さらに行くと❽**奥宮**《おくみや》に着く。奥宮から貴船川に沿って戻り、❾**叡山電鉄**《えいざんでんてつ》**貴船口駅**《きぶねぐちえき》へ。秋は紅葉が非常に美しい。

豆知識

貴船神社の「水占い」

水の神を祀る貴船神社のおみくじは、一見白紙だが、水に浮かべると文字が現れるという「水占い」である。本殿の前に御神水が湧き出る水占斎庭(みずうらゆにわ)があり、ここで吉凶を占うことができる。文字は、乾くと消えてしまうので、写真に残すのがおすすめだ。大凶もあるが、これを引いても悲嘆しないでこれからよくなると解釈しよう。

▶朱塗りの灯籠が続く貴船神社は、平安京の水源を護る水神を祀った古社

問い合わせ先

京都市観光協会☎075-213-1717(※2)
京都総合観光案内所☎075-343-0548(※2)
叡山電鉄鉄道部運輸課☎075-781-5121
※2：京都観光に関する問い合わせ先

立ち寄りスポット

大自然に囲まれた露天風呂でひと息

くらま温泉

鞍馬寺の仁王門前から鞍馬街道を花脊峠方面へ15分ほど歩いたところにある一軒宿。ミネラルを多く含む単純硫化水素泉で、山の緑に囲まれた露天風呂と本館大浴場を日帰りでも利用できる。食事と入浴の得々セット4800円は予約不要。

☎075-741-2131、2500円(露天風呂のみ1000円)※営業時間、休日はホームページを参照

山椒が香る名物・あゆ茶漬け

鳥居茶屋

貴船神社の側にある食事処。季節の料理もおいしいが、名物はあゆ茶漬け1580円～（写真は[上] 1990円)。白焼にした鮎を実山椒と煮込んだ香りのいい逸品。夏の風物詩、貴船川の川床料理は200m下流の別館「真々庵」で（要予約)。

☎075-741-2231、11時30分～18時、火曜休(祝日の場合は営業、6～8・11月は無休)ほか不定休あり

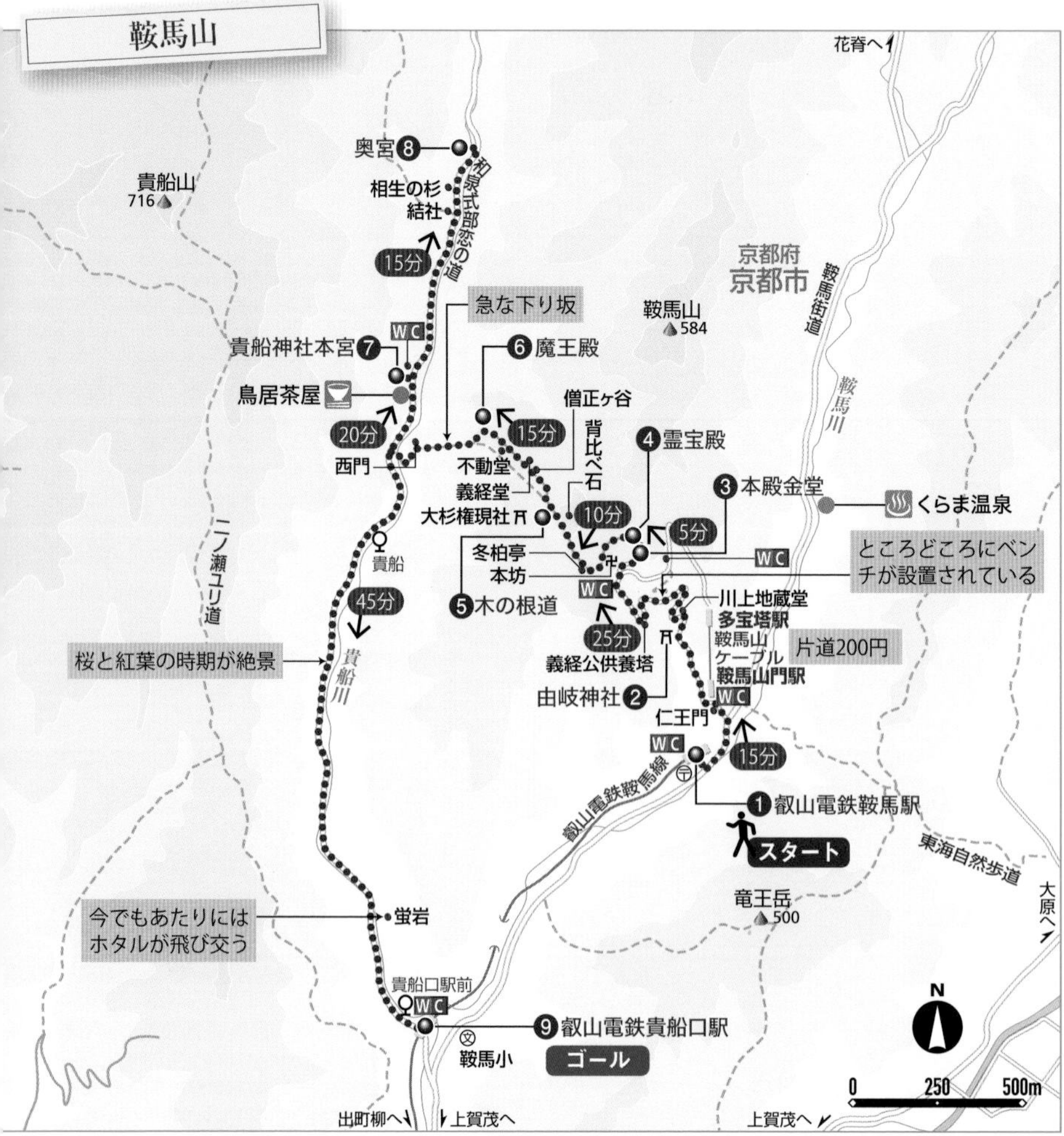

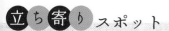

▲日向大神宮は紅葉の穴場として知られる

▲蹴上から続くインクライン

▲天の岩戸のある日向大神宮

大文字山《だいもんじやま》

五山送り火で知られる展望の山
京の街を眺めながら銀閣寺へ下る

毎年8月16日に行われる五山の送り火は、葵祭、祇園祭、時代祭とともに京都の重要な伝統行事。なかでも東山の「大文字」は送り火の象徴的存在である。送り火は「左大文字」もあるが、単に大文字といえばこちらを指すことが多い。

❶**地下鉄《ちかてつ》蹴上駅《けあげえき》**の1番出入口から山科方面に少し歩くと日向《ひむかい》大神宮の鳥居がある。鳥居をくぐるとすぐに琵琶湖疏水の線路跡を横切る。インクラインは傾斜鉄道とも呼ばれ、台車に乗せた船を坂上へ引っ張り上げる装置だ。春は桜並木が美しい。日向大神宮から登山道が始まるが、いくつかルートがあり、神社の階段下から京都一周トレイルの道を登る。道標が整備されているので比較的迷わない。社

❶ 地下鉄蹴上駅
徒歩40分
❷ 七福思案処
徒歩1時間20分
❸ 大文字山
徒歩20分
❹ 大文字火床
徒歩40分
❺ 銀閣寺
徒歩15分
❻ 銀閣寺道バス停

歩行時間
約3時間15分

歩行距離
約7.1km

歩数
約1万7300歩

ACCESS

電車 **行き**：京都市営地下鉄東西線蹴上駅から
帰り：銀閣寺道バス停から市バス、京都バス、京阪バス京都駅方面行きで約35～40分、京都駅下車（230円）

車 名神高速道路京都東ICから府道143号線を経由し約5kmで蹴上駅

▼市街を見下ろしながら千人塚を経て銀閣寺へ下る

▼大文字火床からは愛宕山や松ヶ崎も望める

殿横から天の岩戸を経由してもよいが、階段下のトレイルコースへ戻った方が迷いにくい。鞍部にある❷**七福思案処**《しちふくしあんどころ》には「東山38」の道標があり、山科や南禅寺方向など6方向の分岐がある。どの方向へ行こうか迷うから思案処なのかもしれないが、ここはトレイルの道標を頼りに大文字山方向へ向かう。「東山41」の道標を過ぎると左手に京都市内を見下ろせる場所がある。「東山45」の道標でトレイルから離れて❸**大文字山**《だいもんじやま》山頂へ向かう。山頂には休憩できるベンチなどもある。ここでは右に京都市内、左に山科の街の展望を同時に楽しむことができる。西の方向へ急坂を下ると20分ほどで❹**大文字火床**《だいもんじひどこ》に着く。ここからの京都の展望はもちろんすばらしい。大の字の北側から長い急な階段を下ると千人塚に出る。応仁の乱のころのものという骨壺が多数出てきたところで、石碑が立てられている。山道を下り林道に出合うとまもなく❺**銀閣寺**《ぎんかくじ》の門前。参道を下り❻**銀閣寺道**《ぎんかくじみち》**バス停**《てい》へ向かう。

豆知識

京都一周トレイルとは

伏見桃山から比叡山、大原、鞍馬を経て高雄、嵐山、苔寺に至る全長83.3kmを、大文字山を歩く「東山コース」など、鉄道駅やバス停などを起点に4つに区切ったコース。ほかに、自然豊かな京北地域をめぐる全長約48.7kmのコースもある。コース別ガイドマップは各500円（西山コースのみ300円）。京都市観光協会や一部の書店で購入できる。

▶京都一周トレイルの七福思案処。「東山38」の道標が立っている

問い合わせ先

京都市観光協会☎075-213-1717（※1）
京都総合観光案内所☎075-343-0548（※1）
※1：京都観光に関する問い合わせ先

立ち寄りスポット

南禅寺といえば名物は湯豆腐

奥丹 南禅寺店

南禅寺界隈には湯豆腐の店が何軒もある。なかでも創業360年の老舗・奥丹が有名だ。メニューは湯豆腐に田楽、胡麻豆腐、精進天ぷらなどが付く「ゆどうふ一通り」というコース3300円のみ。原料と製法にこだわった豆腐と秘伝のダシがうまい。

☎075-771-8709、11時～16時30分、木曜休(営業時間、休業日は季節により変更あり)

明治の遺産を歩いてみよう

琵琶湖疏水記念館

琵琶湖疏水の関連施設としては、蹴上インクラインや南禅寺の水路閣(写真)などが岡崎周辺に集中している。1989年に琵琶湖疏水の完成100周年を記念してオープンした琵琶湖疏水記念館では、インクラインの模型、疏水工事の関係資料などを展示している。

☎075-752-2530、9～17時(入館は～16時30分)、月曜休(祝日の場合は翌日)、無料

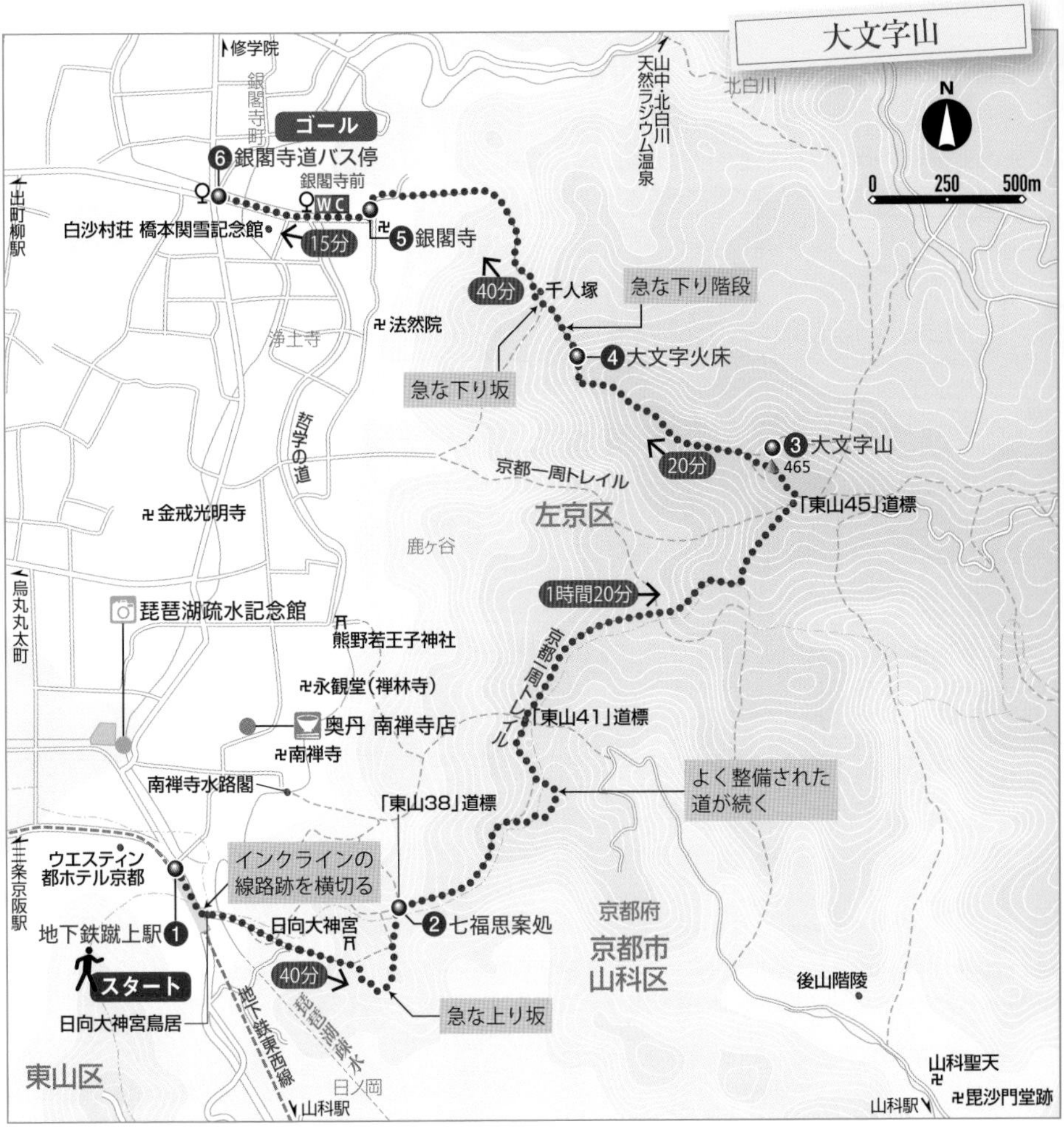

walking course 25

京都府・滋賀県

比叡山《ひえいざん》

都の北東にそびえるランドマーク 比叡山延暦寺の三塔をめぐる

▲上：桜咲く延暦寺根本中堂の春（改修前のもの）
◀右：根本中堂は2026年（予定）まで大改修中
◀左：阿弥陀堂と法華総持院東塔

❶ 比叡山頂駅
徒歩30分
❷ 根本中堂
徒歩20分
❸ 釈迦堂
徒歩30分
❹ 玉体杉
徒歩20分
❺ 横川中堂
徒歩1時間5分
❻ ケーブル坂本駅
徒歩20分
❼ 比叡山坂本駅

歩行時間
約3時間5分

歩行距離
約14km

歩数
約2万8000歩

ACCESS

電車 **行き**：出町柳駅から叡山電鉄叡山本線で14分、八瀬比叡山口駅下車（270円）。叡山ケーブルに乗り換えて９分、ケーブル比叡駅下車（550円）。叡山ロープウェイに乗り換えて３分、比叡山頂駅下車（350円）
帰り：JR湖西線比叡山坂本駅から

車 名神高速道路京都東ICから西大津バイパス、国道161号線、県道30号線、比叡山ドライブウェイ（往復1700円）を経由し約20kmで比叡山頂駅

▼釈迦堂の裏の山中に、高さ2m余りの大きな弥勒石仏が端座している

▼弁慶が担いだ伝説が残る西塔のにない堂

▼比叡山最古の建物、西塔の釈迦堂

京都市と大津市にまたがる比叡山は京都の鬼門にあたる北東にあることから、王城鎮護の山であるとされてきた。延暦7年（788）に最澄が一乗止観院（現在の根本中堂）を建立して以来、延暦寺は天台宗の拠点として数多くの高僧を輩出、今なお厳粛な修行道場である。広大な延暦寺は東塔、西塔、横川の三塔からなり、それぞれ異なった成り立ちと歴史を持っている。京都側から入山して世界文化遺産延暦寺をめぐり、行者道で横川へ足をのばし、林道で大津側へ下りる。

❶**比叡山頂駅**《ひえいさんちょうえき》から道標に従って山道に入っていく。左右に杉林が続く一本道である。「左道元禅師得度」の石標とその先に「国家鎮護」の大きな石標が見える。このあたりが京都と滋賀の府県境である。やがて道はドライブウェイと平行に行くようになり、東海自然歩道の標識が立っている。まず直進して東塔の❷**根本**《こんぽん》**中堂**《ちゅうどう》を目指す。杉の巨木の根元に建てられた弁慶水の祠を通り越すと東塔エリアになり、法華総持院東塔と阿弥陀堂の裏

豆知識

比叡山の修行「三年籠山」

比叡山山内の住職になるには、3年間の厳しい修行が必要である。1年目に伝教大師（最澄）御廟《ごびょう》の世話をする助手を務め、2年目は百日回峰行、3年目は常行堂か法華堂で90日間修行する。常行堂では本尊の周りを歩き続け、その間横になれず、立ったまま数時間の仮眠をとる。法華堂では90日間座禅を続け、仮眠もその姿勢でとる。

▶苔むした階段を下ると最澄の眠る浄土院。十二年籠山もある聖域である

問い合わせ先

比叡山延暦寺☎077-578-0001

三塔巡りの締めくくりは横川中堂

▲紅葉に包まれる恵心堂

▲横川中堂から根本如法塔へ

▲西塔と横川の中間にある玉体杉

から戒壇院、国宝の根本中堂へと続く。西塔エリアへはドライブウェイを渡る橋を行き、長い石段を下りる。伝教大師（最澄）御廟《ごびょう》のある浄土院があり、にない堂の赤い渡り廊下をくぐると❸**釈迦堂**《しゃかどう》が見える。ここは西塔エリアの中心で、日本でも有数の野鳥の繁殖地であるという。ここから奥比叡ドライブウェイと平行した山道を進み❹**玉体杉**《ぎょくたいすぎ》に到着すると京都市街が眼下に広がる。少し下ると3体の地蔵があり右へ道をとる。トンネルをくぐり左折してドライブウェイと並行して進み、横川エリアに入り❺**横川中堂**《よかわちゅうどう》へ。帰路は200mほど戻り、Y字路を左へ行く。❻**ケーブル坂本駅**《さかもとえき》へ山道を下り❼**比叡山坂本駅**《ひえいざんさかもとえき》へ向かう。

▲神秘的な雰囲気が漂う元三大師御廟（みみょう）

立ち寄りスポット

琵琶湖の眺望が素晴らしい

比叡山峰道レストラン

延暦寺バスセンターより車・シャトルバスで5分の眺望抜群のレストラン。地元近江の食材を使ったメニューや平和丼1200円（写真）をはじめとする比叡山ならではの精進風料理、定食や麺類、カフェメニューが揃う。比叡山みやげや地元名産品も販売している。

☎077-578-3673、10～17時、無休(冬期のみ定休あり)

近江を代表するそばの老舗

本家 鶴㐂そば

享保元年（1716）創業というそばの老舗。築135年の趣ある建物は、入母屋造の総二階建てで、国の有形指定文化財。そば粉8割の二八の手打ちそばはのど越しがよく、味も香りも深い。ざるそば960円、天ざる1790円（写真）など。

☎077-578-0002、10～17時LO、第3金曜休(1・6月は第3木・金曜休、8・11月は無休)

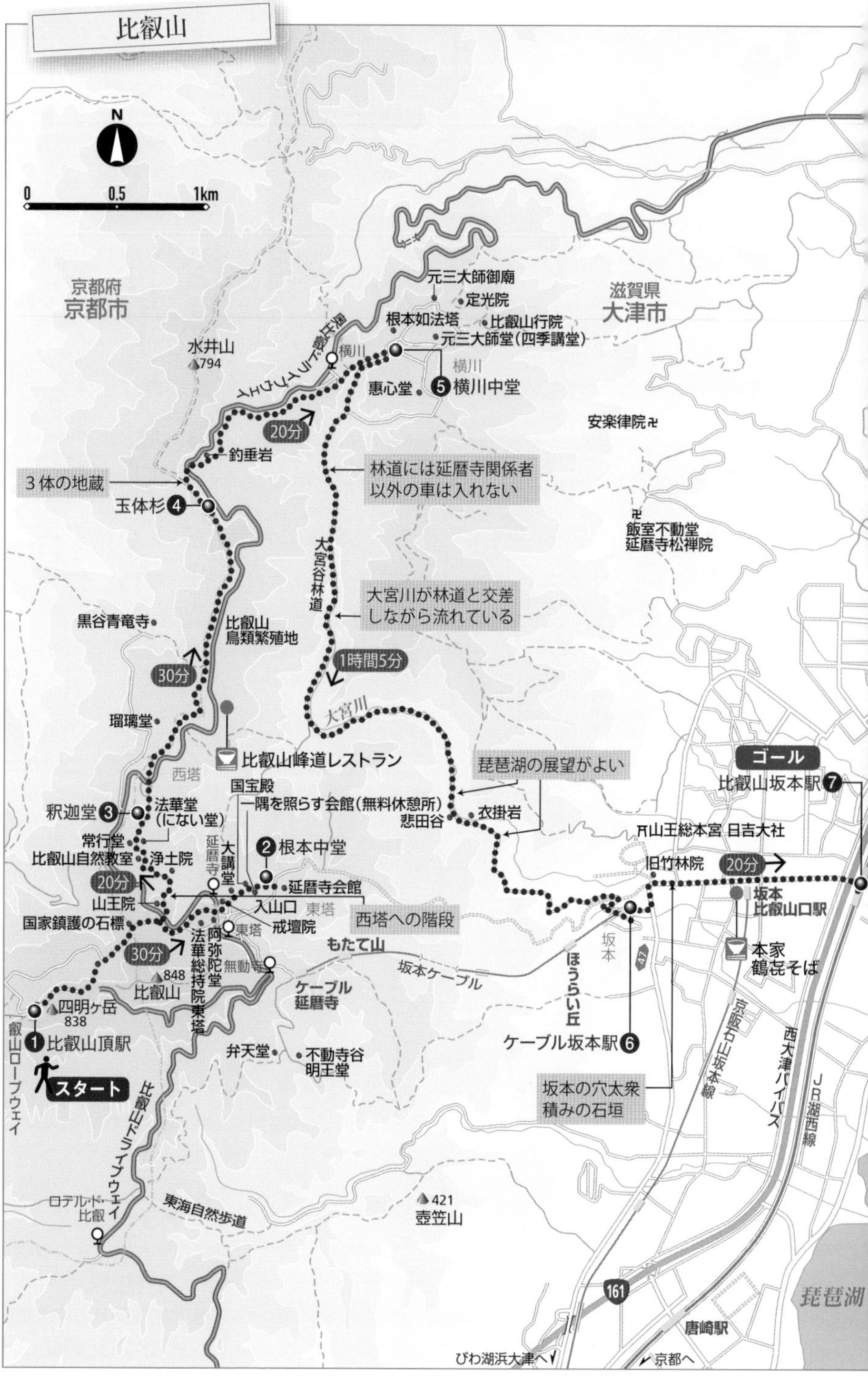
比叡山
N
0
0.5
1km
京都府
京都市
滋賀県
大津市
元三大師御廟
定光院
根本如法塔
比叡山行院
元三大師堂（四季講堂）
水井山
794
横川
横川
奥比叡ドライブウェイ
恵心堂
5 横川中堂
安楽律院
20分
釣垂岩
3体の地蔵
林道には延暦寺関係者
以外の車は入れない
玉体杉 4
飯室不動堂
延暦寺松禅院
大宮谷林道
大宮川が林道と交差
しながら流れている
黒谷青竜寺
比叡山
鳥類繁殖地
1時間5分
30分
大宮川
瑠璃堂
比叡山峰道レストラン
西塔
ゴール
比叡山坂本駅 7
琵琶湖の展望がよい
国宝殿
一隅を照らす会館（無料休憩所）
釈迦堂 3
法華堂
（にない堂）
悲田谷
衣掛岩
山王総本宮 日吉大社
常行堂
比叡山自然教室
浄土院
延暦寺
大講堂
2 根本中堂
旧竹林院
20分
20分
延暦寺会館
坂本
比叡山口駅
山王院
入山口
東塔
国家鎮護の石標
戒壇院
西塔への階段
東塔
阿弥陀堂
法華総持院東塔
もたて山
30分
無動寺
坂本
ほうらい丘
47
本家
鶴㐂そば
848
比叡山
坂本ケーブル
ケーブル
延暦寺
四明ヶ岳
838
1 比叡山頂駅
叡山ロープウェイ
ケーブル坂本駅 6
京阪石山坂本線
弁天堂
不動寺谷
明王堂
西大津バイパス
JR湖西線
スタート
坂本の穴太衆
積みの石垣
比叡山ドライブウェイ
ロテル・ド・比叡
421
壺笠山
東海自然歩道
161
琵琶湖
唐崎駅
びわ湖浜大津へ
京都へ

walking course

26

滋賀県

湖《うみ》の辺《べ》の道《みち》

竹生島を見ながら今津から海津へ 松林を行く湖畔の快適ウォーク

全周230kmの琵琶湖は歩くのに絶好の舞台

▲今津浜から高木浜にかけては5kmにわたり松林が続く

❶ 近江今津駅
徒歩45分
❷ 浜分沼
徒歩1時間10分
❸ マキノサニービーチ高木浜
徒歩20分
❹ 海津
徒歩30分
❺ 海津大崎
徒歩5分
❻ 大崎寺
徒歩1時間
❼ マキノ駅

歩行時間
約3時間50分

歩行距離
約15.5km

歩数
約3万2000歩

ACCESS

電車 行き:JR湖西線近江今津駅から
帰り:JR湖西線マキノ駅から

車 名神高速道路京都東ICから西大津バイパス・国道161号線・県道333号線を経由し約55kmで近江今津

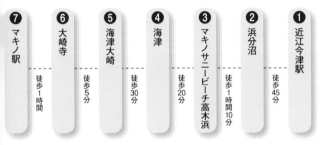

▲知内浜の白鷺橋を渡って高木浜に向かう。竹生島や海津大崎の眺めがすばらしい

▼竹生島行きの船が発着する今津港

▲浜分橋を渡ると湖岸の道が始まる

❶**近江今津駅**から琵琶湖へ真っ直ぐ向かうと、今津港である。竹生島《ちくぶしま》行きの遊覧船が、この港を発着している。かつては、海津と同様に交通の要衝として繁栄した港町。旧街道沿いには昔ながらの町並みが残っている。港には琵琶湖周航の歌の碑があり、近くにその資料館がある。

琵琶湖の周辺には自然や歴史の豊かなところが多く、環びわ湖周遊自然歩道「近江湖の辺の道」が整備されている。この湖に沿った道を北上する。しばらく行くと、江戸時代から続く、料理旅館丁子屋がある。鴨鍋や湖魚の料理で知られる店だ。湖魚の佃煮やウナギを売る店もあり、昔も今も琵琶湖で生きる町を感じさせる。

今津の町並みを抜け、石田川に架かる浜分橋を渡ってしばらく行くと、右前方に海津大崎が見えている。❷**浜分沼《はまぶんぬま》**は琵琶湖の内湖で、かつては70余りあった内湖が現在は20ほど。野鳥が多く、観察小屋や散策路のある自然公園になっている。

今津からマキノの高木浜までは、湖岸に2000本余りの松林が続いている。

豆知識

「琵琶湖周航の歌」の誕生

「われは湖の子さすらいの〜」で始まる琵琶湖周航の歌は、大正6年（1917）に第三高等学校（現在の京都大学）の小口太郎が琵琶湖一周の漕艇中に思いついたといわれる。吉田千秋が作曲した「ひつじぐさ」のメロディで歌われ、広まっていった。琵琶湖の風景が歌われるこの曲は、加藤登紀子のカバーによって全国的に知れ渡った。

▶近江今津駅に近い琵琶湖周航の歌資料館。歌の歴史や作者などを紹介している

問い合わせ先

びわ湖高島観光協会☎0740-33-7101
琵琶湖周航の歌資料館☎0740-22-2108

海津大崎は琵琶湖随一の桜名所。約4㎞も桜並木が続く

▼海津の湖沿いは石積みが連なり独特の景観

明治以来植えられてきた防風林で、湖岸のカーブがきれいに見える。井川尻橋を渡るとマキノサニービーチ知内浜があり、キャンプ場もある。白鷺橋を渡ると❸**マキノサニービーチ高木浜《たかぎはま》**だ。知内浜とともに遠浅の浜が1㎞ほど続き、夏は湖水浴客で賑わう。

マキノ駅への分岐を越えて、砂浜を歩いていくと、湖岸に海津独特の石積みが見えてくる。風浪から家を守るためのもので、古い石積みが1・2㎞に渡って続く。古くから湖上交通の要衝として栄えた宿場町❹**海津《かいづ》**からの道を行くと❺**海津大《かいづおお》崎《さき》**。春は桜のトンネルになる名所だ。トンネル手前の石段を上がると❻**大崎寺《おおさきじ》**。道を戻って❼**マキノ駅《えき》**へ向かう。

▲旧街道の面影を残す海津の町並み

立ち寄りスポット

竹生島を眺めながらティータイム

奥琵琶湖マキノグランドパークホテル

琵琶湖の中で最も美しいといわれるマキノサニービーチの北側にたたずむホテル。四季湯やジャグジー、露天風呂などバラエティーに富んだ高原温泉「さらさ」も人気。湖に面したラウンジでは、海津大崎や竹生島を一望でき、渡り鳥を観察しながらゆっくりしたひとときを堪能したい。

☎0740-28-1111、10～20時、無休

川魚専門店ならではの鰻料理

近江今津西友本店

名物のひつまむし2695円は「一膳目はそのままで。二膳目はネギ・わさびを入れて。三膳目はダシもかけてお茶漬け風に」と、3種類の食べ方が楽しめる。長年受け継がれたタレをつけて炭火で焼き上げた鰻は、香ばしさがたまらない絶品。おみやげには、うなぎ茶漬が人気だ。

☎0120-39-2105、11時～14時20分LO、17～20時LO(お土産ショップは10～19時)、不定休

湖の辺の道
敦賀へ
狭い車道のため、
注意して歩こう
海水浴場百選に選ばれた水が
きれいなビーチ沿いを歩こう
山崎山
307
高島市
ゴール
マキノ駅 7
知内川
海津天神社
吉田酒造
海津 4
称名寺
生来川
1時間
20分
30分
マキノサニービーチ 3
高木浜
高木浜マキノサニービーチ
161
百瀬川
奥琵琶湖
マキノグランドパークホテル
白鷺橋
知内浜
大崎寺 6
海津大崎 5
5分
マキノサニービーチ知内浜
井川尻橋
大崎
湖北バイパス
県道沿いを歩く。狭い
道もあるので、歩行時
は注意すること
近江中庄駅
1時間10分
JR湖西線
貫川内湖
琵琶湖
浜分沼 2
浜分沼
今津浜
石田川
このあたりから海津大崎が望める
45分
浜分橋
受行寺
S.C
リプル
近江今津
西友本店
近江湖の辺の道
スタート
丁子屋
近江今津駅 1
琵琶湖周航の歌資料館
今津港
京都へ
N
0
0.5
1km

▲旧秀隣寺庭園のある興聖寺に立ち寄る

▲朽木を流れる安曇川

▲朽木から若狭へ向かう鯖街道

walking course

27

滋賀県・福井県

鯖街道《さばかいどう》

「京は遠ても十八里」と謳われた道
近江・朽木宿から若狭・熊川宿へ

京の祭りに鯖寿司は欠かせない。鯖寿司の甘酸っぱい濃密な匂いがすると、祭礼がやってくる。京都で鯖といえば若狭。若狭でとれた新鮮な鯖に一塩して、大急ぎで京へ運んだ塩鯖である。その鯖がやってくる道を、近年になって「鯖街道」と呼ぶようになった。鯖街道と呼ばれる道は多数あるが、その中でよく知られている若狭街道の一部を歩いてみたい。

❶**朽木学校前《くつきがっこうまえ》バス停《てい》**から京都方面へ少し歩いて、足利将軍の庭園を眺めに行く。岩瀬の旧道の角の地蔵を目印に右へ曲がると、木立の中に❷**興聖寺《こうしょうじ》**の本堂がある。敷地にある旧秀隣寺庭園《きゅうしゅうりんじていえん》は、朽木植綱《くつきたねつな》に身を寄せた12代将軍足利義晴《あしかがよしはる》のために造営されたものだ。引き返して、❸**市場集《いちばしゅう》**

❶ 朽木学校前バス停
徒歩15分
❷ 興聖寺
徒歩20分
❸ 市場集落
徒歩1時間
❹ 檜峠
徒歩45分
❺ 保坂
徒歩30分
❻ 水坂峠
徒歩25分
❼ 杉山集落
徒歩30分
❽ 若狭熊川バス停

歩行時間
約3時間45分

歩行距離
約14km

歩数
約2万8500歩

ACCESS

電車 行き：JR湖西線安曇川駅から江若バス朽木学校前行きで35分終点下車（740円）
帰り：若狭熊川バス停から西日本JRバス近江今津駅行きで28分、終点下車（840円）

車 名神高速道路京都東ICから西大津バイパス、国道161・477・367号線を経由し約48.5kmで朽木市場

▲熊川宿は重要伝統的建造物群保存地区に選定。宿場町の風情をたっぷり残している

▲物資の集散地として栄えた朽木の市場の集落

落の方へ戻る。旧道には古い町並みが続き、3階建ての洋館「丸八百貨店」など、往時の賑わいを思わせる建物もある。年配者には何となく懐かしい風景だ。

安曇《あど》川に突き当たったら山神橋を渡らず、国道367号線を行く。杉木立の中を緩やかに登って行くと❹**檜峠**《ひのきとうげ》だが、峠を越したことに気がつかないかもしれない。❺**保坂**《ほうざか》は京へ向かうこの若狭街道と、今津へ向かう九里半街道との分岐点。石の道標から中の川に沿って坂を登ると小さな弁天宮の祠がある。右へ旧車道を上っていく。やがて左下に見える小道へ下りると金比羅宮や庚申塚、腰掛け石などがあり、林道へ出て❻**水坂峠**《みさかとうげ》を越える。

峠から下ると、トンネルから出た国道303号線と合流する。国道をしばらく歩くと❼**杉山集落**《すぎやましゅうらく》。かつては40軒余りの旅籠があったというが、今は面影もない。寒風トンネルは遊歩道を歩いて越え、しばらく行くと道の駅若狭熊川宿がある。その南側の旧道から熊川宿へ入っていく。帰りは国道沿いの❽**若狭熊川**《わかさくまがわ》**バス停**《てい》へ。

豆知識

郷土料理の鯖寿司

江戸時代の後期、能登では鯖がとれにくくなり、替わって若狭で大量に水揚げされた。若狭の鯖の登場である。鯖寿司は保存食として、山間でよく作られた。一般的な棒寿司だけではなく、朽木市場などでは初夏のころの鯖を塩とご飯だけで漬け込んで発酵させる昔ながらの「なれずし」を作るところもある。

▶鯖街道の名物はなんといっても鯖寿司。なれずしから焼鯖寿司までいろいろ

問い合わせ先

びわ湖高島観光協会☎0740-33-7101
若狭町観光未来創造課☎0770-45-9111

立ち寄りスポット

熊川宿や鯖街道の資料を展示

若狭鯖街道熊川宿資料館 宿場館

和洋折衷のデザインが印象的な宿場館は、昭和15年に熊川村役場として建てられたもの。現在は資料館として、熊川宿と鯖街道の歴史や文化を資料やパネルを使って紹介。鯖街道を旅するときに使用された道具や、熊川葛の製造に使われた道具などが多数展示されている。

☎0770-62-0330、9～17時、月曜休、200円

新鮮な生鯖から仕込む自家製鯖寿司

葛と鯖寿しの店 まる志ん

築180年以上経つ古民家を利用した店内は、日本の懐かしさを感じる。新鮮な生鯖から仕込む名物の特選鯖寿し3000円は、1本で2～3人前。鯖寿しに葛そばと小鉢が付く鯖寿しご膳1500円が人気。また、注文を受けてから作る葛料理も楽しめ、できたての葛もち600円は、透明感と粘りが絶品。

☎0770-62-0221、9時～16時30分LO、不定休

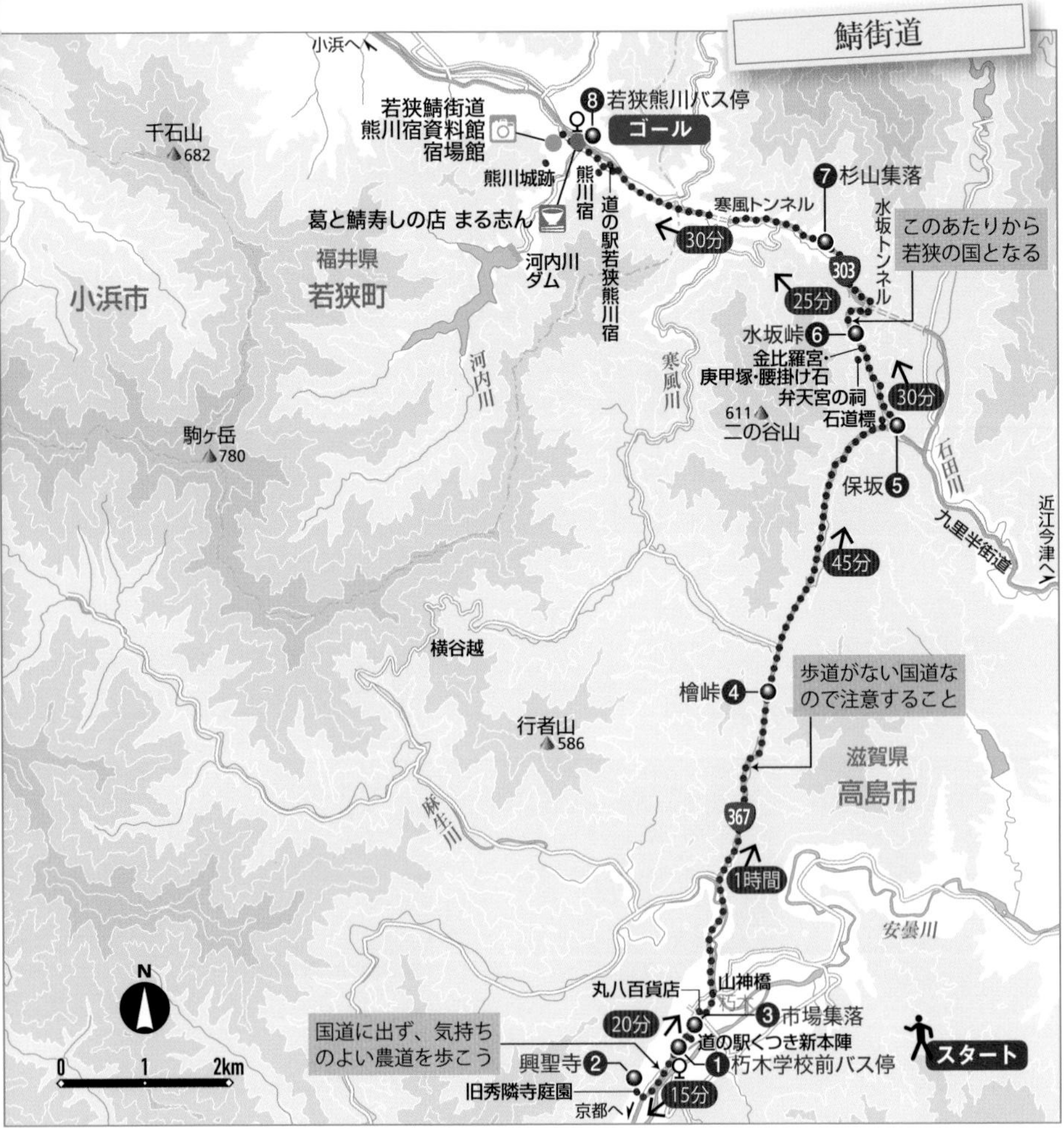

walking course
28

滋賀県

安土周辺《あづちしゅうへん》

織田信長の夢の跡が散りばめられた安土城とその城下をめぐる

▲上：港跡は常浜水辺公園として整備
下：安土城の南正面に造られた大手道

▲北川湧水は安土が水都であった名残を伝える

天下布武を象徴する城郭として築城された安土城は、琵琶湖の水運を利用する利便性や、北陸から京都への要衝であるなど、信長の天下統一のための重要な城であった。明智光秀の謀反により焼失して、存在したのはわずかな期間であるとはいえ、その後に築城された近世城郭の範となり、大きな影響を残した。

❶**安土駅**《あづちえき》で最初に迎えてくれるのは、織田信長像である。ここから駅前商店街を抜けて❷**梅**《うめ》**の川**《かわ》へ。信長が気に入っていたという湧き水である。その先は常浜といい、室町時代には観音寺城の外港（常楽寺港）として栄えた。今は❸**常浜水辺**《じょうはまみずべ》**公園**《こうえん》として整備されているが、往時の石垣や歩道が残っている。北川湧水から安

❶ 安土駅
徒歩10分
❷ 梅の川
徒歩10分
❸ 常浜水辺公園
徒歩15分
❹ セミナリヨ跡伝承地
徒歩30分
❺ 安土城跡
徒歩20分
❻ 安土城考古博物館
徒歩5分
❼ 安土城天主 信長の館
徒歩20分
❽ 桑實寺
徒歩35分
❾ 安土駅

歩行時間
約2時間25分

歩行距離
約8km

歩数
約1万6800歩

ACCESS

電車 行き：JR東海道本線（琵琶湖線）安土駅から
帰り：JR東海道本線（琵琶湖線）安土駅から

車 名神高速道路竜王ICから国道447・8号線、県道201号線を経由し約12.5kmで安土駅

▼長い階段を登ると桑實寺

▼摠見寺跡から西の湖を望む

▲安土城跡の摠見寺二王門

▲観音寺城の伝平井丸虎口の石垣

▲田園地帯にある安土城考古博物館

土城跡の方へ行くと❹**セミナリヨ跡伝承《あとでんしょう》地《ち》**がある。天正9年(1581)に建てられた、日本最初のキリシタン神学校跡だ。

ここから県道を渡ると目の前に安土山があり、❺**安土城跡《あづちじょうあと》**である。石段と石垣以外に城郭は残っていないが、城内の摠《そう》見寺《けんじ》の三重塔と二王門（ともに重文）が残り、仮本堂が伝徳川家康屋敷跡に建てられている。城跡から下りてJR東海道本線の高架をくぐると❻**安土城考古博《あづちじょうこうこはく》物館《ぶつかん》**である。弥生時代から古墳時代の資料展示や安土城、観音寺城などの城郭、信長に関する資料も多い。❼**安土城天《あづちじょうてん》主《しゅ》信長《のぶなが》の館《やかた》**では、安土城天主5・6階部分の原寸大の復元模型が展示されている。

近江守護佐々木氏・六角氏の居城、観音寺城があった繖山《きぬがさやま》へ長い石段を上ると❽**桑實寺《くわのみでら》**がある。開山の定恵が唐から持ち帰った桑の実で養蚕を始めたのが名の由来。白鳳6年（677）創建の古刹である。なお上れば、西国三十三所霊場32番札所の観音正寺だ。山を下りて安土城郭資料館に寄り、❾**安土駅《あづちえき》**へ向かう。

豆知識

斬新だった安土城の天主

安土城の天主（天守）は吹き抜け構造になっていたといわれ、日本の建築物としては大変珍しい。また、天主台跡には礎石が並んでいるが、中央の一カ所だけそれが存在しない。ここには仏教の宝塔があったのではないか、といわれている。これらの独特の構造は、安土城郭資料館の模型で細部にわたって際限されている。

▶安土城郭資料館では、20分の1のスケールで復元された安土城天主の模型を展示

問い合わせ先

安土町観光案内所☎0748-46-4234

安土城郭資料館☎0748-46-5616

立ち寄りスポット

境内からの眺望がすばらしい

観音正寺

標高433mの繖山(きぬがさやま)、別名観音寺山にある観音正寺は西国三十三所霊場32番札所である。寺伝によると、約1400年前に聖徳太子がこの地を訪れ、「これぞ霊山なり」と千手観音を祀ったのが始まりという古刹。1993年に本堂が焼失したが、2004年に再建された。

☎0748-46-2549、8～17時、入山500円

多彩な定食や甘味に舌鼓

文芸の郷レストラン

信長の館に隣接するレストラン。地元の食材を使ったメニューが好評。近江大中牛を使った信長ハンバーグ定食（1日10食限定）1300円が人気だ。定食には信長も食したと伝わるかちどき汁と呼ばれる打豆、野菜などが入った味噌汁が付く。

☎0748-46-6555、11～14時(季節により異なる)、月曜(祝日を除く)・祝日の翌日(土・日曜を除く)休

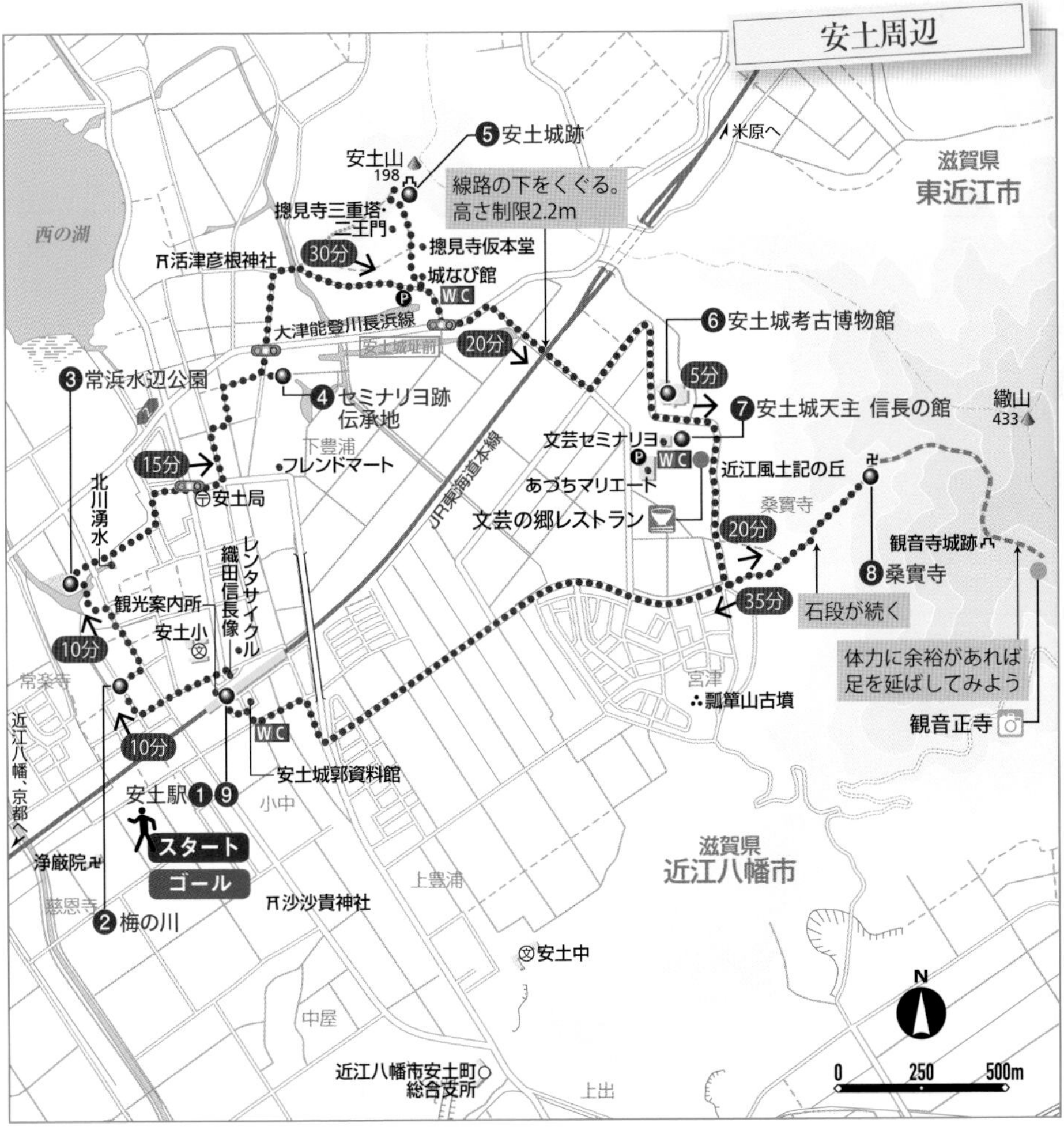

walking course

29

滋賀県

湖東三山《ことうさんざん》

燃えるような紅葉に包まれる古刹
湖東の3寺を歩いてつなぐ

▲古色蒼然とした西明寺の国宝・三重塔

▲斧磨の集落付近ののどかな道を行く

▲紅葉に包まれる西明寺門前

▲西明寺から湖東三山自然歩道へ

❶ 西明寺前
徒歩1分
❷ 西明寺
徒歩30分
❸ 斧磨
徒歩30分
❹ 金剛輪寺
徒歩30分
❺ 新祇園橋
徒歩1時間20分
❻ 百済寺
徒歩15分
❼ 百済寺本町バス停

歩行時間
約3時間6分

歩行距離
約9.5km

歩数
約1万9800歩

ACCESS

電車 **行き**:JR東海道本線河瀬駅から愛のりタクシーこうらで15分、西明寺前下車(800円)。(愛のりタクシーこうらは完全予約制。乗車1時間前までに予約が必要。9時までの便は前日21時までに予約。予約は近江タクシー彦根営業所へ)
帰り:百済寺本町バス停から近江鉄道バス能登川駅行きで41分、終点下車(750円)。バスの時間は要チェックのこと

車 名神高速道路湖東三山スマートIC(ETC専用)から信号を右折し国道307号を彦根方向へ約3kmで西明寺

▲金剛輪寺では紅葉のトンネルが参道を覆う。季節ごとに風情の異なる庭園も見もの

▲金剛輪寺三重塔

▲斧磨の集落を抜けて

紅葉の名所は数あるが、琵琶湖の東、鈴鹿の山裾にある湖東三山は別格の趣がある。「湖東三山」といわれるのは西明寺、金剛輪寺、百済寺の3寺。いずれも天台宗の古刹で飛鳥から平安時代に建立された寺院である。この3寺をつなぐ湖東三山自然歩道が整備され、分岐には道標も設置されている。ほとんどが舗装路ではあるが、田園地帯を歩く道だ。

河瀬駅からは予約しておいた「愛のりタクシーこうら」で西明寺へ向かう。湖東三山は公共の乗物が不便なので、事前の下調べが必要だ。❶**西明寺前**《さいみょうじまえ》でタクシーを降り、❷**西明寺**《さいみょうじ》の参道途中の左にある庭園を抜けて、本堂へ向かう。秋に咲く樹齢250年の不断桜が花びらをつけているかもしれない。本堂と三重塔は国宝で、三重塔内の仏教壁画も必見だ。

西明寺の拝観受付と駐車場の間の道から遊歩道を進む。山道に入り、急勾配の階段を上ると名神高速道路を見下ろす丘の上に出る。ここから❸**斧磨**《よきとぎ》の集落へ下っていく。集落の中の小径を歩いて小さ

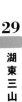

豆知識

信長の湖東三山焼き討ち

天正元年（1573）、湖東三山の寺院はいずれも信長の焼き討ちに遭った。百済寺はほぼ全焼してしまったが、金剛輪寺と西明寺は機転を利かせて本堂や三重塔などの周りの僧坊や山門を燃やし、全山が火の海であるように見せかけたという。これによって全焼することなく、本堂や三重塔などは残すことができた。

▶真っ赤に染まる「血染めの紅葉」で知られる金剛輪寺の本堂

問い合わせ先

東近江市観光物産課☎0748-24-5662
甲良町産業課☎0749-38-5069
愛荘町農林商工課☎0749-37-8051
近江タクシー彦根営業所☎0749-22-0106
近江鉄道バス八日市営業所☎0748-22-5511

▲宣教師ルイス・フロイスが「地上の天国への入口」と絶賛した百済寺の石垣参道

▼休憩スポットによい古墳公園

▲百済寺の山門は「赤門」と呼ばれる

な峠を越えると❹**金剛輪寺**《こんごうりんじ》である。

金剛輪寺の国宝の本堂へは山門から長い階段を上っていく。本尊は行基が彫ったとされる聖観世音菩薩で、彫っていると腰のあたりから血が出てきたために、粗彫りのまま安置されているという。晩秋には「血染めの紅葉」といわれる真っ赤な紅葉が見られる。

山門から遊歩道へ戻り、百済寺まで名神高速道路を何度もくぐる。宇曽川は高速道路の東側で❺**新祇園橋**《しんぎおんばし》を渡る。坂本神社から緩やかに上ると、苔むした石垣が続く長い参道が見えてくる。❻**百済寺**《ひゃくさいじ》の参道である。この参道は紅葉の名所としても知られ、秋には真っ赤な落ち葉の絨毯を歩く観光客が多く訪れる。また、豊かな自然が四季折々、それぞれ違った表情を見せる。また、百済寺の天下望遠の名園からは、近江の歴史部隊を一望できる。開基は聖徳太子で大寺院であったが、信長の焼き討ちに遭って全焼、江戸期に再興された。帰りは参道を真っ直ぐ下りて❼**百済寺**《ひゃくさいじ》**本町**《ほんまち》**バス停**《てい》へ。

立ち寄りスポット

季節を感じる景色とともに名物料理を

華楽坊

金剛輪寺の境内に建つ華楽坊では、美しい庭園や四季折々に咲く花を眺めながら、食事を楽しむことができる。精進弁当2200円、精進料理5500円の2種が用意され、季節により料理の内容が変わる。事前に予約が必要で、5名以上から受け付けている（相談可）。

☎0749-37-3211、11時30分〜14時30分、不定休

金剛輪寺の文化財などを紹介

愛荘町立歴史文化博物館

金剛輪寺のすぐ近くにあり、湖東三山を中心とした仏教文化や渡来系氏族・依智秦氏などを紹介している。展示品の金銅造聖観音坐像は、もと金剛輪寺に安置されていたものの複製品で、現在収蔵するボストン美術館で調査され製作されたもの。

☎0749-37-4500、10〜17時、月・火曜休(祝日の場合は翌日)、300円

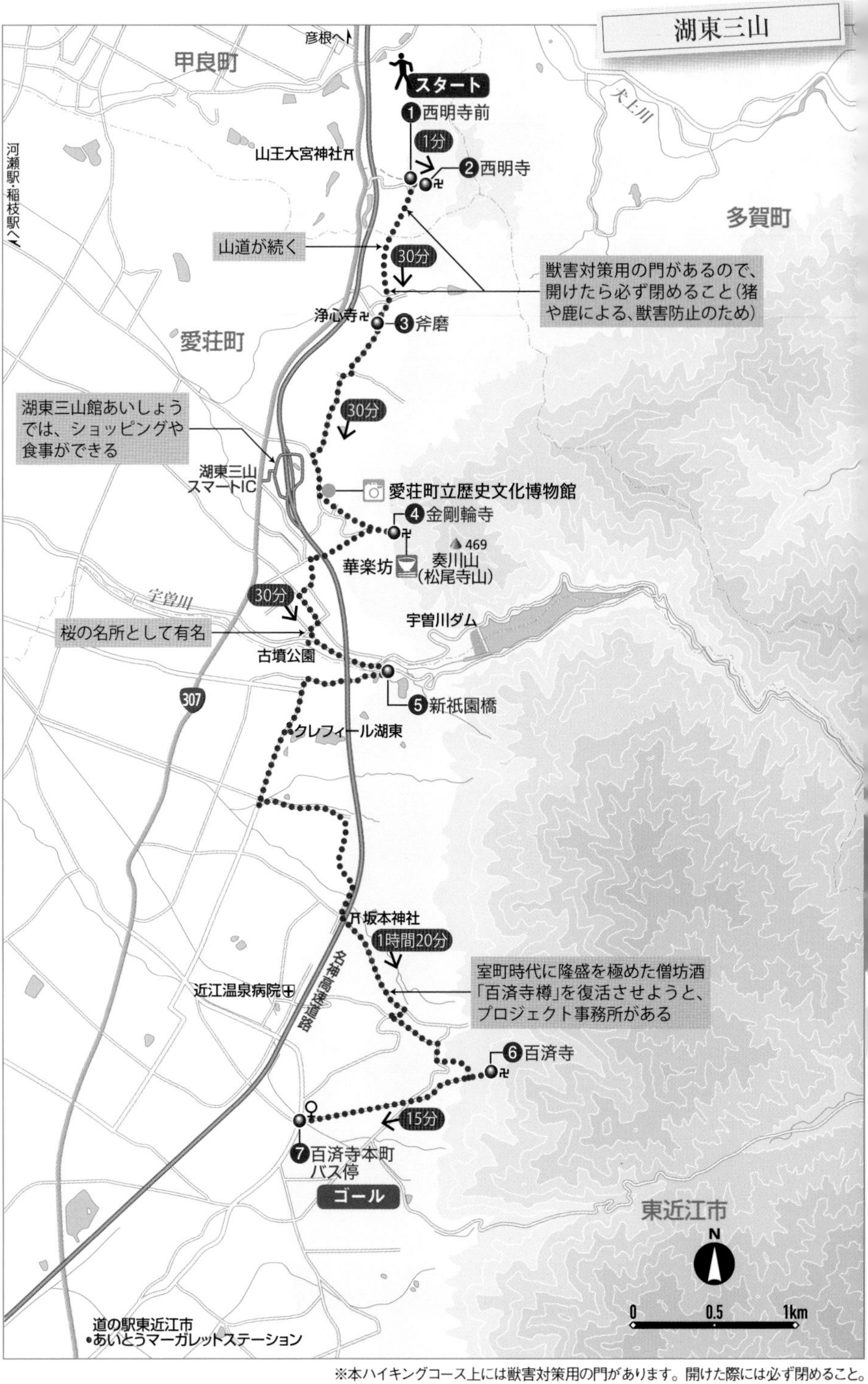

※本ハイキングコース上には獣害対策用の門があります。開けた際には必ず閉めること。

walking course
30

滋賀県

湖《こ》北《ほく》観音《かんのん》の里《さと》

北国脇往還にたたずむひなびた里に村人が守り続けた観音様を訪ねる

上：ノスタルジックな雰囲気を醸す天川命神社前あたり
下：雨森橋より高時川を望む。高時川畔は桜の名所として知られる

❶ 高月駅
徒歩15分
❷ 向源寺（渡岸寺観音堂）
徒歩30分
❸ 雨森芳洲庵
徒歩40分
❹ 石道寺
徒歩15分
❺ 己高閣・世代閣
徒歩40分
❻ 木之本地蔵院
徒歩5分
❼ 木ノ本駅

歩行時間
約2時間25分

歩行距離
約10.5km

歩数
約2万1400歩

ACCESS

電車 **行き**：JR北陸本線高月駅から
帰り：JR北陸本線木ノ本駅から

車 北陸自動車道木之本ICから国道８号線・県道279号線を経由し約５kmで高月駅

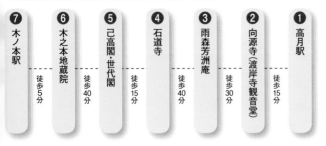

▲円満寺の十一面観音菩薩

上：小谷山が霞む自然に恵まれた景色
下：安楽寺釈迦像(尾山釈迦堂)の釈迦如来像・大日如来像

琵琶湖の北辺には多くの観音様が祀られている。山里や田園の中で土地の人々に大切に守られてきたものだ。井上靖の『星と祭』に書かれて以来、観音の里として多くの人が訪れるようになった。自然に囲まれた環境にある仏像や寺院に触れることで、心が和むことだろう。国宝や重要文化財など貴重なものも多いが、ほとんどが無住寺で拝観予約が必要なので、事前に問い合わせたい。

❶**高月駅**《たかつきえき》から東へ出て南へ歩いて高月観音堂（大円寺）へ。訪れる際は、事前に連絡が必要だ。伽藍は賤ヶ岳の戦いで焼失したが、この本尊が残り、火除けの観音様として信仰されている。北へ歩いて❷**向源寺**《こうげんじ》**（渡岸寺**《どうがんじ》**観音堂**《かんのんどう》**）**へ向かう。渡岸寺の十一面観音は、国宝の十一面観音像の中で最も美しいといわれる。もとの寺は姉川の合戦で消滅したというが、観音様は大切に守られてきた。隣に高月観音の里歴史民俗資料館があるので立ち寄ってから❸**雨森芳洲庵**《あめのもりほうしゅうあん》へ。静かなたたずまいのなか、対馬藩に仕えて朝鮮との

豆知識

庶民が守り続ける観音様

湖北の東にある己高山は近江国の鬼門にあたり、古代からの霊山であった。奈良時代以降は観音信仰を基調として、己高山を中心に独自の仏教文化圏ができあがった。しかし、姉川の合戦、小谷城の落城、賤ヶ岳の戦いなどで多くの寺社が焼失。観音菩薩は田に埋め、川に沈めて守られてきた。今も、それぞれの集落で大切にされている。

▶鶏足寺の観音様、己高山周辺の寺に残る仏像や古文書などが収められた己高閣

問い合わせ先

長浜観光協会☎0749-65-6521
鶏足寺案内所☎0749-82-2784（月曜、1～2月休、11月無休）

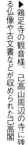

▼木之本地蔵で知られる浄信寺

▲懐かしい雰囲気の残る木之本の町並み

▼美しい十一面観音菩薩像を安置する石道寺へも足を延ばしたい

外交に尽力した雨森芳洲の資料などが展示されている。

雨森集落から北へのどかな里を歩く。高時川を渡って山懐へ入ると❹**石道寺**《しゃくどうじ》である。本尊の十一面観音は、国指定の重要文化財で、子授けの観音としても知られている。（拝観可能日要問合せ）。さらに山中に入ると紅葉の美しさで知られている鶏足寺《けいそくじ》（旧飯福寺）。現在は廃寺となっているが、地域住民の手によって管理されており、紅葉シーズン以外には森林浴を楽しむこともできる。

この北西の谷に❺**己高閣**《ここうかく》・**世代閣**《よしろかく》がある。かつて己高山にあった寺々の寺宝を収めるために建てられた文化財収蔵庫だ。

ここからは山を下り高時川を渡って西へ行く。やがて北国街道に出合い北へ向かうと、木之本である。今も宿場町の風情を残す町並みを歩いて眼や延命息災の仏様として古くから信仰を集めている❻**木之本地蔵院**《きのもとじぞういん》を訪ねると、地蔵堂では一心に祈る参拝者の姿が見受けられる。そこから、❼**木ノ本駅**《きのもとえき》へと向かう。

立ち寄りスポット

湖北の観音菩薩と歴史を学ぶ

高月観音の里歴史民俗資料館

湖北地方の文化財や歴史、民俗、観音菩薩、儒学者雨森芳洲に関する資料などを展示している。また、神像や馬頭観音像などを収蔵し、湖北の観音や仏教美術、信仰に親しむ手がかりになるよう配慮している。

☎0749-85-2273、9時～16時30分、火曜・祝日の翌日休、300円

昔ながらの方法で日本酒を作る老舗

山路酒造

北国街道沿いにあり、天文元年（1532）創業という大変古い酒蔵。清酒「北国街道」はつとに有名。天文年間から作り続けてきた「桑酒」は、桑の葉ともち米と麹を焼酎に漬け込んで作られる、甘くてほのかな香りのある酒。取り寄せる人も多く、作家・島崎藤村もよく注文したとか。

☎0749-82-3037、9～18時、無休

湖北観音の里
八草トンネルへ
❼木ノ本駅 ゴール
敦賀へ
伊香高
山路酒造
木之本
5分
❻木之本地蔵院
木之本小
冨田酒造
木之本中
303
365
ダイコウ醤油店
北国街道の宿場町風情が今も漂う家並みが続く
道標あり
廣瀬
長浜市北部振興局
田部東
田部
西光寺
北国街道
広い国道を歩く
40分
洞戸
281
尾山釈迦堂（白山神社）
尾山
40分
薬草風呂に入浴できる
己高庵
WC
己高閣・世代閣❺
与志漏神社
鶏足寺
15分
古橋
古橋
高時小
WC
石道
井明神
井明神橋
石道寺❹
小山
赤後寺へ500m
千田
持寺
保延寺
円満寺（日吉神社）
保延寺観音堂
富永橋
富永小
高野神社
高野
水路には花が飾られ、鯉が放されている
井口
❸雨森芳洲庵
芳洲神社
雨森橋
天川命神社
横山神社へ200m
横山
北近江リゾート
8
JR北陸本線
雨森
高時川
30分
北陸自動車道
滋賀県
長浜市
パワーズ
東物部
柏原
春には桜のトンネルとなる高時川堤防を歩く
井上靖記念室・出会いの森
WC
高月観音の里歴史民俗資料館
長浜市役所高月支所
渡岸寺
❷向源寺（渡岸寺観音堂）
馬上
高月小
15分
落川
高月中
阿弥陀橋
スタート
高月
高月観音堂（大円寺）
高月駅❶
下山田
日本電気硝子
N
0 250 500m
森本
長浜へ
長浜へ
関ケ原へ

小谷山から琵琶湖を望む

walking course

31

滋賀県

小谷山《おだにやま》

お市と浅井三姉妹の面影を探しに 琵琶湖を見下ろす戦国の城跡へ

よく知られているように小谷山は、浅《あざ》井《い》長政《ながまさ》の居城、小谷城があったところだ。標高495mの山で高度はたいしたことはないが、独立峰のようにいきなり立ち上がり、谷の斜面は急で、要塞化すれば攻めにくい城であったことが想像できる。2011年のNHK大河ドラマで浅井三姉妹が描かれたことで、イベントがあったり城跡や道標などが整備された。

❶河毛駅《かわけえき》から琵琶湖とは反対の方へ歩く。国道を渡って右へ行き、道標に従って進むと駐車場やトイレなどがある**❷小《お》谷山《だにやま》登山口《とざんぐち》**だ。車道は尾根筋の番所跡まで続いているが、山道へ入る。登り始めると、いきなり急登。車道を横切り尾根道を登っていくと再び車道と出合う。そ

❶ 河毛駅
徒歩35分
❷ 小谷山登山口
徒歩1時間
❸ 小谷城本丸跡
徒歩30分
❹ 六坊跡
徒歩40分
❺ 小谷山(大嶽)山頂
徒歩30分
❻ 六坊跡
徒歩1時間
❼ 国道365号線
徒歩30分
❽ 河毛駅

歩行時間
約4時間45分

歩行距離
約8km

歩数
約1万8600歩

ACCESS

電車 **行き**:JR北陸本線河毛駅から
帰り:JR北陸本線河毛駅から

車 北陸自動車道長浜ICから県道37号線・長浜バイパス(国道8号線)・県道265号線を経由し約11kmで河毛駅

▲山王丸本丸の大石垣

▲浅井長政自刃の跡碑

▲小谷城跡から大嶽城跡への道

▲小谷城出丸跡から大嶽城跡を望む

こが望笙峠で、琵琶湖や竹生島などがよく見える。峠から登る途中で振り返ると虎御前山が見え、わずか500mあまりの距離と近く、攻めやすかったことから信長が小谷城攻略時に前線基地を置いた理由がよくわかる。道は金吾丸跡を越える道と山腹を巻く道に分かれるが、いずれも番所跡で合流する。御茶屋跡や馬洗池跡、馬屋跡、首据石、浅井長政が自刃した赤尾屋敷跡、大河ドラマに登場した桜馬場跡などがあって、大広間跡の向こうに❸**小谷城《おだにじょう》本丸跡《ほんまるあと》**がある。本丸や山王丸跡には、当時の城にはまだ珍しい石垣が残る。大嶽と山王丸跡との鞍部、六坊跡へは一気に下りる。❹**六坊跡《ろくぼうあと》**は峠になっていて、右へ下れば上山田、左は清水谷だが、真っ直ぐに長い階段を登る。❺**小谷山《おだにやま》（大嶽《おおずく》）山頂《さんちょう》**は平担で、援軍の朝倉の城塞跡がある。帰りは❻**六坊跡《ろくぼうあと》**へ戻り、清水谷を下る。鬱蒼とした谷の中に御屋敷跡などがある急な坂道は、林道に出ると平坦になる。❼**国道《こくどう》365号線《ごうせん》**に出て、❽**河毛駅《かわけえき》**へ向かう。

豆知識

浅井三代で築いた小谷城

小谷城は、浅井亮政（すけまさ）が大永3年（1523）頃に築城したと推定される。亮政の子の久政（ひさまさ）、さらに後を継いだ長政によって拡張が続けられた。背後を守る出城だった大嶽城が峰続きで谷を挟んだ向かい側に。織田軍の攻撃を受けた際、浅井の同盟相手で援軍の朝倉軍が籠ったが、小谷城より先に落城した。

▶大嶽城跡の碑。小谷城の戦いで朝倉軍が籠もり、決戦前に撤退

問い合わせ先

長浜観光協会☎0749-65-6521

立ち寄りスポット

長政やお市も湯治した温泉

須賀谷温泉

近江・湖北に湧く天然温泉。小谷城の麓にひっそりと湧く秘湯は、浅井長政も湯治に通ったという源泉かけ流しの湯。ヒドロ炭酸鉄泉で、神経痛、筋肉痛、肩こり冷え症、胃腸病、アトピー性皮ふ炎などに効果があるとされる。

☎0749-74-2235、11～21時(土曜・休前日は～15時)、無休、1000円

浅井地方の歴史をわかりやすく解説

浅井歴史民俗資料館

浅井文化スポーツ公園内に立つ。浅井氏に関する文書や小谷城の模型などを展示する郷土学習館、養蚕の歴史を紹介する糸姫の館、草野鍛冶の歴史を見る鍛冶部屋、江戸後期の民家を移築した七りん館という４つの施設がある。

☎0749-74-0101、９～17時、月曜(祝日は開館)・祝日の翌日休、300円

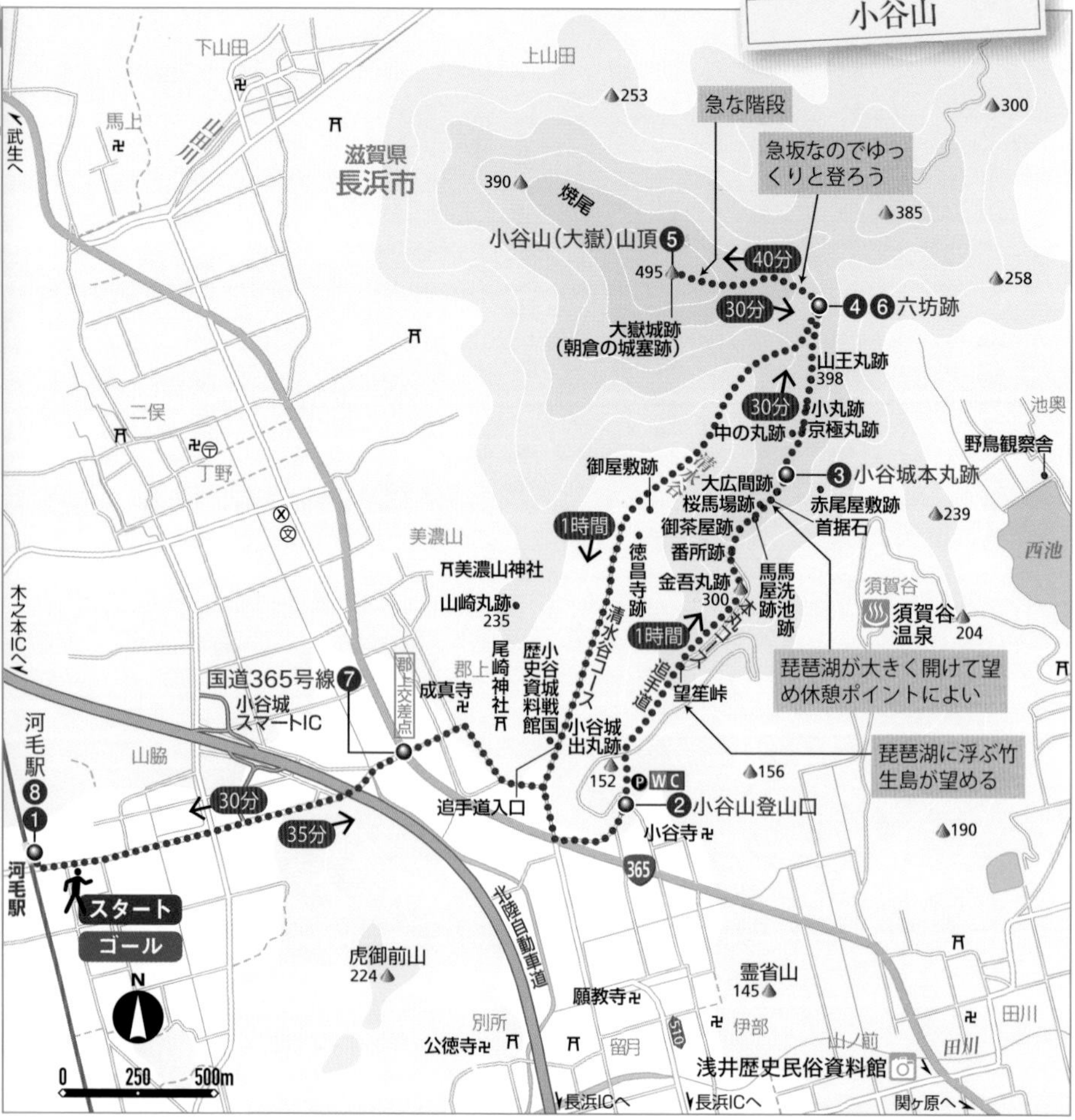

※小谷城戦国歴史資料館付近からの登山口（追手道入口）のルートもあります。

▲賤ヶ岳山頂から望む琵琶湖。北に余呉湖、南に琵琶湖の眺望が開ける

賤ヶ岳《しずがたけ》

戦国の古戦場をたどりながら山上へ 琵琶湖と余呉湖の眺めは圧巻

羽柴秀吉と柴田勝家が雌雄を決した、賤ヶ岳の戦い。その古戦場と羽衣伝説の地、余呉湖をめぐる。

❶**余呉駅**《よごえき》から南へ行き、T字路を左折すると余呉導水路に架かる❷**羽衣橋**《はごろもばし》を渡る。このすぐ先から賤ヶ岳へ登る。道標のある登山口からクマザサや赤松の樹林を15分ほど歩くと岩崎山で、杉林に囲まれた平地は高山右近の砦があったところだ。緩やかに登ると大岩山登山口からの道と出合い、岩崎山から15分ほどで❸**大岩山**《おおいわやま》に到着する。ここは賤ヶ岳の合戦で最初の戦があったところ。柴田勝家軍の佐久間盛政の軍勢が、ここに砦を築いていた中川清秀の陣に攻め込み、中川清秀は討ち死にした。この戦いが、勝負を

❶ 余呉駅
徒歩10分
❷ 羽衣橋
徒歩30分
❸ 大岩山
徒歩50分
❹ 賤ヶ岳山頂
徒歩30分
❺ 余呉湖あじさい園
徒歩20分
❻ 衣掛柳
徒歩10分
❼ 余呉駅

歩行時間
約2時間30分

歩行距離
約10km

歩数
約2万2400歩

ACCESS

電車 行き:JR北陸本線余呉駅から
帰り:JR北陸本線余呉駅から

車 北陸自動車道木之本ICから国道365号線・県道33号線を経由し約5.5kmで余呉駅

▼余呉湖、七本槍の激戦地

▼賤ヶ岳への登山道

▲余呉湖畔より賤ヶ岳を望む

▲菊石姫の悲しい伝説を持つ余呉湖の蛇の目玉石

▲賤ヶ岳山頂にある武将像

分ける最初の分岐点になったという。少し手前に中川清秀の墓があり、もう少し行くと石垣で囲んだ1m四方ほどの首洗池がある。中川清秀の首を洗ったという池だ。その少し先は猿ヶ馬場で、秀吉が敵の追撃を指揮したところといわれている。

木之本方面からの道との分岐点には「山頂まで1・9km」という道標があるので右の杉木立を行く。道はしばらく平坦で、ほどなく前方に賤ヶ岳の山頂や余呉湖が見えてくる。ここから一旦鞍部に下りて、杉や松の林の中の急勾配を登る。

最後の急坂を上ると石碑や案内板が多い❹**賤《しず》ヶ岳《たけ》山頂《さんちょう》**である。視界が開け、余呉湖はもちろん、伊吹山や鈴鹿の山々、竹生島が浮かぶ琵琶湖が一望となる。

山頂からは余呉湖荘の道標に従って、大激戦があったといわれている急坂を下りる。湖岸の車道を左へ行く。約1万本のアジサイが余呉湖畔に群生する❺**余呉《よご》湖《こ》あじさい園《えん》**を経て、余呉湖の北端を過ぎると羽衣伝説の❻**衣掛柳《きぬかけやなぎ》**がある。その先を10分ほど進むと❼**余呉駅《よごえき》**だ。

豆知識

余呉湖に伝わる羽衣伝説

羽衣伝説は日本各地にあり、最古のものは『丹後国風土記』やこの余呉湖の『近江国風土記』が有名。余呉湖の伝説は、8人の天女が舞い降り、柳に羽衣を掛けて水浴していると、伊香刀美という人が白犬を使って羽衣を隠した。天女は伊香刀美の妻となって二男二女を生み、その子が湖北の豪族伊香氏の祖先となったエピソードだ。

▶JR余呉駅から徒歩10分の所にある羽衣伝説で知られる衣掛柳

問い合わせ先

長浜観光協会☎0749-65-6521

立ち寄りスポット

湖畔に群生する1万本のアジサイ

余呉湖あじさい園

6月下旬～7月上旬にかけて、余呉湖畔におよそ1万本ものアジサイが約600mにわたって咲き乱れる。ブルー系のアジサイが多く、鏡湖と呼ばれる余呉湖に映えて大変美しい。園内に芭蕉の門人であった斎部路通の句「鳥共も寝入りてゐるか余呉の海」の碑が建っている。

☎0749-65-6521(長浜観光協会)、散策自由

江戸時代から旅人の疲れを癒した飴

菊水飴本舗

江戸時代より北国街道の名産品として親しまれてきた菊水飴。砂糖や添加物を一切使わない白く泡立った水あめで、箸で巻き取って食べる。独特の風味が懐かしく、のど飴としてもいい。容器に入った菊水飴720円と、食べやすいように飴玉に仕上げたつぶあめ520円の2種類のみを販売。

☎0749-86-2028、10時～日没、不定休

▲登山が苦手な人は岐阜県側から伊吹山ドライブウェイを走れば山頂付近まで行くことができる

walking course
33

滋賀県

伊《い》吹《ぶき》山《やま》

「花の山」で知られる日本百名山
夏の山頂は貴重な植物たちの楽園

❶ 伊吹登山口バス停
徒歩1時間30分
❷ 3合目
徒歩1時間25分
❸ 8合目
徒歩35分
❹ 伊吹山山頂
周遊徒歩1時間30分
❹ 伊吹山山頂
徒歩20分
❺ 8合目
徒歩50分
❻ 3合目
徒歩50分
❼ 伊吹登山口バス停

歩行時間
約**7**時間

歩行距離
約**12.8**km

歩数
約**3**万歩

ACCESS

電車 **行き**:JR東海道本線近江長岡駅から湖国バス伊吹登山口行きまたは甲津原行きで16分、伊吹登山口下車(370円)
帰り:伊吹登山口バス停から往路を戻る

車 北陸自動車道米原ICから国道21号線、県道248・551号線を経由し約12kmで伊吹山登山口(民営駐車場利用)

▲山頂一帯は、6月上旬から9月上旬にかけて高山植物の花々が咲き乱れる

▼登山道は多くの人で賑わう

▲山頂は琵琶湖の眺めがすばらしい

日本百名山にも選ばれている伊吹山は、標高１３７７ｍとそれほど高いというわけではない。しかし、登山口の標高は２２０ｍなので、頂上まで１１５７ｍの標高差がある勘定だ。登るべき標高はかなりあるが、歩きやすい登山道に助けられ、標高差の割に楽かもしれない。山頂付近には高山系の植物が群生し、とりわけ7~8月のお花畑は有名で、多くの登山客で賑わう。また、山頂のお花畑は、国の天然記念物に指定されている。

❶**伊吹《いぶき》登山口《とざんぐち》バス停《てい》**から舗装路を北へ行くと三之宮神社の鳥居があり、本殿右横から外へ出ると登山道が始まる。

林の中のジグザグ道を20分ほど登ると1合目だ。道は林道と交差するが、直進して登る。3合目が近くなると目の前に伊吹山の山頂が現れ、展望も広がってくる。❷**3合目《ごうめ》**周辺は自然公園と呼ばれ、高原状でお花畑が広がり、自然を満喫できる場所だ。

7合目まではジグザグ道で楽に高度を上げられるが、そこからは勾配が強くな

豆知識

織田信長と伊吹山薬草園

織田信長は永禄年間にポルトガルの宣教師の請願を許し、伊吹山に約50haの土地を与えて薬草園を作らせたといわれている。また、本国から3000種ほどの薬草を移植したというが、確かなことはわかっていない。しかし、ヨーロッパ原産の牧草などが伊吹山のみに自生することなどから、現在でも本草学や植物学の重要な研究の場所と考えられている。

▶イブキジャコウソウなど「イブキ」の名を冠した植物も多い

問い合わせ先

米原市商工観光課☎0749-58-2227
湖国バス長浜営業所☎0749-62-3201
名阪近鉄バス☎0584-81-3326

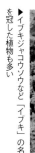

▼シモツケソウのお花畑も広がる

▼雲流れ、クガイソウの揺れる伊吹山の夏

り、がんばりどころだ。露岩も多くなるので、落石によるけがにも注意して歩こう。❸8合目《ごうめ》を過ぎると道は少し緩やかになり、周囲にお花畑が展開する。このあたりの花は7月中旬あたりからが見ごろ。また、古くから薬草が多数自生していることでも知られている。

山頂の山小屋の横の日本武尊《やまとたけるのみこと》の像から5分ほど行くと、一等三角点のある**❹伊《い》吹山山頂《ぶきやまさんちょう》**である。山頂の気温は麓より8～10度ほど低く風が強いので、服装には注意が必要だ。山頂には百間廊下や、お花畑などをめぐる周遊コース(1時間30分程度)が整備されているので歩きやすい。帰路は**❼伊《い》吹《ぶき》登《と》山口《ざんぐち》バス停《てい》**から往路を戻る。

▲標高1377mの伊吹山の山頂

立ち寄りスポット

疲れを癒す伊吹の薬草風呂

♨伊吹薬草の里文化センター・いぶき薬草湯

複合施設の伊吹薬草の里文化センター内にあるいぶき薬草湯。ヨモギを中心にトウキやジュウヤクなど7種類の薬草を使った薬草風呂は、冷え性や神経痛、荒れ性などに効能があるといわれている。奥伊吹の花崗岩で作った露天岩風呂も気持ちよい。

☎0749-58-0105、12時30分～19時30分、月曜休(祝日の場合は翌日)、620円

日本のそば発祥の地の手打ちそば

伊吹野そば

日本のそば発祥の地といわれる伊吹山麓のそば処で、道の駅伊吹の里の隣にある。自家製粉したそば粉を伊吹の霊水で手打ちしたそばは、細めでコシがあり風味がよい。十割そばで提供しているざるそば855円や、名産の伊吹大根を使ったおろしそば910円が人気だ。

☎0749-58-1712、11～15時(土・日曜、祝日～17時)、無休

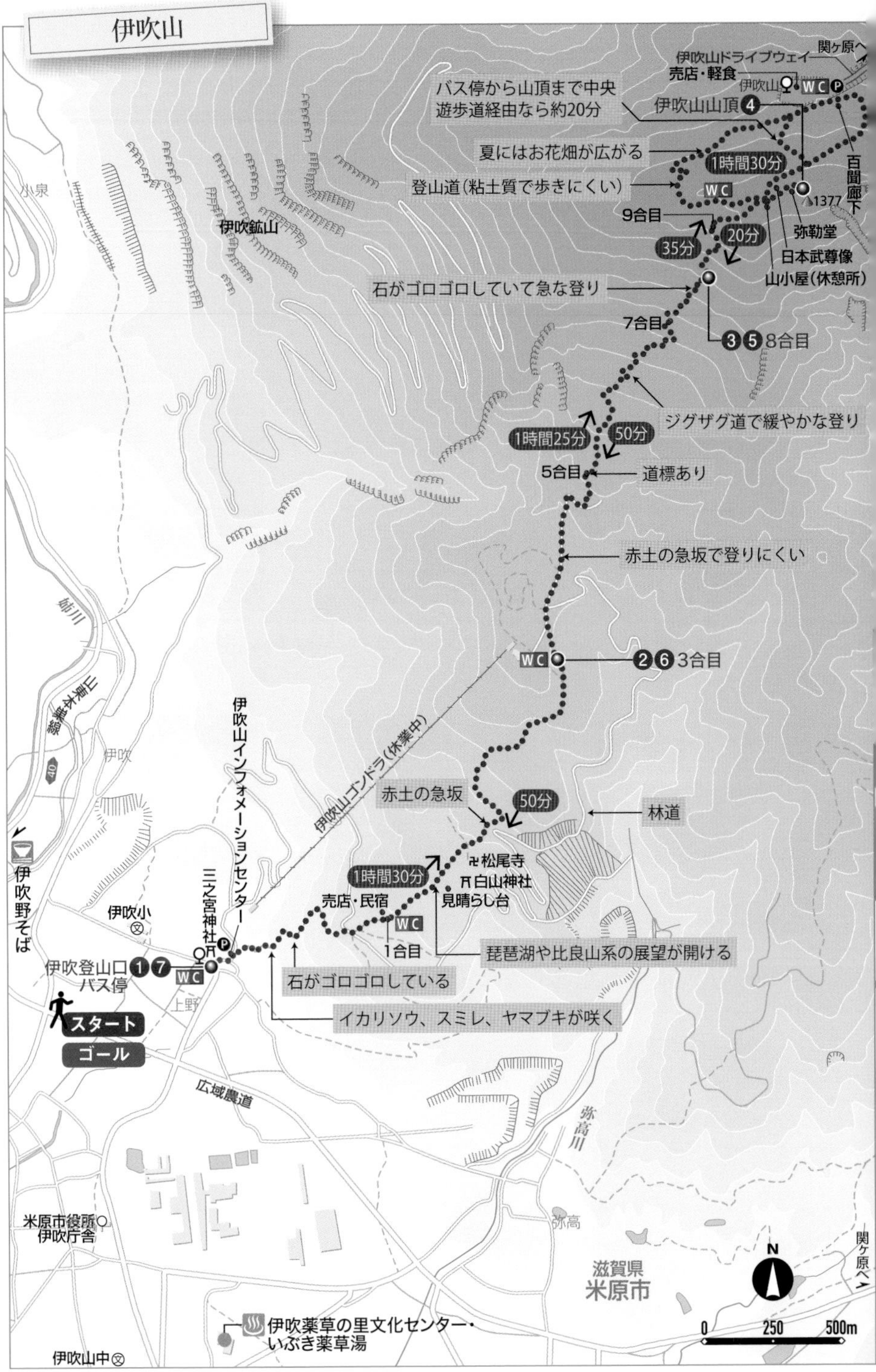
伊吹山
関ヶ原へ
伊吹山ドライブウェイ
売店・軽食
伊吹山
WC
P
バス停から山頂まで中央遊歩道経由なら約20分
伊吹山山頂 4
夏にはお花畑が広がる
1時間30分
百間廊下
登山道(粘土質で歩きにくい)
WC
1377
9合目
弥勒堂
35分
20分
日本武尊像
山小屋(休憩所)
石がゴロゴロしていて急な登り
7合目
3 5 8合目
ジグザグ道で緩やかな登り
1時間25分
50分
5合目
道標あり
赤土の急坂で登りにくい
WC
2 6 3合目
小泉
伊吹鉱山
姉川
山東本巣線
伊吹
40
伊吹山ゴンドラ(休業中)
伊吹山インフォメーションセンター
赤土の急坂
50分
林道
松尾寺
白山神社
見晴らし台
1時間30分
売店・民宿
WC
1合目
三之宮神社
P
伊吹野そば
伊吹小
伊吹登山口 1 7
バス停
WC
琵琶湖や比良山系の展望が開ける
石がゴロゴロしている
イカリソウ、スミレ、ヤマブキが咲く
上野
スタート
ゴール
広域農道
弥高川
弥高
米原市役所
伊吹庁舎
滋賀県
米原市
関ヶ原へ
N
0
250
500m
伊吹薬草の里文化センター・
いぶき薬草湯
伊吹山中

夏から秋の伊吹山は植物の宝庫

大部分が石灰層からなる伊吹山。日本海が近いこともあり、冬には北西からの季節風が吹き付け、雪を降らせる。こうした地層や天候の独自性から、1377mの標高の割に山頂付近で高山や亜高山帯の貴重な植物が見られる。その数はおよそ1200種にもなり、イブキフウロやイブキボウフウなど「イブキ」の名を冠する植物は30種を超える。

ルリトラノオ

見頃 7月下旬～8月中旬

イブキトラノオ

見頃 7月上旬～9月中旬

ツリガネニンジン

見頃 8月中旬～10月上旬

コオニユリ

見頃 7月上旬～8月中旬

イブキフウロ

見頃 7月中旬～8月中旬

コイブキアザミ

見頃 8月中旬～10月上旬

サラシナショウマ

見頃 8月中旬～10月上旬

イブキボウフウ

見頃 7月上旬～8月中旬

アキノキリンソウ

見頃 8月上旬～9月下旬

奈良・和歌山・三重

▲山の辺の道・崇神天皇陵付近

walking course 34

奈良県

佐《さ》保《ほ》・佐《さ》紀《き》路《じ》

平城山丘陵にたたずむ古寺を巡り 興隆を極めた平城宮跡へ

▲関西花の寺二十五ヵ所の第17番札所、別名コスモス寺としても知られる般若寺

奈良盆地の北に連なる丘陵は平城山《ならやま》と呼ばれ、東は佐保山、西を佐紀山という。佐保路は平城京の一条大路にあたり、東大寺の転害門から西の法華寺へ至る道。佐紀路はさらに西大寺へ延びる道である。

❶近鉄奈良駅《きんてつならえき》から北へ、奈良東向店街を進み突き当たりを東に曲がりまたすぐ北へ、奈良女子大学の前を通り抜ける。佐保川に架かる法蓮橋を東へ行くと突き当たりが国宝の転害門。界隈は昔ながらの民家が点在している。京都へ続く街道沿いの町として栄えた名残を感じさせる門前の国道を北へ向かう。佐保川を渡り旧道をしばらく行くと、般若寺への上り坂がある。聖武天皇が平城京の鬼門を守るために大般若経を納めた事に由来する

❶ 近鉄奈良駅
徒歩40分
❷ 般若寺
徒歩35分
❸ 興福院
徒歩20分
❹ 不退寺
徒歩15分
❺ 宇和奈辺古墳
徒歩10分
❻ 海龍王寺
徒歩5分
❼ 法華寺
徒歩20分
❽ 平城宮跡
徒歩40分
❾ 近鉄大和西大寺駅

歩行時間
約3時間5分

歩行距離
約12km

歩数
約2万4000歩

ACCESS

電車 **行き**：近鉄奈良駅から
帰り：近鉄大和西大寺駅から

車 第2阪奈道路宝来ICから国道308・369号線を経由し約6.5kmで近鉄奈良駅

▲狭岡神社の辻を回り込んで進む

▲佐保山の袂にたたずむ尼寺、興福院

▲平城京の北東隅にある海龍王寺

▲住宅街を抜けると鴻ノ池が姿を現す

❷般若寺は、春はヤマブキ、秋はコスモスの咲く花の寺としても知られる。近鉄奈良駅から青山住宅行きバスに乗車して10分、般若寺バス停で下車して、この寺をスタートにしてもよい。

般若寺から少し戻り、明治五大監獄のひとつに数えられる旧奈良監獄の赤煉瓦でできた壁沿いに西へ行く。左に見える若草中学校はかつて松永久秀が築城した多聞山城の城跡に立っている。住宅街を抜け、ならでんアリーナと鴻ノ池の間を南へまわり、県道を渡って西へ行くと❸**興福院**《こんぶいん》への参道がある。ここから歴史の道観光案内図や道標に従って不退寺へ向かう。このあたりには、佐保姫の悲しい伝説が伝えられており、在原業平ゆかりの地でもある。❹**不退寺**《ふたいじ》はその業平の邸宅のあったところで業平寺とも呼ばれる。少し北からJRの線路を渡り、❺**宇和奈辺古墳**《うわなべこふん》の南縁を回って航空自衛隊奈良基地の前から南へ向かい❻**海龍王寺**《かいりゅうおうじ》と❼**法華寺**《ほっけじ》へ。両寺ともに光明皇后の創建によるものだ。

豆知識

ハイキングコース「歴史の道」

奈良市が昭和47年(1972)に定めたハイキングコースで、佐保・佐紀路、西の京、奈良公園という３つのブロックをつなぐ円周状のルートだ。全長27km、案内板や道標なども整備されている。佐保・佐紀路ブロックは、歴史の道の東側に位置し歴史と古い町並みを楽しめるコースとして人気が高く、家族連れやグループなど多くのハイカーで賑わう。

▶佐保・佐紀路の道はこの「歴史の道」の標識に沿って続く

問い合わせ先

奈良市観光センター☎0742-22-3900
平城宮跡歴史公園案内所☎0742-93-9011

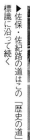

▲日本の総国分尼寺、法華寺はどこか女性的な雰囲気

▼宇和奈辺古墳の堀沿いは快適な道が続く

▲四季を通して花々の咲き乱れる不退寺

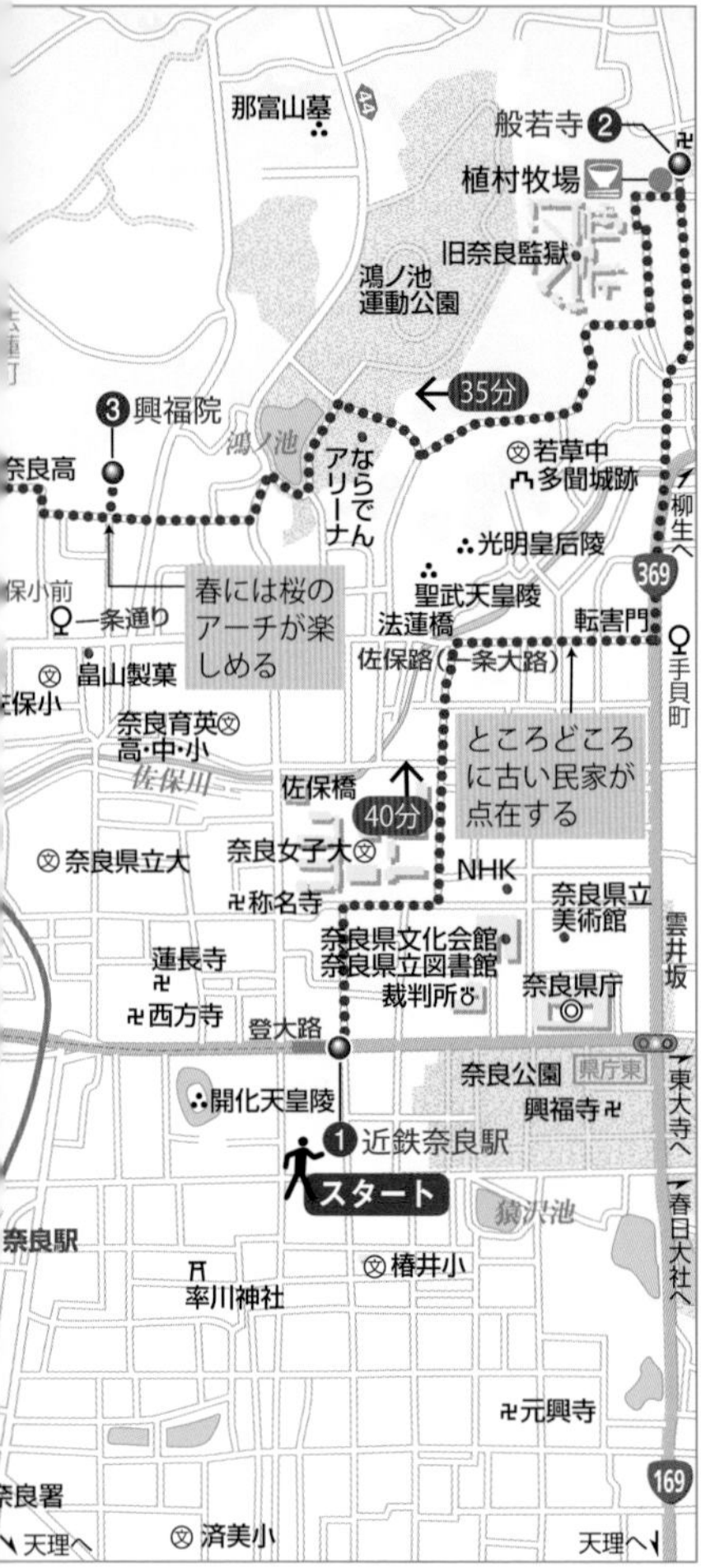

法華寺を後にして、広大な❽**平城宮《へいじょうきゅう》跡《せき》**に入る。発掘された遺構をそのまま見ることができる遺構展示館が県道のすぐそばにあり、その南には復元された東院庭園。華麗な朱雀門、その真北にあるのは第一次大極殿で、正面は44m、側面20m、高さ27mの堂々とした建物だ。時間に余裕があれば朱雀門の近くの平城宮いざない館などに立ち寄ってみるのもおもしろい。そこから北へ向かい、平城宮跡資料館の前の道から車道に出て左折、❾**近鉄《きんてつ》大和西大寺駅《やまとさいだいじえき》**へ向かう。

▲2010年に復元された第1次大極殿のスケールに圧倒される

立ち寄りスポット

平城宮跡から出土した歴史的資料を展示

平城宮跡資料館

奈良文化財研究所による発掘調査や研究の成果をわかりやすく解説。常設展示室では出土した土器や瓦、木簡などを見ることができる。また、当時の役人の様子や、天皇や貴族が暮らした宮殿を再現している。

☎0742-30-6753、9時～16時30分(入館は～16時)、月曜休(祝日の場合は翌平日)、無料

濃厚なコクと香りのソフトクリーム

植村牧場

般若寺の向かいにある明治16年（1883）創業の小さな牧場。絞りたての牛乳はもちろん、ソフトクリーム450円は遠くから食べに来るファンも多い。牧場内のレストラン「いちづ」は牛乳カレー1000円などランチメニューが充実している。

☎0742-23-2125、10～17時(レストランは11～14時)、無休(レストランは水曜休)

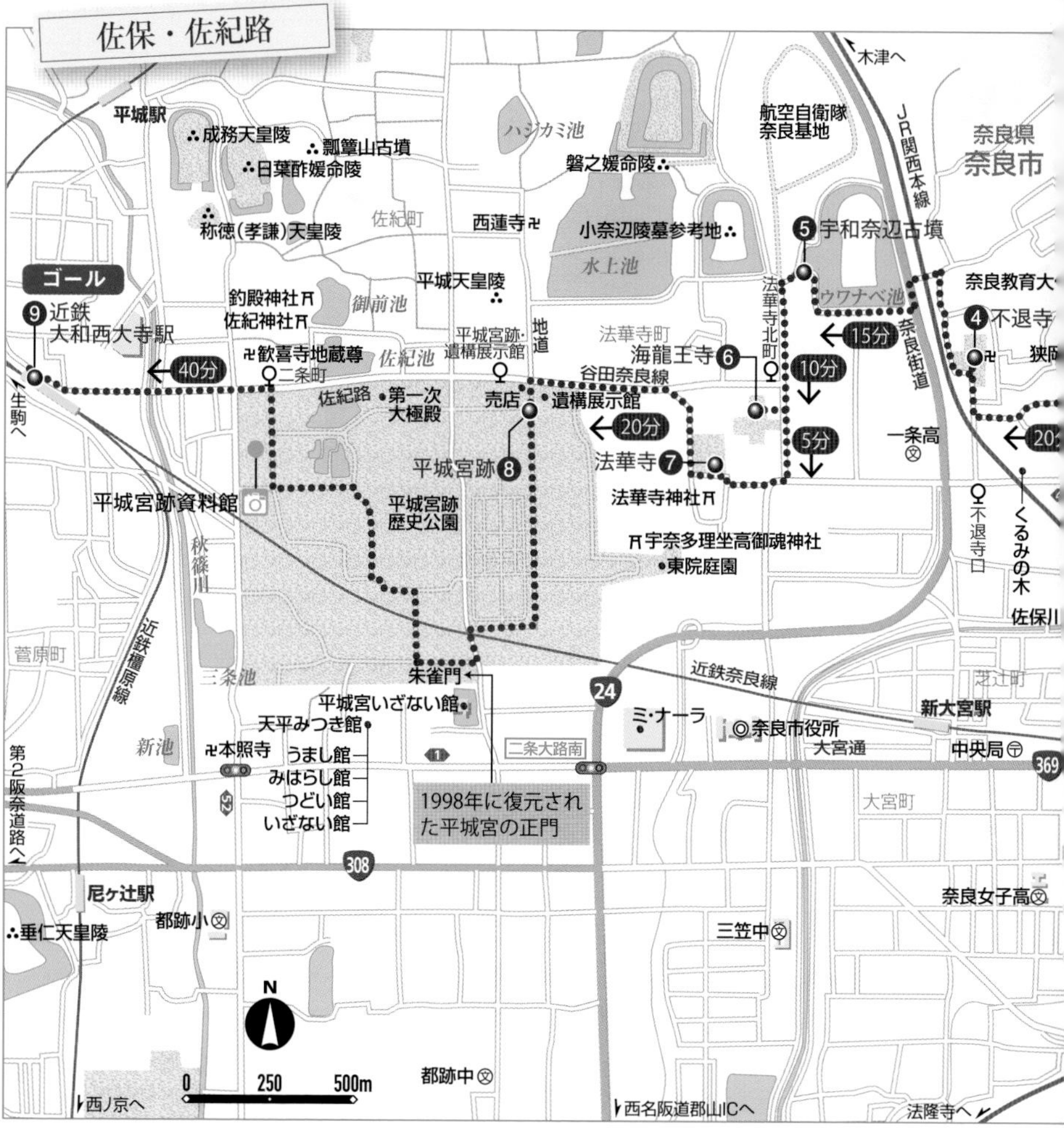

walking course

35

奈良県

柳生街道《やぎゅうかいどう》① 滝坂《たきさか》の道《みち》

剣豪たちが行き来した原始林の道
石仏と苔むした石畳が続く

▲中央に弥勒菩薩、左右に地蔵菩薩を配した朝日観音。滝坂の道では多くの石仏に出合う

1. 破石町バス停
   徒歩35分
2. 寝仏
   徒歩5分
3. 夕日観音
   徒歩15分
4. 朝日観音
   徒歩10分
5. 首切り地蔵
   徒歩20分
6. 春日山石窟仏
   徒歩20分
7. 峠茶屋
   徒歩1時間
8. 円成寺(忍辱山バス停)

歩行時間
約2時間45分

歩行距離
約9km

歩数
約2万1000歩

ACCESS

電車 行き:近鉄奈良駅から奈良交通バス市内循環で5分、破石町下車(220円)
帰り:忍辱山バス停から奈良交通バスJR奈良駅行きで30分、近鉄奈良駅下車(660円)

車 第2阪奈道路宝来ランプから約7.5kmで破石町バス停

▲荒木又右衛門が試し切りしたという首切り地蔵

▲花崗岩に弥勒菩薩像を彫った夕日観音

▲春日山石窟仏は東大寺大仏殿を建てるために、石材を掘り取った跡に彫られた石仏

奈良市内から能登川に沿って春日山に分け入り、石切峠を越えて忍辱山《にんにくせん》から柳生に至る道を俗に「柳生街道」という。もとは「滝坂の道」と呼ばれた古道で、奈良・平安時代には奈良と笠置を結ぶ修験者の道であった。江戸時代には奈良町と柳生陣屋をつなぐ重要な街道になり、その後は生活道路として利用されてきた。

❶破石《わりいし》町《ちょう》バス停《てい》から新薬師寺の付近を通り、能登川の渓流に沿って歩く。日中でも暗いこの道、進むに従って深い森に包まれる。柳生街道のハイライトはなんといってもこの滝坂の道だろう。途中、見落とさないように気をつけたいのは石仏である。まず出合うのは表示がないと気がつかない**❷寝仏《ねぼとけ》**。街道に対して背を向けているため回り込まないと姿を見ることができない。すぐ先に**❸夕《ゆう》日《ひ》観音《かんのん》**、しばらく行くと**❹朝《あさ》日《ひ》観音《かんのん》**が川向こうに姿を現す。休憩所とトイレがある場所には**❺首《くび》切《き》り地蔵《じぞう》**がある。分岐を左へ進み、なだらかな石畳の坂を上ると、奈良奥山ドライブウェイに出る。左に曲がると道

豆知識

苔むした石畳の滝坂の道

柳生街道とも呼ばれるこの古道は、南都七大寺の僧が修行の道として歩いたともいう。道沿いの渓流がいたるところに小さな滝をつくっていたことから「滝坂の道」と呼ばれていた。江戸時代に奈良奉行によって石畳が敷かれたこの付近は、「古都奈良の文化財」の一部として、ユネスコ世界文化遺産に登録されている。

▶石畳の続く滝坂の道は、時代を超えて剣豪たちが歩いた道だ

問い合わせ先

奈良市観光センター☎0742-22-3900
柳生観光協会☎0742-94-0002
奈良交通お客様サービスセンター☎0742-20-3100

標があり、入口から少し登った先に❻**春日山石窟仏**《かすがやませっくつぶつ》がある。そこから再び奈良奥山ドライブウェイに戻り右手に進み、しばらく行くと大きく右へ曲がるカーブにさしかかるが、正面のアスファルト道を進むと石切峠へはもうすぐだ。

石切峠には風情たっぷりの❼**峠**《とうげの》**茶屋**《ちゃや》がある。茶屋から林道を下っていくと茶畑の美しい集落を抜ける。東海自然歩道の道標はあるが、枝道も多いので注意が必要。道標を信じて林道を離れ、山道を円成寺に向かう。展望はないが、よく整備されて歩きやすく木洩れ日が心地よい。

国道369号線に出ると、道の向こうが柳生街道随一の名刹❽**円成寺**《えんじょうじ》である。忍辱山バス停は寺のすぐ前だ。

▲石切峠を越えると茶畑が広がる

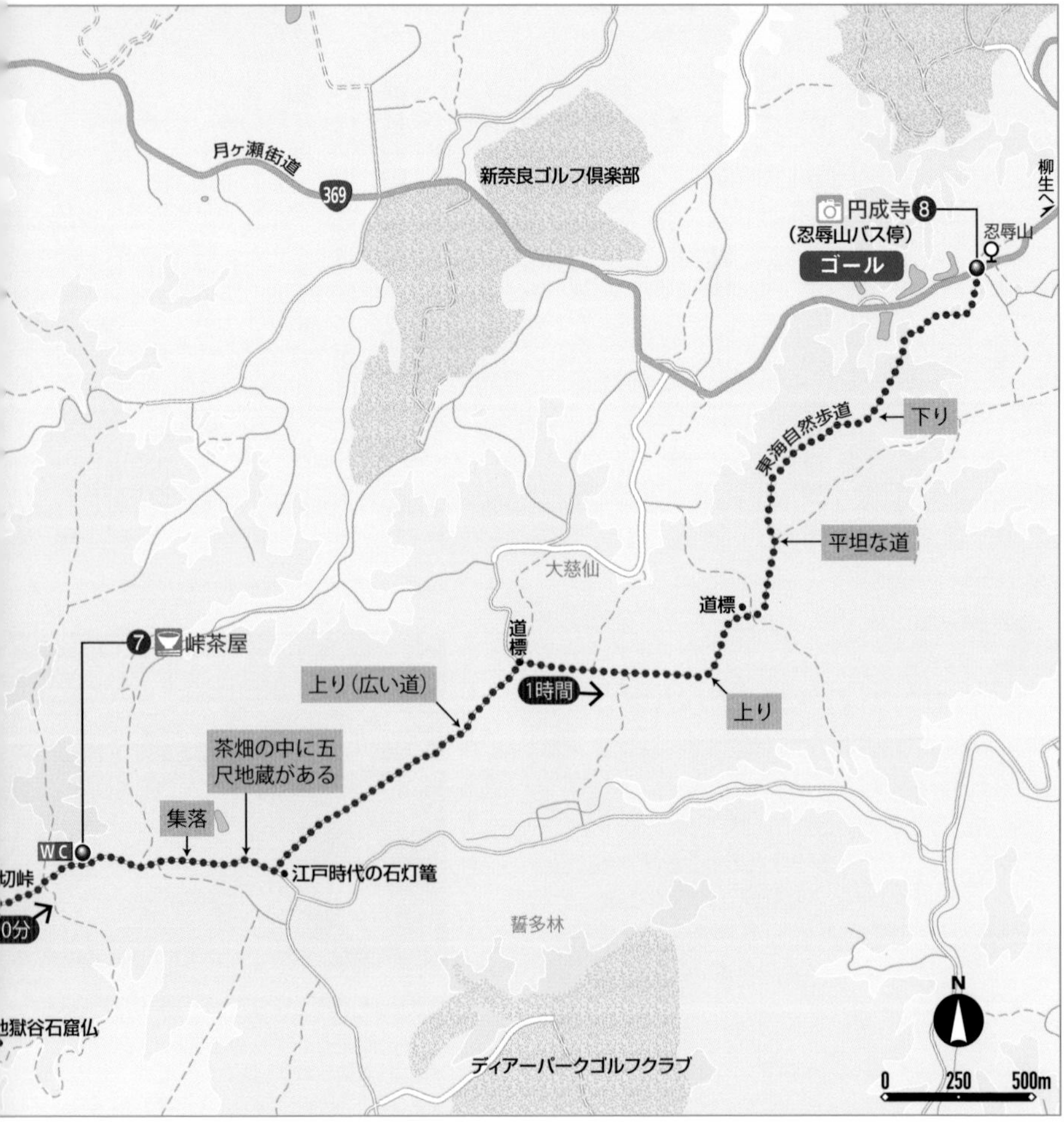

立ち寄りスポット

名勝庭園に国宝・重文の堂宇や仏像

円成寺

天平勝宝8年（756）の開山と伝えられるが、実際の創建は平安期だと推定されている。応仁の乱で焼失したが再興、江戸期には隆盛を極めた。本尊の阿弥陀如来は藤原中期の作で、楼門とともに国の重要文化財。相應殿の大日如来と春日堂・白山堂はいずれも国宝である。

☎0742-93-0353、9～17時、400円

江戸時代から続く茶屋

峠茶屋

石切峠にある風情たっぷりの茶屋。創業から180年を越え、かつて武芸者達が酒代の代わりに刀や鉄砲を店に置いていったという逸話が今に伝わる。店では甘酒400円、生姜湯400円、うどん650円、人気の草餅150円などがある。平日は提供できないこともあるので事前に確認しておくといい。

☎0742-81-0498、9時～日没、不定休

walking course 36

奈良県

柳生街道《やぎゅうかいどう》② 剣豪《けんごう》の道《みち》

柳生一族の史跡を訪ねる 日本の四季を映すのどかな里歩き

▲のどかな柳生の里は秋、休耕田にコスモスが揺れる

▲中村六地蔵など石仏が点在する道

▲巨石を御神体として祀る夜支布山口神社

▲石垣の上に建つ南明寺本堂

1. 忍辱山バス停
   - 徒歩40分
2. 夜支布山口神社
   - 徒歩35分
3. 南明寺
   - 徒歩5分
4. おふじ井戸
   - 徒歩40分
5. 疱瘡地蔵
   - 徒歩20分
6. 一刀石
   - 徒歩15分
7. 芳徳禅寺
   - 徒歩20分
8. 旧柳生藩家老屋敷
   - 徒歩10分
9. 柳生東バス停

歩行時間

約3時間5分

歩行距離

約9km

歩数

約2万歩

ACCESS

電車 **行き**：近鉄奈良駅から奈良交通バス柳生方面行きで27分、忍辱山下車（660円）

帰り：柳生東バス停から奈良交通バスJR奈良駅行きで45分、近鉄奈良駅下車（970円）

車 第２阪奈道路宝来ランプから約17.5kmで忍辱山バス停

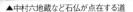

▲柳生宗厳が割ったと伝わる一刀石

▼柳生一族が眠る芳徳禅寺

▲茶畑を抜けて一刀石へ向かう

▼才女お藤の伝説が残るおふじ井戸

▲疱瘡除けを祈願した疱瘡地蔵

円成寺のある❶**忍辱山バス停**で降りる。柳生への道はここから山林の間を下り、国道と少し離れて田や畑の間を歩く。大柳生の集落の手前、田んぼにこんもりと繁った森は❷**夜支布山口神社**《やぎゅうやまぐちじんじゃ》だ。境内には巨大な石があり、これがもともとの御神体。北側の社叢の中にも複数の境内社がある。うっそうとした森の中は神秘的な雰囲気に包まれている。

南出の集落あたりには慎ましやかな古寺、❸**南明寺**《なんみょうじ》があり、近くに柳生宗矩《やぎゅうむねのり》の側室となった村娘、お藤の逸話が残る❹**おふじ井戸**《いど》がある。井戸をあとに山道に入ると次第に急坂の石畳の道になり阪原峠を越える。道端や脇道に❺**疱瘡地蔵**《ほうそうじぞう》や中村六地蔵などの石仏が点在する道をしばらく歩き、民家の横を右へ行き橋を渡る。民家の間を上っていくと、大きな岩を御神体とする天乃石立神社があり、その奥に❻**一刀石**《いっとうせき》がある。

引き返して舗装路を行き❼**芳徳禅寺**《ほうとくぜんじ》へ。柳生宗矩が亡父宗厳（石舟斎）を供養するために創建した寺で、その後は柳

豆知識

映画・小説で知られる柳生一族

戦国時代、柳生宗厳は松永久秀に仕えたが久秀が没後、関ヶ原の戦いでは東軍について活躍。宗厳は徳川家康の前で「無刀取り」という素手で刀の柄を取る技を披露して徳川家の兵法指南役となった。そののち柳生氏に伝わる柳生新陰流を継いだ息子宗矩は2代将軍秀忠、3代将軍家光に仕え江戸時代に1万2000石の大名となった。

▶芳徳禅寺の本堂裏手には、柳生一族累代の墓が並ぶ

問い合わせ先

柳生観光協会☎0742-94-0002
奈良交通お客様サービスセンター☎0742-20-3100

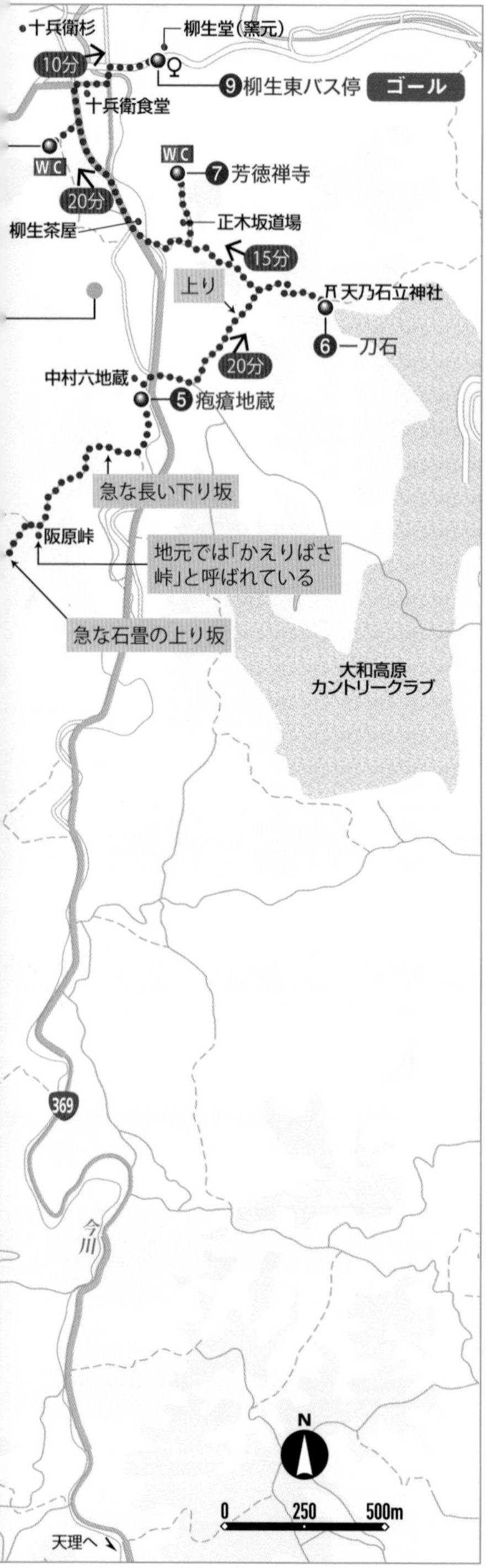

▲豪壮な石垣が城郭のような旧柳生藩家老屋敷

◀江戸時代後期の建物で、奈良県では唯一残る武家屋敷

生家の菩提寺となった。沢庵禅師の開創で、本堂には宗矩、沢庵禅師の木像が安置され、柳生家ゆかりの品々も展示されている。

見事な石垣をめぐらした屋敷は❽**旧**《きゅう》**柳生藩家老屋敷**《やぎゅうはんかろうやしき》。家老小山田主鈴《おやまだしゅれい》の屋敷跡である。屋敷は戦後、作家山岡荘八の別邸になり、現在は柳生関係資料や山岡氏の草稿などが公開されている。

柳生は里と呼ぶにふさわしい山間の小集落。❾**柳生東**《やぎゅうひがし》**バス停**《てい》付近も穏やかな里が広がっている。

立ち寄りスポット

約80万本のハナショウブが咲き競う

柳生花しょうぶ園

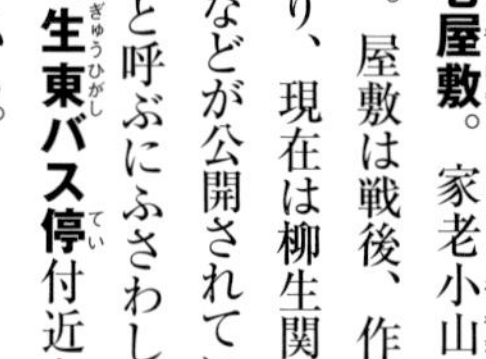

休耕田を利用して、約1万m²の扇形の斜面に約40種、80万株ものハナショウブが、紫や白、黄などの色とりどりの花を咲かせる。ハナショウブが見ごろをむかえる期間のみ開園する。

☎0742-94-0858(開園期間)、☎090-8379-6537(閉園期間)、6月1日～6月30日開園、9～16時、開園中無休、650円

柳生街道② 剣豪の道

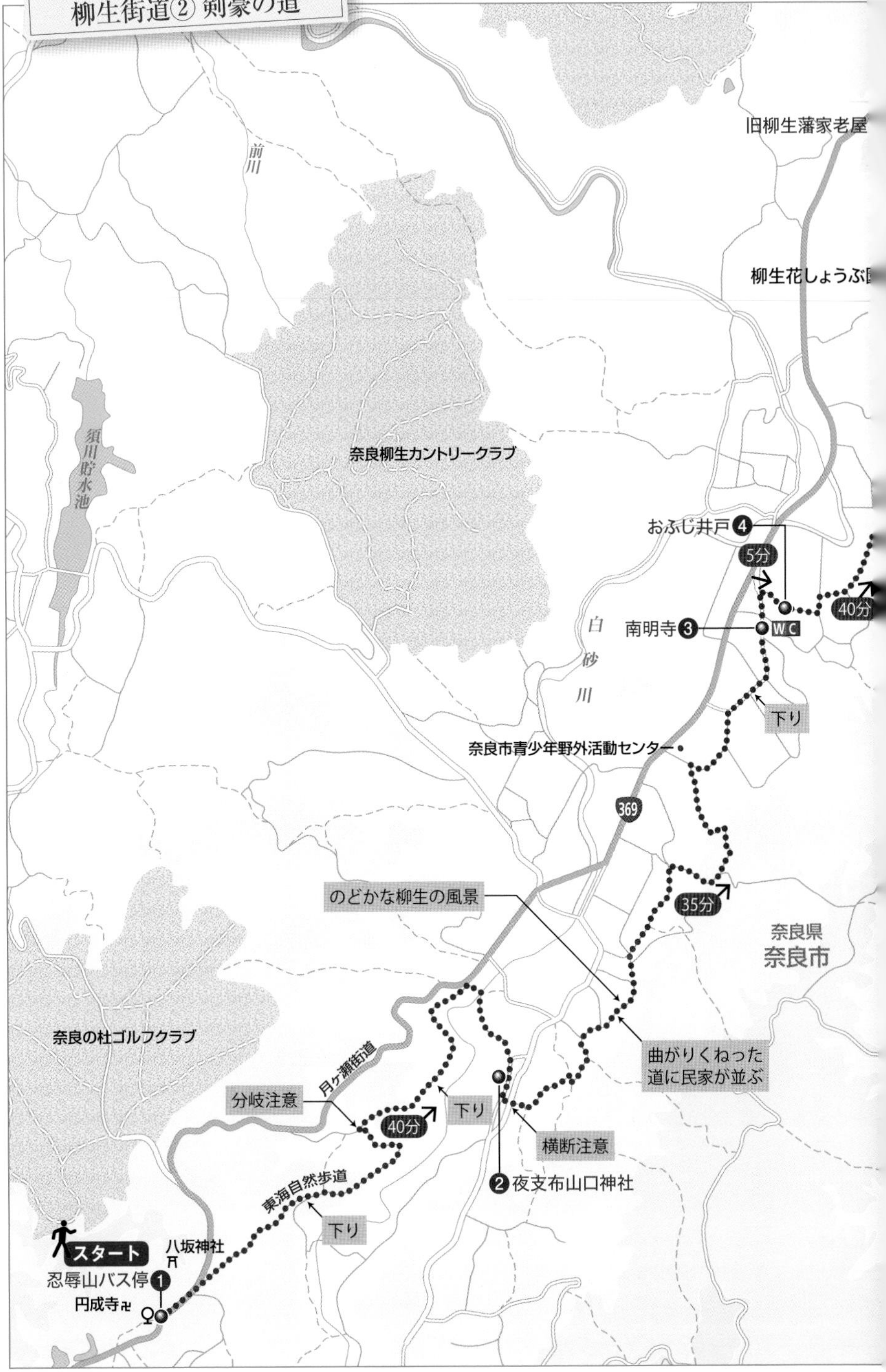

旧柳生藩家老屋
前川
柳生花しょうぶ園
須川貯水池
奈良柳生カントリークラブ
おふじ井戸 4
5分
40分
白砂川
南明寺 3
WC
下り
奈良市青少年野外活動センター
369
のどかな柳生の風景
35分
奈良県
奈良市
奈良の杜ゴルフクラブ
月ヶ瀬街道
曲がりくねった
道に民家が並ぶ
分岐注意
40分
下り
横断注意
東海自然歩道
2 夜支布山口神社
下り
スタート
八坂神社
忍辱山バス停 1
円成寺

walking course 37

奈良県

山《やま》の辺《べ》の道《みち》

桜井から平城を結ぶ日本最古の道
万葉の里を訪ねて歩く

▲山の辺の道の春は、桜や桃の花に包まれる（崇神天皇陵付近）

奈良盆地は青垣と称えられる小高い山に囲まれている。山の辺の道はその東の山裾を南北に走る古道である。

❶**石上神宮前《いそのかみじんぐうまえ》バス停《てい》**から車道を歩いて❷**石上神宮《いそのかみじんぐう》**へ。神武天皇東征の時に大きな力を与えたという神剣・布都御魂大《ふつのみたまおお》神《かみ》を主祭神として、物部氏が累代奉祀してきた。境内を抜けて❸**内山永久寺跡《うちやまえいきゅうじあと》**へ向かうが、文字通り跡であって本堂池が残るのみ。明治の廃仏毀釈で破壊されるまでは関西の日光といわれるほどの美しい大寺院だったという。小さな上り下りはあるが穏やかな道を歩く。広いところへ出れば、春にはレンゲやタンポポが埋め尽くす田んぼの間を縫う道。山手にさしかかると、まわりは柿やミカンの木にな

❶ 石上神宮前バス停
徒歩5分
❷ 石上神宮
徒歩15分
❸ 内山永久寺跡
徒歩40分
❹ 竹之内環濠集落
徒歩45分
❺ 長岳寺
徒歩1時間10分
❻ 桧原神社
徒歩5分
❼ 玄賓庵
徒歩20分
❽ 大神神社
徒歩10分
❾ 三輪駅

歩行時間
約3時間30分

歩行距離
約12km

歩数
約2万4000歩

ACCESS

電車 **行き**：JR桜井線天理駅から奈良交通バス苣原方面行きで７分、石上神宮前下車（190円）
帰り：JR桜井線三輪駅から

車 西名阪自動車道天理東ICから県道51号線を経由し約3kmで石上神宮

▼出発点となる石上神宮

▼かつての面影を留める萱生環濠集落

▲「花の寺」で知られる長岳寺

▲三輪山を御神体とする大神神社の拝殿

▲額田王歌碑あたりから見る三輪山

る。田んぼの先の木立は夜都岐神社。日本最古の神社とあるが、大和には日本最古がたくさんある。再び田の間の道を行くと❹**竹之内環濠集落**《たけのうちかんごうしゅうらく》に入る。気がついたらそこにいたという風で、表示がなければわからない。近くの萱生《かよう》も環濠集落である。

萱生の集落の山側に継体天皇の皇后、手白香皇女《たしらかのひめみこ》の衾田陵《ふすまだのみささぎ》が見える。❺**長岳寺**《ちょうがくじ》は参道のツツジや桜が美しい。日本最古といわれる鐘楼門を通り抜けると、これも日本最古といわれる玉眼を使用した阿弥陀三尊を祀った本堂が池の前にある。長岳寺を後にすると崇神天皇《すじんてんのう》、景行天皇《けいこうてんのう》の巨大な前方後円墳に出合う。陵の裏側を通り穴師から❻**桧原神社**《ひばらじんじゃ》へ向かう。桧原神社は御神体が三輪山の磐座にあり、三ツ鳥居があり元伊勢ともいわれている。境内の脇から❼**玄賓庵**《げんびあん》をすぎて谷筋を下っていくと、林の中に狭井神社がある。木立の中を行くと、ほどなく❽**大神神社**《おおみわじんじゃ》。やはり背後に広がる三輪山を御神体としているために拝殿を通して参拝する。車道へ出て❾**三輪駅**《みわえき》へ向かう。

立ち寄りスポット

重文の庫裡でいただく三輪そうめん

長岳寺

国の重要文化財に指定されている長岳寺の旧地蔵院の庫裡で、本場三輪の手延べそうめんがいただける。冷やしそうめん（5～9月）、温かいにゅうめん（10～4月）各700円（平日は要予約）、また柿の葉すしのセット1300円（要予約）もある。食事には長岳寺の拝観料400円が必要。

☎0743-66-1051、9～17時、無休

▶大和の名産・三輪そうめん。すだれのように垂らした麺をさばく

問い合わせ先

天理市産業振興課☎0743-63-1001
桜井市観光まちづくり課☎0744-42-9111
奈良交通お客様サービスセンター☎0742-20-3100

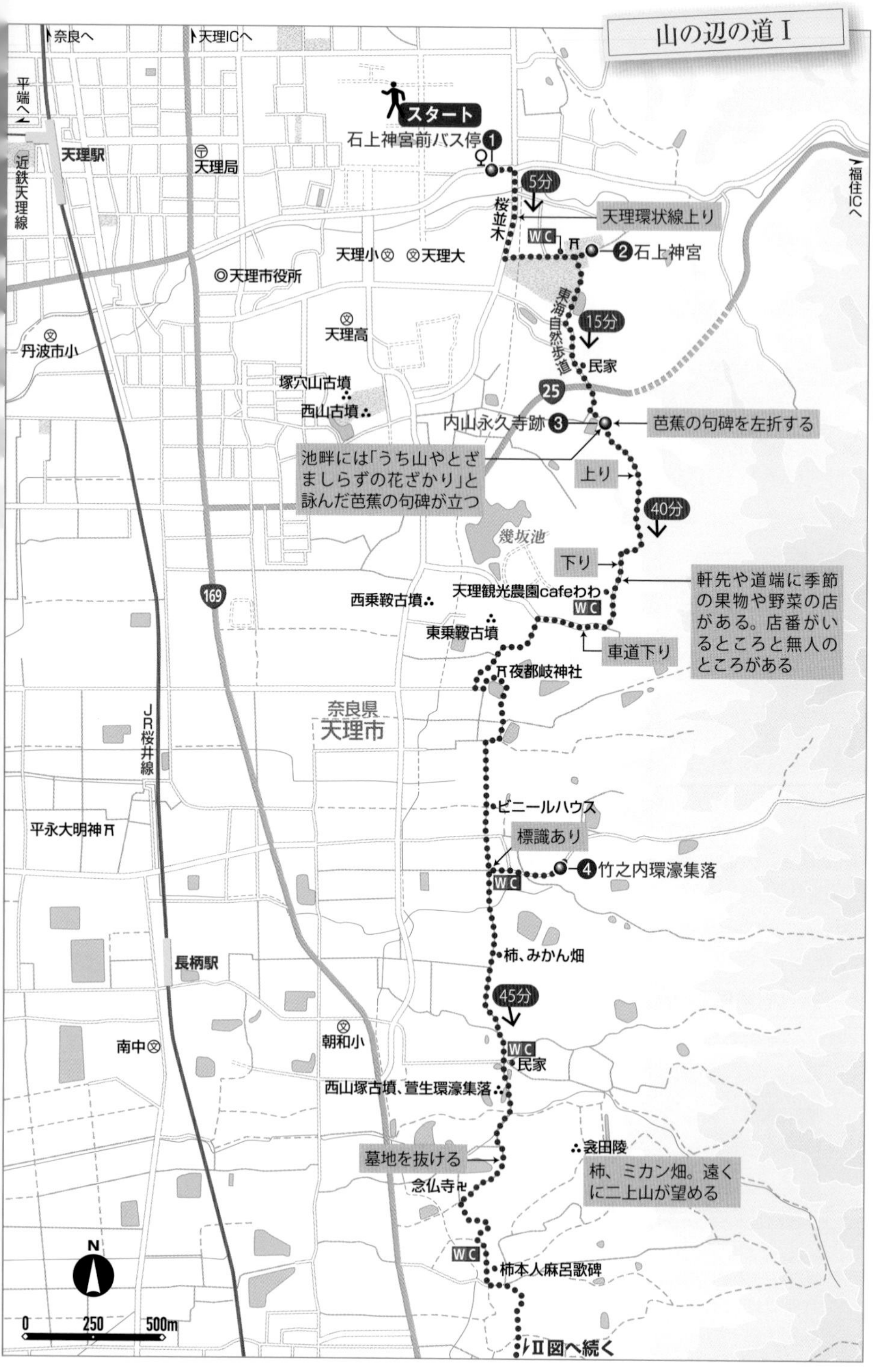
山の辺の道 I
奈良へ
天理ICへ
平端へ
近鉄天理線
天理駅
天理局
スタート
石上神宮前バス停 1
5分
桜並木
天理環状線上り
WC
2 石上神宮
天理小
天理大
天理市役所
東海自然歩道
15分
民家
丹波市小
天理高
塚穴山古墳
西山古墳
25
内山永久寺跡 3
芭蕉の句碑を左折する
池畔には「うち山やとざましらずの花ざかり」と詠んだ芭蕉の句碑が立つ
上り
40分
幾坂池
下り
天理観光農園cafeわわ
軒先や道端に季節の果物や野菜の店がある。店番がいるところと無人のところがある
西乗鞍古墳
東乗鞍古墳
車道下り
169
夜都岐神社
奈良県
天理市
JR桜井線
福住ICへ
ビニールハウス
標識あり
4 竹之内環濠集落
平永大明神
長柄駅
柿、みかん畑
45分
南中
朝和小
民家
西山塚古墳、萱生環濠集落
衾田陵
墓地を抜ける
柿、ミカン畑。遠くに二上山が望める
念仏寺
柿本人麻呂歌碑
N
0
250
500m
II図へ続く

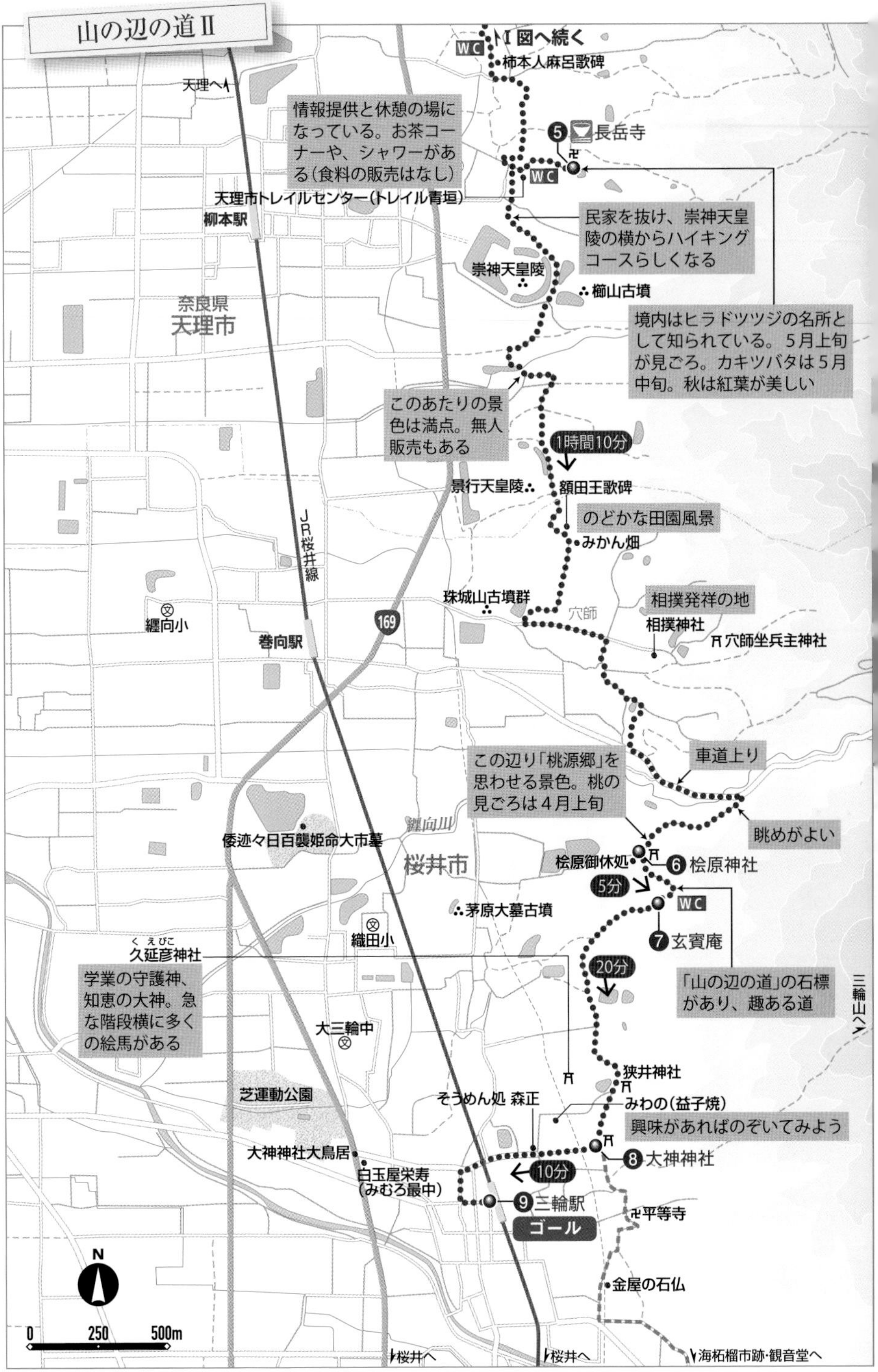

山の辺の道Ⅱ
Ⅰ図へ続く
WC
柿本人麻呂歌碑
天理へ
情報提供と休憩の場になっている。お茶コーナーや、シャワーがある(食料の販売はなし)
5 長岳寺
WC
天理市トレイルセンター(トレイル青垣)
柳本駅
民家を抜け、崇神天皇陵の横からハイキングコースらしくなる
崇神天皇陵
櫛山古墳
奈良県
天理市
境内はヒラドツツジの名所として知られている。5月上旬が見ごろ。カキツバタは5月中旬。秋は紅葉が美しい
このあたりの景色は満点。無人販売もある
1時間10分
景行天皇陵
額田王歌碑
のどかな田園風景
みかん畑
JR桜井線
珠城山古墳群
穴師
相撲発祥の地
相撲神社
穴師坐兵主神社
169
纒向小
巻向駅
車道上り
この辺り「桃源郷」を思わせる景色。桃の見ごろは4月上旬
眺めがよい
纒向川
倭迹々日百襲姫命大市墓
桜井市
桧原御休処
6 桧原神社
5分
WC
茅原大墓古墳
7 玄賓庵
織田小
久《く》延彦《えびこ》神社
20分
学業の守護神、知恵の大神。急な階段横に多くの絵馬がある
「山の辺の道」の石標があり、趣ある道
三輪山へ
大三輪中
狭井神社
芝運動公園
そうめん処 森正
みわの(益子焼)
興味があればのぞいてみよう
大神神社大鳥居
8 大神神社
10分
白玉屋栄寿(みむろ最中)
9 三輪駅
ゴール
平等寺
N
金屋の石仏
0 250 500m
桜井へ
桜井へ
海柘榴市跡・観音堂へ

walking course 38

奈良県

室生《むろう》古道《こどう》

室生寺の南門仏隆寺から峠を越えて室生の里を歩き大野寺へ

▲県下で最大最古という天然記念物の桜で知られる仏隆寺

▲腰痛にご利益があるという腰折地蔵

▲役行者の祠のある唐戸峠

▲緑に包まれたカトラ新池

❶ 高井バス停
徒歩30分
❷ 仏隆寺
徒歩30分
❸ 唐戸峠
徒歩1時間
❹ 腰折地蔵
徒歩30分
❺ 室生寺
徒歩40分
❻ 門森峠
徒歩1時間
❼ 大野寺
徒歩5分
❽ 近鉄室生口大野駅

歩行時間
約4時間15分

歩行距離
約15km

歩数
約3万6000歩

ACCESS

電車 **行き**:近鉄大阪線榛原駅から奈良交通バス上内牧行きで13分、高井下車(340円)
帰り:近鉄大阪線室生口大野駅から

車 名阪国道針ICから国道369号線を経由し約13.5kmで榛原高井

▲山々に囲まれた室生の里を眺めながら歩く

▲西光寺のしだれ桜は樹齢300年

▲のどかな田園を室生寺へ

奈良時代末期の草創といわれる室生寺一帯は山林修行の場であった。後に真言宗寺院となり、女人禁制の高野山に対して女性の参詣を許したことから「女人高野」と呼ばれるようになった。

❶高井《たかい》バス停《てい》から仏隆寺への道標に従って左へ折れ、小さな橋を渡って舗装路を歩く。山間の田んぼの中を行くのどかな道である。しばらく行くと道の周囲は棚田になり、道の勾配がきつくなってくる。右手に藁葺き屋根の地蔵堂が見えてくると、小さな石橋の向こうに**❷仏隆寺《ぶつりゅうじ》**の石段も見えてくる。空海の高弟堅恵《けんね》が嘉祥3年（850）に創建したと伝えられる。石段には樹齢900年という桜が枝を差しかけ春には花びらが舞い、秋は曼珠沙華がこの石段を覆う。仏隆寺を出ると山道になり、杉木立の中を行く。役行者の祠と休憩所がある**❸唐戸峠《からととうげ》**から室生寺までは下りだ。10分ほど下るとカトラ新池があり、川と交差しながら下っていくと、やがて**❹腰折地蔵《こしおれじぞう》**のお堂がある。眼下に室生の里が広がっており、のどかな里道を

豆知識

日本最小の国宝五重塔

女人高野というにふさわしい小さく可憐な五重塔。高さ16m余りで国宝・重文指定の屋外の五重塔としては最も小さく、法隆寺塔に次いで2番目に古い。1998年の台風7号の強風により被害を受けたが、元の姿を取り戻した。それまで正確な年代が不明だったが、修復調査でこれまでの定説とされていた800年頃の建立と立証された。

▲「女人高野」の名にふさわしく美しい室生寺の五重塔

問い合わせ先

宇陀市観光課☎0745-82-2457
奈良交通お客様サービスセンター☎0742-20-3100

▲室生寺の手前には朱塗りの太鼓橋

▲東海自然歩道で門森峠を越えて大野寺へ

▲新緑や紅葉に映える大野寺磨崖仏

▼シャクナゲの咲く5月の連休ごろの室生寺は特に美しい

歩いて室生寺を目指す。室生川に架かる朱塗りの太鼓橋を渡ると❺**室生寺**《むろうじ》である。

寺を巡った後は橋を渡り返して門森峠へ向かう。この道は東海自然歩道で石畳の道が❻**門森峠**《かどのもりとうげ》へ続いている。峠から杉林の中を下りてくると車道と合流する。宇陀川の大岩壁に彫られた弥勒磨崖仏が見えると、室生寺の西の大門といわれた❼**大野寺**《おおのでら》である。大野寺は桜の名所としても知られ、春には樹齢３００年といわれるしだれ桜が咲き乱れる。大野寺から５分ほど歩けば❽**近鉄室生口大野駅**《きんてつむろうぐちおおのえき》に到着する。

立ち寄りスポット

気楽に食事できる室生寺門前旅館

橋本屋

室生寺門前の旅館は食事だけでも気軽に利用できるのが特徴。写真家の土門拳も逗留した老舗旅館橋本屋では、室生ならではの山菜料理がいただける（2200円〜）。なかでもとろろ汁がおいしいと評判。向かいの姉妹店ではそばや丼物などを提供している。

☎0745-93-2056、10〜16時、不定休

▲空海が室生寺を再興する際に、大野寺を西の大門と定めた

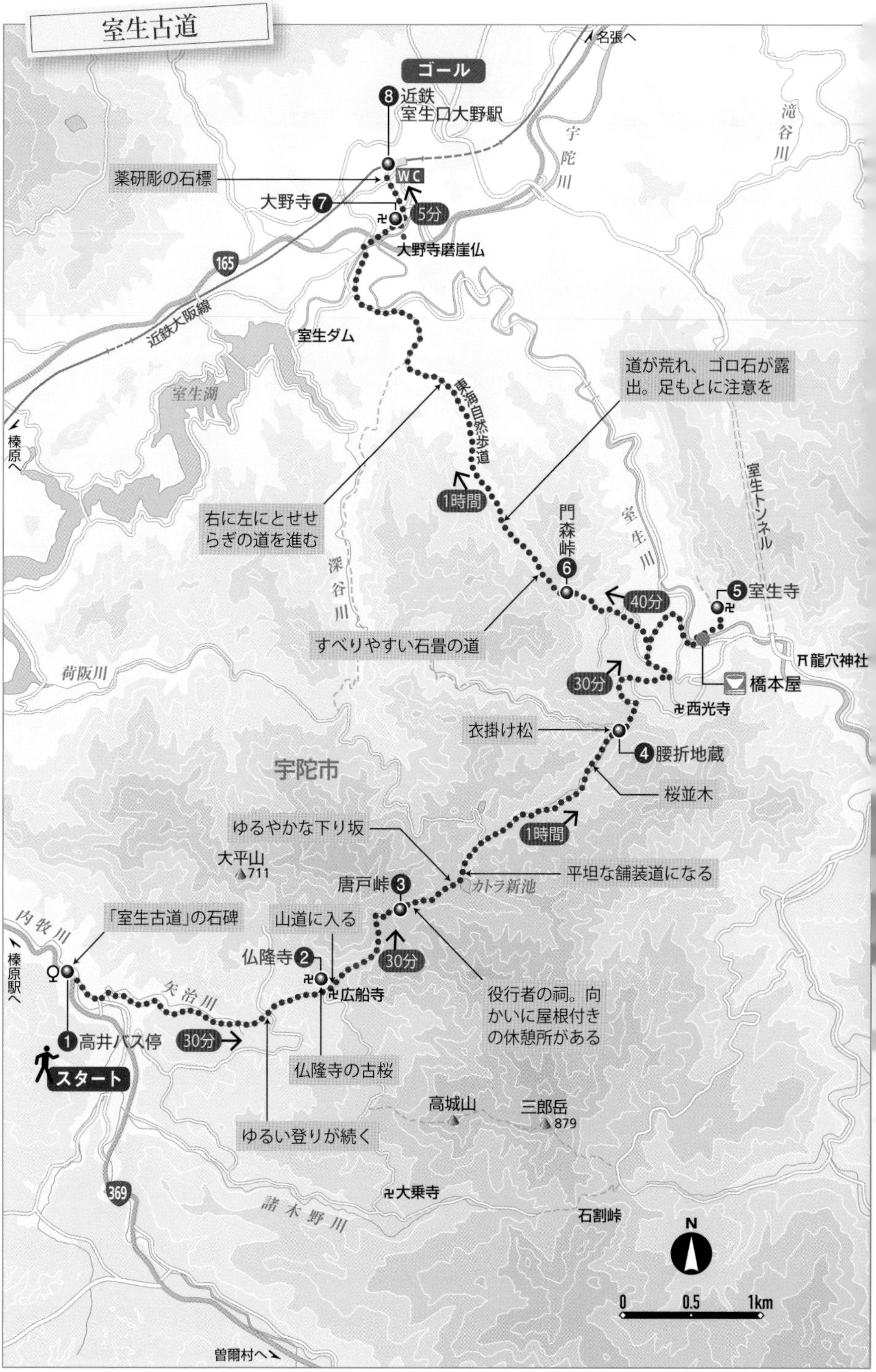
室生古道
名張へ
ゴール
8 近鉄
室生口大野駅
宇陀川
滝谷川
薬研彫の石標
WC
大野寺 7
5分
大野寺磨崖仏
165
近鉄大阪線
室生ダム
室生湖
榛原へ
東海自然歩道
道が荒れ、ゴロ石が露出。足もとに注意を
室生トンネル
1時間
右に左にとせせらぎの道を進む
門森峠 6
室生川
5 室生寺
40分
深谷川
すべりやすい石畳の道
龍穴神社
橋本屋
30分
西光寺
荷阪川
衣掛け松
4 腰折地蔵
宇陀市
桜並木
ゆるやかな下り坂
1時間
大平山
711
平坦な舗装道になる
カトラ新池
唐戸峠 3
「室生古道」の石碑
内牧川
山道に入る
仏隆寺 2
30分
広船寺
榛原駅へ
矢治川
役行者の祠。向かいに屋根付きの休憩所がある
1 高井バス停
30分
スタート
仏隆寺の古桜
高城山
三郎岳
879
ゆるい登りが続く
369
大乗寺
諸木野川
石割峠
N
0
0.5
1km
曽爾村へ

walking course 39

奈良県

葛《かつら》城《ぎ》古《こ》道《どう》

葛城山と金剛山の山裾を伝って古代の豪族が行き交った道を行く

▲上：綏靖天皇葛城高丘宮跡付近の棚田
▲下：九品寺へは懐かしい畦道を通って

▲スタート地点にたたずむ六地蔵

▲田んぼへの水の配分を示す番水の時計

❶ 猿目橋バス停
徒歩15分
❷ 九品寺
徒歩15分
❸ 葛城一言主神社
徒歩25分
❹ 極楽寺
徒歩1時間
❺ 高天彦神社
徒歩35分
❻ 高鴨神社
徒歩30分
❼ 船宿寺
徒歩10分
❽ 船路バス停

歩行時間
約3時間10分

歩行距離
約12km

歩数
約2万5000歩

ACCESS

電車 行き：近鉄御所駅から奈良交通バス葛城ロープウェイ前行きで13分、猿目橋下車(210円)
帰り：船路バス停から近鉄高田駅行きまたは大和八木駅行きで13分、近鉄御所駅下車(400円)

車 南阪奈道路葛城ICから県道30・213号線を経由し約6kmで猿目橋

▲極楽寺の門越しに奈良盆地を望む

▼葛城古道は名柄の集落を抜ける

▲極楽寺から高天寺橋本院への道

▼千体石仏で知られる九品寺

▲九品寺の境内は眺めがよい

金剛・葛城・二上の山麓は、古代に鴨氏、葛城氏が栄えたところであるといわれている。一帯には小社が点在して、神話や伝説なども語り伝えられてきた。

❶猿目橋《さるめばし》バス停《てい》近くの六地蔵から農道を南へ。九品寺へは田の中ののどかな道を行く。しばらく歩くと田の水の分配に使う「番水の時計」と呼ばれる時計塔がある。❷九品寺《くほんじ》は奈良時代に行基が開山して空海が再興。現在は浄土宗の寺院である。山門前からの展望がよい。本堂の裏に並ぶ赤い前掛けをした千体石仏がよく知られている。界隈は彼岸花が美しいところだ。楢原休憩所のすぐ先に綏靖天皇《すいぜいてんのう》葛城高丘宮跡《かつらぎたかおかのみやあと》の石碑が立っている。田んぼの畦道を道標を頼りに行くと❸葛城《かつらぎ》一言主神社《ひとことぬしじんじゃ》である。一言だけ願えば叶うといい、参拝者が多い。境内には乳の出がよくなる大銀杏や土蜘蛛塚がある。

神社から東へ向かい、県道をくぐって森脇集落の丁字路を右へ行く。江戸時代の名残がある町並みを歩き、国道を渡ると名柄《ながら》の集落。高木神社、住吉神社をす

豆知識

一言主神《ひとことぬしのかみ》は柏手の起源

雄略天皇が葛城山に登ったとき、供の者と全く同じ格好の一行が向かいの尾根にいた。「大和の大君は私だけなのに、同じ行列は誰か」と問うと「凶事も一言、吉事も一言で告げる言離の神、葛城一言主神」と応えた。天皇は畏れて供人の衣を脱がせて献上。神は手を打ち鳴らして受け取ったと古事記にあり、これが柏手の始まりという。

▶『古事記』にも登場する一言主神を祀る葛城一言主神社。愛称は「いちごんさん」

問い合わせ先

御所市観光協会☎0745-62-3346
奈良交通お客様サービスセンター☎0742-20-3100

葛城山と金剛山の麓を縫うように続いてきた古道は風の森に達する

▼天孫降臨の神話が残る高天彦神社

▼鴨族の氏神である高鴨神社

ぎて県道を渡る。急坂を登って竹やぶを抜けると鐘楼が山門という❹**極楽寺**《ごくらくじ》に着く。ここから県道へ戻り、少し南にある高天寺橋本院への道標に従って山道を登っていく。心細い道だが心配になったころ視界が開けて高天寺橋本院の境内に入る。高天寺橋本院からは隠れ里のような高天《たかま》地区を歩き、集落を抜けると杉林の中の参道の奥に❺**高天彦神社**《たかまひこじんじゃ》がある。神社から急な坂を下り舗装路に合流、舗装路を歩いて古代鴨族の本拠地❻**高鴨神社**《たかがもじんじゃ》へ。隣には葛城の道歴史文化館がある。風の森神社から風の森バス停へ向かい、国道24号線を渡り細い道を通って❼**船宿**《せんしゅく》**寺**《じ》へ。ここはいつも花が咲いている花の寺だ。その後は❽**船路**《ふなじ》**バス停**《てい》へ向かう。

立ち寄りスポット

古道歩きの休憩にもぴったり

葛城の道歴史文化館

高鴨神社の隣にある木造2階建て瓦葺きの資料館。葛城古道を歩く人たちの情報拠点かつ地域の環境保全の活動拠点として、歴史や自然、見どころなどを紹介している。葛城周辺の遺跡から発掘された出土品なども展示している。散策途中の休憩場所として立ち寄る人も多い。

☎0745-66-1159、10〜16時、月曜休、無料

四季折々に花が咲き乱れる古刹

船宿寺

寺名は奈良時代の神亀年間に船形の岩の上に行基が庵を結び、薬師如来を祀ったことからと伝わる。ツツジの名所として知られ、4月下旬から5月上旬にかけて、山門を入ると大小に刈り込まれたツツジで境内が埋め尽くされている。またシャクナゲやオオデマリも圧巻だ。

☎0745-66-0036、8〜17時、無料(4〜6月は拝観400円)

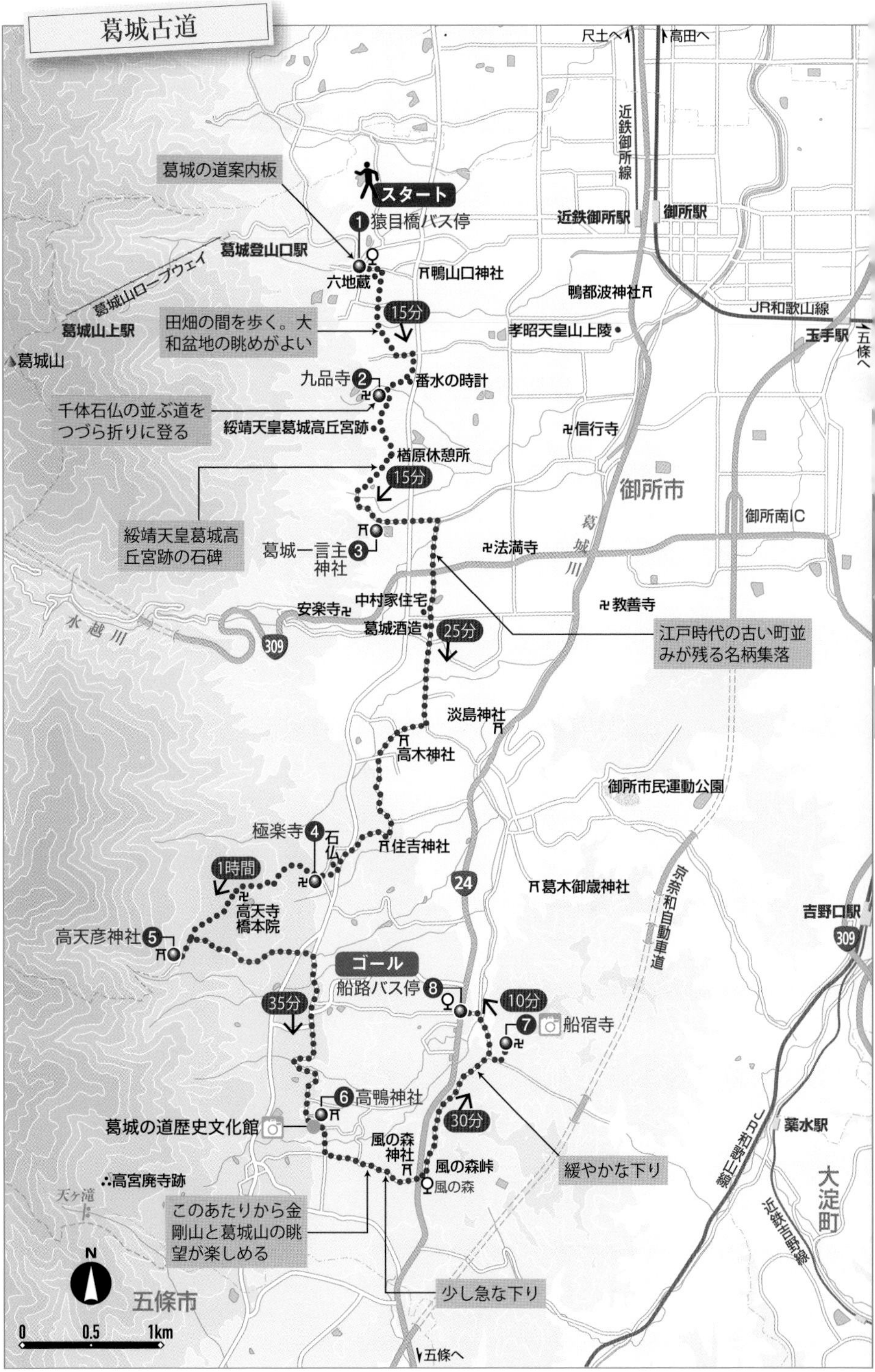
葛城古道
尺土へ
高田へ
近鉄御所線
近鉄御所駅
御所駅
五條へ
スタート
葛城の道案内板
1 猿目橋バス停
葛城登山口駅
六地蔵
鴨山口神社
鴨都波神社
JR和歌山線
葛城山ロープウェイ
葛城山上駅
葛城山
15分
田畑の間を歩く。大和盆地の眺めがよい
孝昭天皇山上陵
玉手駅
五條へ
九品寺 2
番水の時計
千体石仏の並ぶ道をつづら折りに登る
綏靖天皇葛城高丘宮跡
信行寺
楢原休憩所
15分
御所市
綏靖天皇葛城高丘宮跡の石碑
葛城一言主神社 3
葛城川
御所南IC
法満寺
教善寺
中村家住宅
安楽寺
葛城酒造
水越川
309
25分
江戸時代の古い町並みが残る名柄集落
淡島神社
高木神社
御所市民運動公園
極楽寺 4
石仏
住吉神社
1時間
24
葛木御歳神社
京奈和自動車道
高天寺橋本院
高天彦神社 5
吉野口駅
309
ゴール
船路バス停 8
10分
7 船宿寺
35分
6 高鴨神社
葛城の道歴史文化館
30分
緩やかな下り
JR和歌山線
薬水駅
風の森神社
風の森峠
風の森
高宮廃寺跡
天ヶ滝
このあたりから金剛山と葛城山の眺望が楽しめる
大淀町
近鉄吉野線
N
五條市
少し急な下り
0
0.5
1km
五條へ

walking course

40

奈良県・大阪府

竹内街道《たけのうちかいどう》

當麻寺から竹内峠を越えて太子へ 二上山麓で日本最古の国道を行く

▲ボタンの花が美しい當麻寺西南院

▲古民家を利用した綿弓塚の休憩所

▲長尾神社の絵馬堂

日本最古の官道として大和と難波を結ぶ重要な道路であった竹内街道。今も道の大部分が推古天皇の時代と重なる。

❶**近鉄当麻寺駅**《きんてつたいまでらえき》から西の山塊の方へ歩く。葛城市相撲館（けはや座）の前を通り❷**當麻寺**《たいまでら》への参道から仁王門（東大門）をくぐると、左手に別格本山の中之坊。書院で抹茶をいただくこともできる。

❶ 近鉄当麻寺駅
徒歩15分
❷ 當麻寺
徒歩25分
❸ 長尾神社
徒歩15分
❹ 綿弓塚
徒歩25分
❺ 竹内峠
徒歩15分
❻ 万葉の森
徒歩15分
❼ 竹内街道歴史資料館
徒歩20分
❽ 太子町役場バス停

ACCESS

電車 **行き**：近鉄南大阪線当麻寺駅から
帰り：太子町役場バス停から金剛バス上ノ太子駅前行きで7分、終点下車（180円）

車 南阪奈道路葛城ICから県道30・160号線を経由し約3kmで近鉄当麻寺駅

歩行時間
約2時間10分

歩行距離
約11km

歩数
約2万3000歩

▼集落には土蔵造りの民家も

▲竹内峠から當麻方面を見る

▲瓦屋根の民家が美しい竹内の集落

當麻寺からは南下して葛城市役所當麻庁舎の東にある❸長尾神社《ながおじんじゃ》へ行く。ここが竹内街道と長尾街道、葛城古道の分岐点だ。神社前からなだらかな坂を西へ向かって行くと、ほどなく竹内集落になる。道の両側には漆喰や黒壁、格子戸と卯建の上がった重厚な家並みが続き、軒先には生活用水に使われていたらしい用水路がある。県道30号線の先には、芭蕉の『野ざらし紀行』にも書かれた❹綿弓塚《わたゆみづか》がある。ここには古民家を利用した休憩所があり、この地で少年期を過ごした司馬遼太郎氏の色紙なども掛けてある。

街道は集落のはずれで一旦は国道166号線に合流して、灌漑用の池畔から再び旧道が左の方へ延びている。しばらくは国道と平行して杉木立の中を行くが、❺竹内峠《たけのうちとうげ》の手前で再び国道と合流する。国道沿いにも地蔵や石仏が見られるが、交通量が多い上に一部車道を歩くので注意が必要だ。しばらく車道を下ると右手の方に二上山の中腹に整備された❻万葉《まんよう》の森《もり》が見えてくる。鹿谷寺跡や岩屋など

豆知識

當麻寺の中将姫伝説

當麻寺の本尊、當麻曼荼羅（国宝）を一夜で織り上げたという中将姫の伝説がよく知られている。中将姫は、藤原鎌足の子孫である藤原豊成の娘で、美しく信仰深い姫であった。當麻寺で出家して極楽往生を願い、五色の蓮の糸を用いて、阿弥陀仏を中央に聖衆や鳥たちまでもが調和する世界を織物に描いた。後に世阿弥や近松らによって脚色され、謡曲や浄瑠璃、歌舞伎になった。

▶當麻寺の前に立つ中将姫の像。毎年4月14日に練供養が行われる

問い合わせ先

葛城市商工観光課☎0745-44-5111
太子町観光産業課☎0721-98-0300
金剛バス☎0721-23-2286

▼街道情緒を残す太子町の家並み

▼美しい双耳峰の二上山を右手に見ながら進む

の史跡と万葉集で詠われた花々が点在し、初心者向けの登山コースとして人気の公園だ。車に注意して反対車線に渡り、園内に入ると鹿谷寺《ろくたんじ》跡《あと》などがある。

道の駅近つ飛鳥の里・太子からは国道を離れて右へ続く旧街道を歩くことができる。集落に入ってすぐに❼**竹内《たけのうち》街道《かいどう》歴《れき》史《し》資《し》料館《りょうかん》**があり、このあたりも街道風情が感じられる町並みだ。余裕があれば太子温泉に寄り、❽**太子《たいし》町役場《ちょうやくば》バス停《てい》**から帰途につく。

▲万葉の森に設置された休憩所

立ち寄りスポット

竹内街道や太子町の歴史を学ぶ

竹内街道歴史資料館

竹内街道の歴史を展示とパネルで解説。「石の道」「最古の官道・大道」「太子信仰の道」「庶民の道」の４つのテーマに沿って案内している。また、太子町の歴史や民俗などに関する資料も展示。竹内街道についての刊行物も販売している。

☎0721-98-3266、9時30分～17時、月曜休(祝日の場合は開館)、200円

万葉のふるさとに湧く温泉

太子温泉

二上山の山麓にたたずむ静かないで湯。湯量が豊富で循環なしの100%源泉湯だ。山の緑に囲まれた檜の浴槽の露天風呂と、岩風呂の大浴場がある。会席料理や鍋料理のほか、簡単な食事ができるレストランもあり、ハイキングや史跡巡りの人たちに人気がある。途中の風鼻橋から徒歩約20分。

☎0721-98-4126、10時～21時30分、第３水曜休、930円～

walking course

41

奈良県

飛鳥路《あすかじ》

古代史が息づく伸びやかな里で伝説や謎が潜む石造物を訪ねる

▲飛鳥では行く先々で不思議な石造物に出合う。鬼の雪隠もその一つ

飛鳥の時代は推古天皇が豊浦宮で即位した崇峻5年（592）から、藤原京へ移るまでの100年あまりであったといわれている。この古代日本の政治と文化の中心地を歩いてみよう。一帯はほぼ平坦で道が整っていて歩きやすい。

❶**近鉄飛鳥駅**《きんてつあすかえき》前にある飛鳥びとの館（飛鳥総合案内所）でルートを確認。国道169号線を越えて川沿いに南東へ歩くと15分ほどで❷**高松塚壁画館**《たかまつづかへきがかん》に着く。高松塚古墳の石室の復元模型や見事な壁画の模写がある。東側にその高松塚古墳がある。少し戻り欽明天皇陵へ向かう。左にあるこんもりした林は吉備姫王墓《きびひめのみこのはか》。中に4体の❸**猿石**《さるいし》が並んでいる。ここから飛鳥周遊歩道を東へ向かう。鬼の雪《せっ》

❶ 近鉄飛鳥駅
徒歩15分
❷ 高松塚壁画館
徒歩15分
❸ 猿石
徒歩20分
❹ 亀石
徒歩25分
❺ 石舞台古墳
徒歩20分
❻ 酒船石
徒歩10分
❼ 飛鳥寺
徒歩45分
❽ 甘樫丘
徒歩40分
❾ 近鉄橿原神宮前駅

ACCESS

電車 **行き**:近鉄吉野線飛鳥駅から
帰り:近鉄橿原線橿原神宮前駅から

車 南阪奈道路新庄ICから大和高田バイパス(国道165号線)・国道24号線を経由し約11kmで近鉄飛鳥駅

歩行時間
約**3**時間**10**分

歩行距離
約**12**km

歩数
約**2**万**4000**歩

▲橘寺の周りにはのどかな田園が広がり四季折々に美しい

▲吉備姫王墓の敷地内にある猿石

▲ユーモラスな亀石

隠、鬼の俎をすぎてしばらく行くと、うずくまったカエルのようにも見える❹**亀《かめ》石《いし》**が現れる。その先には聖徳太子の誕生地といわれる橘寺。境内には善悪二つの顔を表した二面石がある。飛鳥川に沿って行き、玉藻橋を渡ると❺**石《いし》舞《ぶ》台《たい》古墳《こふん》**である。周辺は国営飛鳥歴史公園になっている。

明日香村のメインストリートを北へ向かう。趣のある古い家並みや、犬養万葉記念館などがあり、東へ坂道を登ると西国三十三所霊場7番札所の岡寺だが、そちらへは行かず、なお北へ向かうと真神《まかみ》原《のはら》。古代飛鳥の中心地で、飛鳥宮跡が広

▲全長約19mの巨大な石室の石舞台古墳

豆知識

飛鳥びとの館は情報の宝庫

飛鳥駅前にある飛鳥総合案内所。大型モニターによる飛鳥の紹介や明日香村の工芸作家の作品が展示され、イベント情報なども手に入る。また資料・物販コーナーでは、観光案内をセットにした飛鳥王国パスポートやマップ、飛鳥の資料、飛鳥ならではのみやげ物もたくさんあり、明日香や飛鳥時代に関する書籍も多数揃えられている。

▶飛鳥びとの館には飛鳥の資料が多く揃っている。歩き出す前に寄ってみよう

問い合わせ先

明日香村役場☎0744-54-2001
飛鳥観光協会☎0744-54-3240

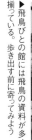

▼いまだ謎が謎を呼ぶ酒船石

▼蘇我入鹿暗殺の地とされる飛鳥宮跡

▲2000年に発見された亀形石造物

▼日本最古の如来像である飛鳥寺の飛鳥大仏

がっていて、飛鳥らしい伸びやかな場所だ。明日香民俗資料館や万葉文化館の手前で横道に少し逸れると、平成に入って発見された亀形石造物が公開されている。さらに奥の竹林に歩みを進めると❻**酒船石**《さかふねいし》が横たわる。わが国最古の寺院といわれる❼**飛鳥寺**《あすかでら》を訪れて奈良文化財研究所飛鳥資料館へ足を延ばし、西へ30分ほど歩いて❽**甘樫丘**《あまかしのおか》へ上る。ここから古代の中心地が一望できる。丘を降りて豊浦寺跡から❾**近鉄橿原神宮前駅**《きんてつかしはらじんぐうまええき》へ向かう。

▲甘樫丘からは飛鳥の里が見渡せる。正面は耳成山

立ち寄りスポット

古代米や地元の野菜を使った料理

夢市茶屋

古代米や地元の旬の食材を使った農村レストランで、石舞台古墳西隣のみやげ処「明日香の夢市」の2階にある。春～秋は地元野菜を使ったおかずや豆乳と吉野葛で作る呉豆腐などが味わえる古代米御膳、冬は名物の飛鳥鍋御膳が人気。各1250円。古代米カレーセット900円も評判だ。

☎0744-54-9450、11～16時(土・日曜、祝日～17時)、無休

『万葉集』の世界から古代文化を体験

万葉文化館

わが国最古の歌集『万葉集』を中心とした日本の古代文化を楽しみながら学べるミュージアム。映像や音楽、フィギュアを使って万葉の世界を体感するさまざまな展示が行われている。展覧会や講座も開催。ショップやカフェレストランもある。

☎0744-54-1850、10時～17時30分、月曜休(祝日の場合は翌日)、無料(展覧会は有料。料金は内容により変動)

walking course 42

奈良県

吉野《よしの》・宮滝《みやたき》

数々の歴史に彩られた美しき山河 桜の吉野から宮滝万葉の道へ

▲蔵王堂へと延びる稜線を桜が覆い尽くす

日本を代表する桜の名所、吉野山。修験道の霊場として、さらに南朝哀史の舞台として知られてきた。美しい自然環境、貴重な遺跡や建造物など見るべきものが多く、近年は世界遺産にも登録された。

吉野駅の改札口を出て、千本口駅からロープウェイに乗り❶**近鉄吉野山駅**《きんてつよしのやまえき》から歩き始める。参道を歩き始めると、すぐに黒門と呼ばれる金峯山寺の総門が見えてくる。公卿や大名でもここで籠や馬を降りたという。黒門の先には銅鳥居があり、このあたりから参道にはみやげ物店や旅館が立ち並ぶ。道の突き当たりに国宝の仁王門が現れると修験道根本道場の❷**金峯山寺**《きんぶせんじ》である。本堂の蔵王堂は、木造建築では東大寺大仏殿に次ぐ大きさ

❶ 近鉄吉野山駅
徒歩10分
❷ 金峯山寺
徒歩5分
❸ 吉水神社
徒歩20分
❹ 如意輪寺
徒歩30分
❺ 稚児松地蔵堂
徒歩30分
❻ 象の小川
徒歩30分
❼ 桜木神社
徒歩15分
❽ 宮滝バス停

歩行時間
約2時間20分

歩行距離
約8km

歩数
約1万8000歩

ACCESS

電車 **行き**：近鉄吉野線吉野駅から徒歩すぐの千本口駅で吉野山ロープウェイに乗り換えて3分、近鉄吉野山駅下車(450円)

帰り：宮滝バス停から奈良交通バスR169ゆうゆうバス福神駅行きで15分、大和上市駅下車(400円、平日は9時15分発のみ運行)。近鉄吉野線大和上市駅から

車 南阪奈道路新庄ICから大和高田バイパス(国道166号線)、国道24・309号線、県道15号線を経由し約26kmで吉野山駐車場(観桜期は交通規制あり)

▲世界遺産に指定されている金峯山寺（蔵王堂）の春

▼後醍醐天皇の勅願寺である如意輪寺

▼稚児松地蔵堂から宮滝万葉の道へ

で、国宝に指定されている。境内から門前町へ向かうとほどなく❸**吉水神社**《よしみずじんじゃ》だ。細いつづら折りの道を下ると吉野温泉元湯の敷地の横に出る。道標に従って急坂を上ると後醍醐天皇の勅願寺❹**如意輪寺**《にょいりんじ》の境内になる。裏の山門から車道に出ると「右、宮滝・水分神社」の石柱があり、石畳の道を行く。

展望のよい山道からは尾根の向こうに蔵王堂が見える。ここから❺**稚児松地蔵**《ちごまつじぞう》**堂**《どう》までは登りが続く。吉野・宮滝万葉の道を下っていくと喜佐谷《きさだに》と御園《みその》の分岐点

▲宮滝万葉の道の後半はのどかな里歩きとなる

豆知識

吉野名物の柿の葉寿司

吉野山といえば桜と柿の葉寿司。江戸時代、紀州の漁師が海から遠い吉野でも鯖を売ろうと塩漬けにし行商した。吉野の人々がその鯖を薄く切り飯と合わせたのが起源だという。その後、酢飯を用いるようになった。柿の葉寿司の防腐作用による保存性の高さと独特の風味から人々に親しまれ、祭事や慶事に欠かせないごちそうとされた。

▶柿の葉寿司は吉野山のいたるところにある。旅のみやげにも昼の弁当にもいける

問い合わせ先

吉野町まちづくり振興課観光交流室☎0746-32-3081
吉野山ロープウェイ☎0746-39-0010
奈良交通お客様サービスセンター☎0742-20-3100

▼ところどころに万葉歌碑が立っている

▼桜木神社にある屋形橋は情緒たっぷり

があり、ここは喜佐谷の方へ向かう。杉木立の中を下ると❻**象《きさ》の小川《おがわ》**の案内板と地蔵堂や落差10mほどの高滝に出合う。

山道はここまでで舗装路になり喜佐谷の集落へ入っていく。2本の杉の巨木の下に珍しい屋根付きの木橋があり、橋を渡ると❼**桜《さくら》木《ぎ》神《じん》社《じゃ》**である。境内には万葉歌人、山部赤人の歌碑が立っている。喜佐谷川に沿って下ると道は吉野川に合流。このあたりが宮滝になる。橋を渡り国道169号線に出ると❽**宮滝《みやたき》バス停《てい》**がある。

▲吉野川の本流が流れる宮滝の景色もすばらしい

立ち寄りスポット

島崎藤村も逗留した吉野の秘湯

吉野温泉元湯

300年の歴史の中で「内証風呂」と呼ばれ、いまだに秘湯の面影を残す山間の静かな一軒宿。茶褐色の温泉は小さな浴槽1つだけで、日帰り入浴は予約が必要。若き日の島崎藤村が逗留したことでも知られ、部屋や調度品が当時のまま残されている。よく手入れされた庭も風情がある。

☎0746-32-3061、11～15時(要予約)、800円

リピーターが多い絶品の草餅

萬松堂

創業100年を越える萬松堂は金峯山寺の門前にある。吉野に行けば必ず買って帰るというファンも多い名物の草餅は、ヨモギが多めで味も香りも濃厚。桜餅や花見団子も人気。各140円で10個入りは1300円。小ぶりで甘さ控えめ、口に運ぶ手がなかなか止まらない。

☎0746-32-2834、8時30分～17時、火曜不定休

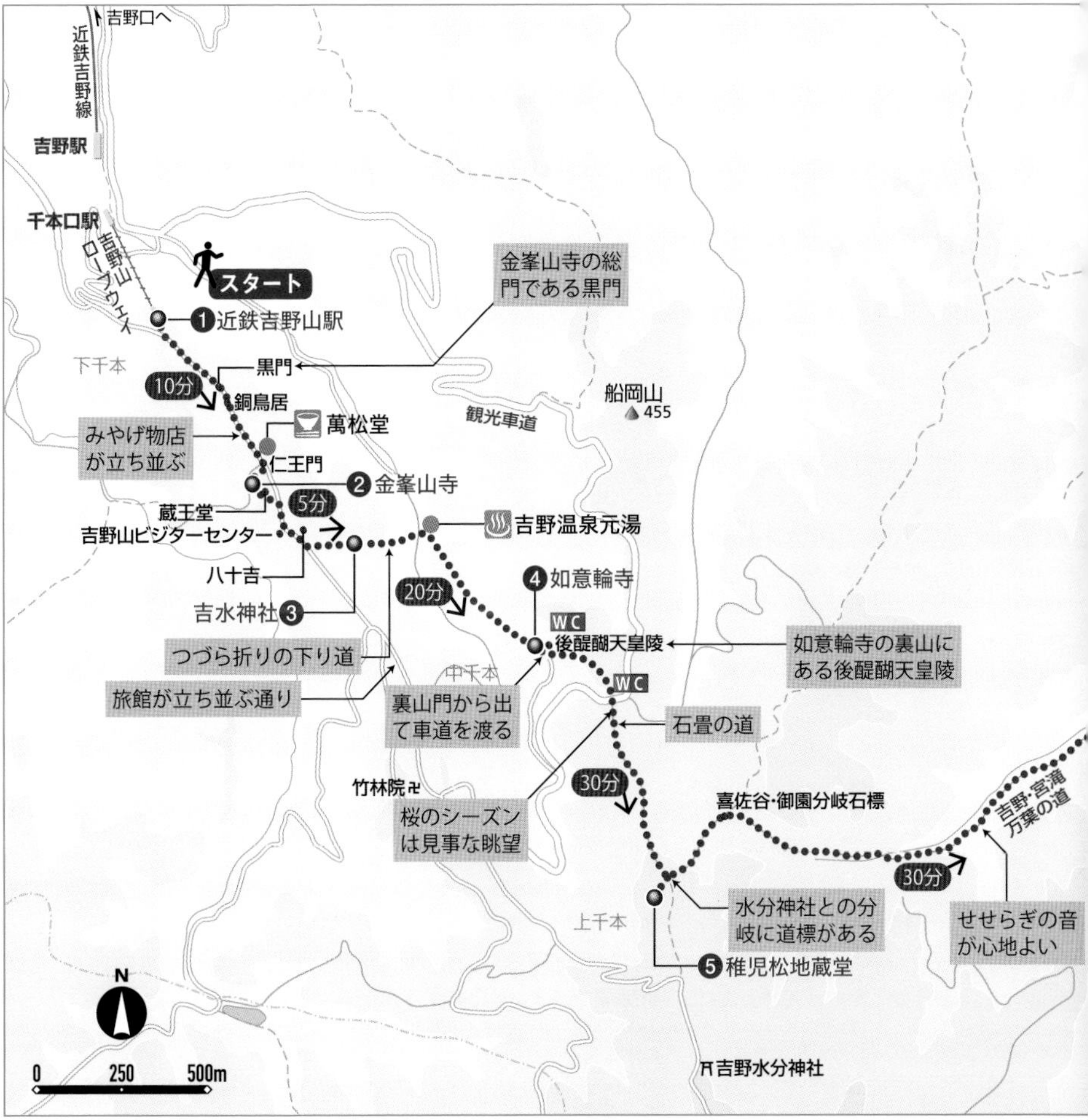

walking course 43

奈良県

みたらい渓谷《けいこく》

奇岩と渓流が造り上げた渓谷美 新緑や紅葉など四季折々に美しい

▲色彩豊かな紅葉の間を滑り落ちる清流

1 天川川合バス停
徒歩30分
2 みたらい渓谷入口
徒歩5分
3 みたらい滝
徒歩15分
4 光の滝
徒歩20分
5 観音峰登山口バス停
徒歩50分
6 洞川温泉バス停

歩行時間
約2時間

歩行距離
約7.4km

歩数
約1万6000歩

ACCESS

電車 **行き**：近鉄下市口駅から奈良交通バス洞川温泉行きまたは中庵住行きで54分、天川川合下車（1130円）
帰り：洞川温泉バス停から奈良交通バス大淀バスセンター行きで1時間10分、下市口駅下車（1300円）

車 南阪奈道路葛城ICから県道30号線・国道309号線を経由して約45kmでみたらい渓谷

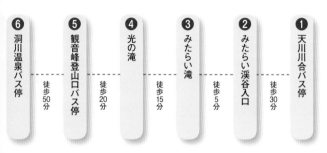

▼奇岩が連続して見応え十分

▼遊歩道の入口にあるみたらい橋

▲谷川に下りて渓谷を楽しむこともできる

▲渓流と紅葉のコントラスト

▲遊歩道はよく整備されている

山上川が川迫川に合流するあたりにみたらい渓谷がある。渓谷はそれほど長くないが、切り立った両岸がなかなか厳しい様相を見せる。新緑の季節はもちろん美しいが、ここがよく知られているのは紅葉のすばらしさだ。その分、秋には人が多いことは覚悟しなければならない。

❶**天川川合《てんかわかわい》バス停《てい》**でバスを降りると、そばに天川村総合案内所とトイレがある。地図などをもらって出発する。三叉路にみたらい渓谷への道標があるので、これに従って吊り橋を渡る。この吊り橋からの川の眺めもすでにすばらしい。30分ほど歩くと❷**みたらい渓谷入口《けいこくいりぐち》**に着く。鉄の階段があり、上がると右側に滑滝が見えている。長い吊り橋を行くと、左に❸**みたらい滝《たき》**が姿を見せている。紅葉のころの美しさは想像に難くないが、案内地図にもここで立ち止まらないよう注意書きがある。吊り橋には人数制限があり、無理のない話だ。吊り橋を渡り終えて滝頭の岩に立つと、谷の奥の新緑や紅葉が美しい。鉄の階段と急坂を登って

豆知識

大峯修験者を癒す洞川温泉

修験道の聖地大峯山。現在も「講」という形をとってグループが入峰修行に訪れる。洞川温泉はその登山口にあたり、講の人たちが宿泊し、ひと休みするところであった。町を歩けば宿のたたずまいや看板に書かれた屋号にも、行者宿としての長い歴史が感じられる。よく目につく民間薬「だらにすけ」の看板も、洞川を象徴する風景の一つだ。

▶洞川温泉では今もこうした大峯修験の行者の光景を見かける

問い合わせ先

大峯山洞川温泉観光協会☎0747-64-0333
奈良交通お客様サービスセンター☎0742-20-3100

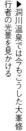

▼修験の根本道場である大峯山龍泉寺

▼山間に湧く洞川温泉は修験道の歴史とともに歩んできた

先へ進む。右に龍神の祠があり、左側に壁が間近に迫る崖の縁へ出ると、❹**光《ひかり》の滝《たき》**が轟音を上げて落ちている。風向きによっては水煙も運ばれてくる。追い詰められた南朝の長慶天皇《ちょうけいてんのう》がここで入水して、みたらい滝で引き上げられたという話が残っている。今は通行止めになっているが、流れに沿って10分ほど行ったところに、この渓谷の名前の由来、御手洗淵がある。大塔宮護良親王《おおとうのみやもりよししんのう》がここで手を洗ったという淵だ。再び長い階段と鉄の桟橋を登って行くと渓谷の核心部は終わり、❺**観音《かんのん》峰登山口《みねとざんぐち》バス停《てい》**がある。少し車道を歩いて右へ山道に入り、緩やかになった川の流れを遡って林の中を50分ほど行けば❻**洞川温泉《どろがわおんせん》バス停《てい》**だ。

▲山上川沿いに旅館や薬屋が立ち並ぶ

立ち寄りスポット

大峯山の行者を癒した温泉

洞川温泉センター

洞川温泉の泉質は低張性弱アルカリ性の低温泉で、肌がすべすべするタイプの湯だ。高野槙と檜を使ったどっしりとした湯船の内湯と、露天風呂がある。古くから大峯山の行者の疲れを癒した湯に浸かって、ウォーキングの疲れも癒したい。

☎0747-64-0800、11～20時、水曜休(祝日の場合は翌日)、700円

特別天然記念物に指定された自然美

面不動鍾乳洞

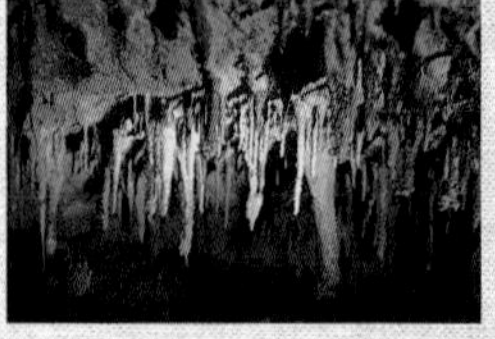

洞川には面不動鍾乳洞と五代松鍾乳洞の２つの鍾乳洞がある。面不動鍾乳洞は延長約280mあり、洞内の気温は年間通して８度を保っている。洞窟の前からは町が一望でき、自然研究路を歩いて登れるが、モノレール（有料）も利用できる。

☎0747-64-0352、９～18時(季節により変動)、無休、450円

みたらい渓谷

48
洞川キャンプ場
小泉川
エコミュージアムセンター
洞川中
カリガネ橋
村立資料館
山上ヶ岳歴史博物館
大峯山龍泉寺
面不動鍾乳洞
洞川温泉郷には旅館が立ち並び、泊まりがけの山行もおすすめ
稲村ヶ岳登山口
五代松鍾乳洞へ
洞川温泉案内所
ゴール
洞川温泉バス停 6
洞川温泉センター
P WC
21
このあたりで山道を抜ける
大峯山公園線
三ツ塚
50分
観音峰橋
みたらい遊歩道と書かれた門をくぐって右手の山道へ
観音峰
1348
奈良県
天川村
みたらい渓谷道標
天川村総合案内所
WC
スタート
虻峠
1 天川川合バス停
5 観音峰登山口バス停
山上川
虻トンネル
観音峰登山口から観音峰山頂まで2時間30分
1285
天の川
吊り橋
天川村役場
休憩所
WC P
ススキの原
石碑が立つ
観音峰展望台
みたらい渓谷
30分
観音平
みたらい渓谷遊歩道入口
20分
白倉谷
光の滝 4 御手洗淵
309
龍神の祠
弁天渕橋
吊り橋
休憩所あり
15分
関電吊り橋
鉄の階段
3 みたらい滝
みたらい渓谷入口 2
P
5分
N
みたらい橋
P WC
吊り橋
トンネル
川迫川
0
250
500m

walking course 44

奈良県

曽《そ》爾《に》高《こう》原《げん》

金波銀波が揺れるススキの原 伸びやかな高原歩きが楽しめる

▲山焼きを終えて春は一面の緑が広がる

曽爾高原は、標高1037mの倶留尊山と標高849mの亀山の山肌に広がる高原。秋になるとお亀池という湿地をのぞいて一面ススキの原になる。倶留尊山山頂からは特徴的な山容の兜岳や鎧岳なども望め、人気のハイキングコースだ。一帯は室生赤目青山国定公園の中にある。

❶太良路《たろうじ》バス停《てい》でバスを降りると、西方には兜岳、鎧岳が見える。バス停から太良路橋を渡り、太良路公民館をすぎれば東海自然歩道の道標が曽爾高原まで導いてくれる。途中にある**❷曽爾高原《そにこうげん》ファームガーデン**にはトイレや観光案内所がある。道標に従って歩き**❸曽爾高原《そにこうげん》バス停《てい》**（秋期のみの運行なので三重交通バスへ問い合わせが必要）から車道を何度か

❶ 太良路バス停
徒歩30分
❷ 曽爾高原ファームガーデン
徒歩20分
❸ 曽爾高原バス停
徒歩15分
❹ お亀池
徒歩25分
❺ 亀山峠
徒歩50分
❻ 倶留尊山
徒歩1時間10分
❼ 国立曽爾青少年自然の家
徒歩40分
❽ 曽爾高原ファームガーデン
徒歩30分
❾ 太良路バス停

ACCESS

電車 **行き**：近鉄大阪線名張駅から三重交通バス山粕西行きで40分、太良路下車（770円）
帰り：太良路バス停から往路を戻る

車 名阪国道針ICから国道369号線、県道81号線を経由し約40kmで太良路

歩行時間
約4時間40分

歩行距離
約10.8km

歩数
約2万8000歩

▼ここから高原歩きがはじまる

▲黄金色のススキが揺れる秋の曽爾高原

▲亀山峠の尾根道を行く

横切りながら杉林を抜け、キャンプ場を通って❹**お亀池**《かめいけ》に到着する。池とはいっても土砂の堆積で湿原化しており、葦やマアザミ、サワヒヨドリなどの草木が自生している。そのため、遊歩道を歩いていると、ほとんどお亀池に気がつかないかもしれない。ここから木の階段で作られた道を上っていくと❺**亀山峠**《かめやまとうげ》だ。眺望はすばらしく、稜線には亀山、後古光山、古光山が連なり、なだらかなスロープを描く草原や倶留尊山の柱状節理の岩壁が好対照である。稜線を行くと二本ボソという名のピークだ。かつてホソという木が2本あったのでこの名がついたらしい。ここには管理小屋があり、入山料（500円）を支払う。❻**倶留尊山**《くろそやま》までは岩尾根の急坂を登り、山頂からは再び亀山峠へ向かって引き返す。途中からお亀池の方ではなく、右折して❼**国立曽爾青少年**《こくりつそにせいしょうねん》**自然の家**《しぜんのいえ》の方へ進んで行く。なだらかな斜面を下り、曽爾高原バス停を通過して❽**曽爾高原**《そにこうげん》**ファームガーデン**から❾**太良路**《たろうじ》**バス停**《てい》へ向かう。

豆知識

高原を見下ろす倶留尊山《くろそやま》

標高1037mの倶留尊山は、日本三百名山に数えられ、一帯は室生赤目青山国定公園に指定されている。山頂直下には火山岩による柱状節理の断崖が見られ、東側の屏風岩は、古くから倶留尊仏として信仰を集めている。山名もそれに由来するとか。倶留尊仏（拘留孫仏）とは、釈迦如来以前に現れた仏であり、「過去七仏」のひとりである。

▶二本ボソから見る紅葉の倶留尊山。東側は絶壁になっている

問い合わせ先

曽爾村観光協会☎0745-94-2106
三重交通伊賀営業所☎0595-66-3715

立ち寄りスポット

地ビールもうまい自然派キッチン

すすきの館

曽爾高原ファームガーデンにある自然派キッチン「すすきの館」では、ソーセージや軽食とともに曽爾高原ビール500円を味わえる。定番はアルト、ケルシュ、ピルスナーの3種類があり、飲み比べてみるのも楽しい。地元の新鮮な野菜を使用したランチも人気。

☎0745-96-2888、10～15時(冬期は短縮)、水曜休(祝日の場合は翌日)

雄大な眺望を楽しむ日帰り天然温泉

お亀の湯

曽爾高原の麓、関西人気ランキング1位に輝いた日帰り入浴施設で、お肌しっとりの美人の湯として好評。「石の浴室」の露天風呂は曽爾高原を望むパノラマ風呂、「木の浴室」からは兜岳、鎧岳が一望の露天風呂がある。疲れた足を癒す足湯も。

☎0745-98-2615、11～21時(12～3月は～20時30分)、水曜休(祝日の場合は翌日)、750円

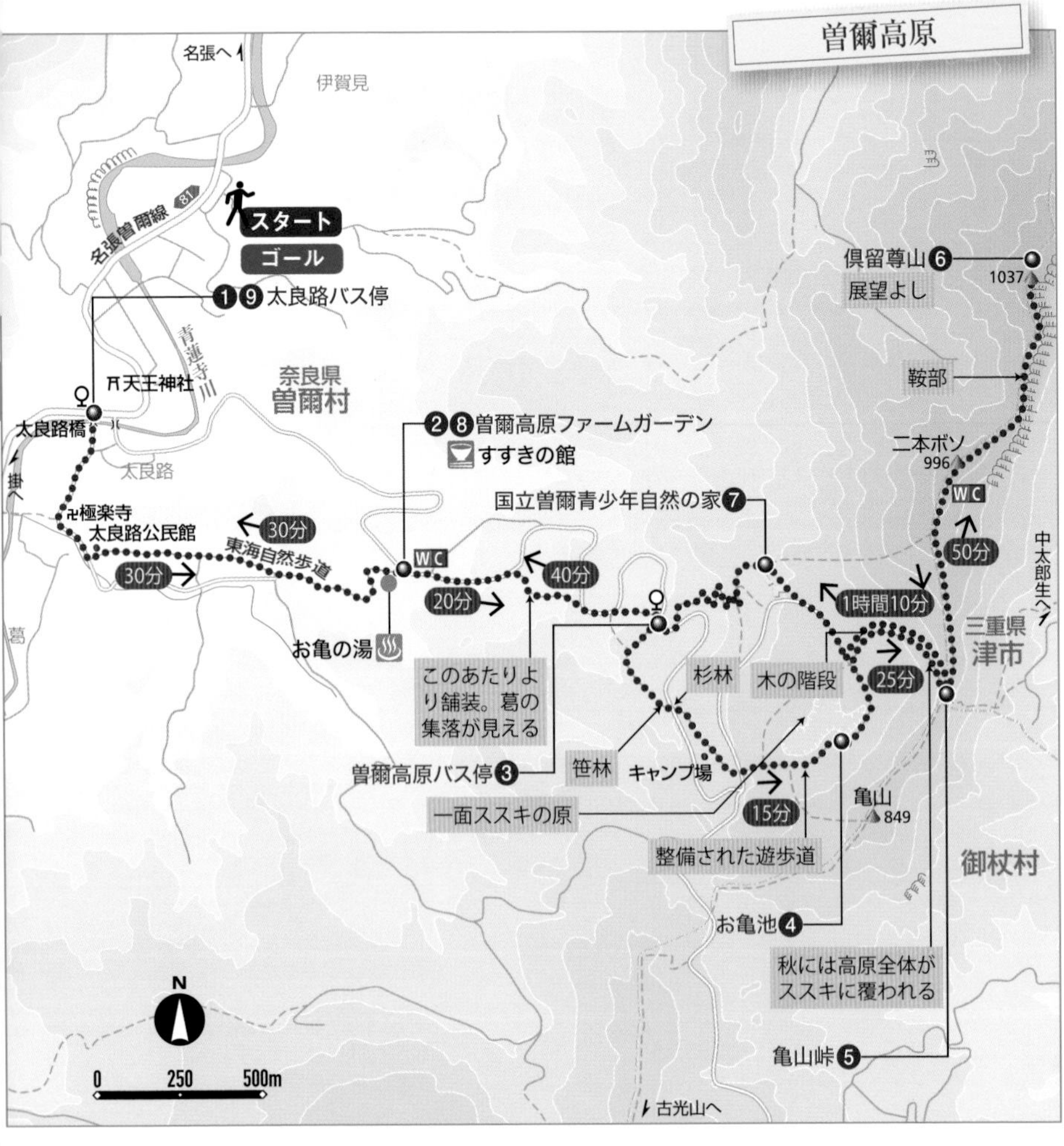

▲日出ヶ岳の中腹ではトウヒを横目に長い木製の階段を登って進む

walking course

45

奈良県・三重県

大《おお》台《だい》ヶ《が》原《はら》

原生林は貴重な動植物の楽園 秘境の雰囲気を味わいながら歩く

大台ヶ原は台高山脈の南端にあって奈良県の上北山村、川上村、三重県の大台町に跨がり、日本百名山に選ばれている。最高点の日出ヶ岳は標高1695mだ。

大和上市駅からバスに2時間近く揺られて❶**大《おお》台《だい》ヶ《が》原《はら》バス停《てい》**に到着する。駐車場脇のビジターセンター横から登山口に入り、道標の立つ1つ目の分岐を左へ進んでいく。なだらかな山肌に設けられたコンクリートの階段を登りきると、日出ヶ岳と正木峠との鞍部にある三叉路に出る。この三叉路を左へ急坂を10分ほど登ると❷**日《ひ》出《で》ヶ岳《たけ》**である。山頂からは太平洋や大峰の山並みも望める。再び鞍部へ戻り、三叉路を南へ直進する。階段状に整備された白い木道を登って行くと正木

❶ 大台ヶ原バス停
徒歩40分
❷ 日出ヶ岳
徒歩40分
❸ 正木ヶ原
徒歩15分
❹ 尾鷲辻
徒歩20分
❺ 牛石ヶ原
徒歩25分
❻ 大蛇嵓
徒歩45分
❼ シオカラ谷
徒歩50分
❽ 大台ヶ原バス停

歩行時間
約3時間55分

歩行距離
約7.5km

歩数
約1万8000歩

ACCESS

電車 **行き**:近鉄吉野線大和上市駅から奈良交通バス大台ヶ原行きで1時間51分、大台ヶ原下車(2050円、4月下旬～11月下旬に平日1日1往復、土・日曜、祝日1日2往復運行)
帰り:大台ヶ原バス停から往路を戻る

車 南阪奈道路新庄ICから大和高田バイパス、国道169号線、県道40号線を経由し約75kmで大台ヶ原

▲日出ヶ岳と正木峠の鞍部の展望台からは熊野灘の入江まで見渡せる

▼正木峠から日出ヶ岳を振り返る

▲大台ヶ原の名所である大蛇嵓

峠を越える。あたりは伊勢湾台風の被害や鹿による食害などで、白骨のように立ち枯れしてしまったトウヒが林立している。地面にはミヤコザサが群生しているが、これもコケ類が衰退していったためであるという。この中を下って行けば❸**正**《まさ》**木**《き》**ヶ原**《はら》である。

ここから牛石ヶ原まではほぼ平坦な歩きやすい道が続く。❹**尾**《お》**鷲**《わせ》**辻**《つじ》からは中道と呼ばれる道が分かれていて、この道を行けば、40分ほどでビジターセンターのある駐車場へ戻ることができる。尾鷲辻をそのまま直進すれば❺**牛**《うし》**石**《いし》**ヶ原**《はら》だ。ある修行僧が法力によって妖怪を封じ込めたという伝説の牛石がある。ここから10分ほど行くと❻**大**《だい》**蛇**《じゃ》**嵓**《ぐら》への分岐である。高低差800mという絶壁に突き出た大蛇嵓からの眺めはまさに絶景。分岐からは急な上り下りを繰り返して下りきったところが❼**シオカラ谷**《たに》だ。清流の渓谷が美しい吊橋からは急勾配の登り道が続く。広く平坦な道が現れるとほどなく❽**大**《おお》**台**《だい》**ヶ**《が》**原**《はら》**バス停**《てい》に着く。

豆知識

年間降水量は3500mm

屋久島と並ぶ日本有数の多雨な気候により大台ヶ原には多くの原生林が残っている。しかし台風などの影響で大量の木が倒れ、地面を覆っていたコケ類が衰退してササ類が増え、トウヒの立ち枯れやササ原に変化するなど森林の衰退が進んだ。現在は森林再生のためにさまざまな取り組みが行われ、西大台地域への入山規制も行われている。

▶ササ原の中に倒木や白い立ち枯れた木々が独特の景観を創り出す正木ヶ原付近

問い合わせ先

上北山村観光係☎07468-2-0001
奈良交通お客様サービスセンター☎0742-20-3100

立ち寄りスポット

ハイキングに関する資料も多い

大台ヶ原ビジターセンター

大台ヶ原を中心に、吉野熊野国立公園とその周辺地域の自然や文化、利用方法などについてわかりやすく展示・解説している。また、西大台地域への入山を希望する場合は、事前の申請の上、このセンターでレクチャーを受ける必要がある。

☎07468-3-0312(入山許可の申請窓口:上北山村商工会☎07468-3-0070)、9～17時、11月下旬～4月下旬は閉鎖

吉野や上北山村のみやげ物と食事の店

大台ヶ原物産店

食堂では、かけうどん400円やスパイスカレー700円が人気。売店では上北山村名産の柿の葉寿司3個入り400円などの特産品のほか、モンベルフレンドショップとしてウェアや大台ヶ原オリジナルグッズも販売している。モンベル会員カード持参でコーヒーの割引が受けられる。

☎07468-3-0311、9～16時、不定休(冬期は休業)

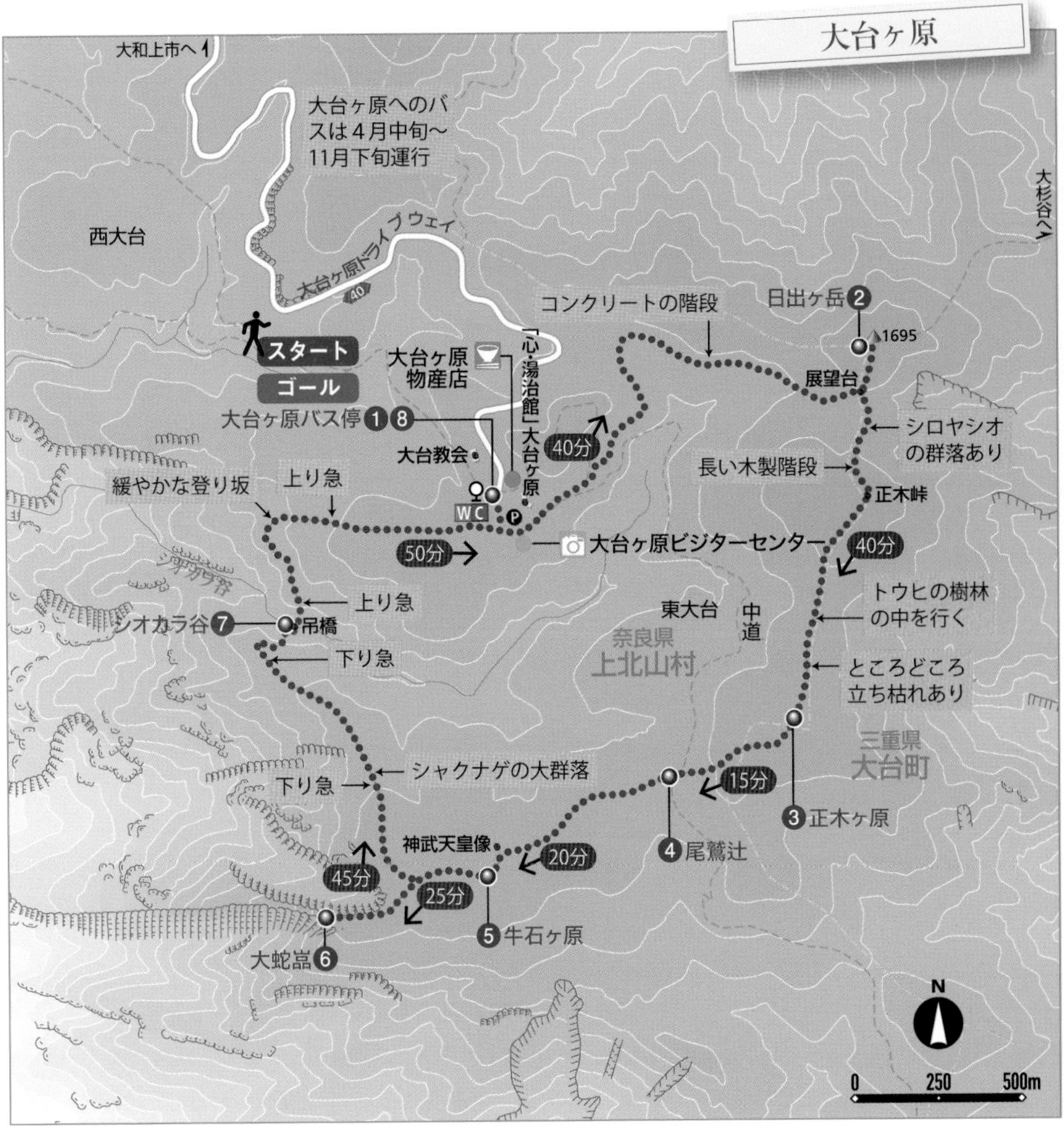

walking course

46

和歌山県

高《こう》野《や》参《さん》詣《けい》道《みち》町《ちょう》石《いし》道《みち》

町石が導く聖都・高野への表参道
史跡が点在する天野の里を散策

上：紀ノ川も見渡せる雨引山付近の眺望
下：山上へと続く最初の180町石

▲町石道の起点は「女人高野」で名高い慈尊院

▲丹生官省符神社の本殿は重文

1. 九度山駅
   - 徒歩30分
2. 慈尊院
   - 徒歩1時間
3. 雨引山分岐
   - 徒歩35分
4. 六本杉
   - 徒歩20分
5. 丹生都比売神社
   - 徒歩25分
6. 二ツ鳥居
   - 徒歩10分
7. 古峠
   - 徒歩40分
8. 下古沢分岐
   - 徒歩40分
9. 上古沢駅

歩行時間
約4時間20分

歩行距離
約13.5km

歩数
約3万2000歩

ACCESS

電車 **行き**:南海高野線九度山駅から
帰り:南海高野線上古沢駅から

車 阪和自動車道美原北ICから府道36号線、国道309・170・310・371・370号線を経由して約38kmで九度山駅

▲『平家物語』をはじめ数々の伝説を秘める天野の里

▲柿やミカンの畑を縫って町石道は続く

高野参詣道町石道は、九度山の慈尊院から尾根伝いに高野山上の大門に至る表参道である。弘法大師空海が開山のおりに、1町（約109m）ごとに道しるべの木造の卒塔婆を立てたのがその起源で、後に石造りに改められた。ここでは町石道の前半を歩き、天野《あまの》の里を訪れる。

❶**九度山駅**《くどやまえき》から西へ真田橋と永代橋を渡る。真田昌幸・幸村父子ゆかりの真田庵に立ち寄ってもよい。丹生橋を渡り少し行くと高野山の政所であった❷**慈尊院**《じそんいん》で、ここから町石道が始まる。右手に勝利寺を見て柿やミカン畑の尾根道を登り、160町石まで一気に高度を上げる。このあたりの展望はすばらしい。尾根筋を南へ向かい、154町石で❸**雨引山分**《あまびきやまぶん》**岐**《き》となる。左へ行くと200mほどで雨引山である。通称銭壺あたりは比較的平坦な道が続き、144町石まで来ると1里石がある。町石道は5里ほどで約20㎞である。しばらく行って石段を登りきると136町石の❹**六本杉**《ろっぽんすぎ》。天野の里への道があり、道標に従って丹生都比売神社

豆知識

町石の産地は空海の故郷

町石道は高野山開山のおり、空海が立てた180基の木造の卒塔婆が始まりであった。鎌倉時代に20年ほどの歳月をかけて石造りの五輪塔形のものに建て替えられた。その後720年あまりの間、50基ほどが再建されたが、それ以外は創建当時のままである。町石には、空海の生誕地である讃岐（香川県）の花崗岩が使われている。

▶144町石の側には1里石が立つ。1里ごとの里石も4基を数える

問い合わせ先

九度山町産業振興課☎0736-54-2019
かつらぎ町観光協会☎0736-22-0300
南海テレホンセンター☎06-6643-1005

▼丹生都比売神社の朱塗りの太鼓橋

▼上：悲恋の和歌が残る横笛の恋塚
下：田畑の中にある文学の里歌碑園

▼昔の生活様式が感じられる里山風景

▼天野の里への分岐にある二ツ鳥居

へ向かう。急坂を下ると天野の里である。田の中の道を行くと、周辺に貧女の一燈お照の墓や高野先達の碑などがあり、やがて❺**丹生都比売神社**《にうつひめじんじゃ》に着く。

丹生都比売神社は高野山とは当初から関係が深く、高野山の守護神とされていた。俊寛僧都の侍童、有王丸の墓や院の墓も訪ね、空海や西行、滝口入道も歩いたであろう八町坂を登る。急坂を登ると❻**二ツ**《ふた》**鳥居**《とりい》があり、町石道を❼**古峠**《ふるとうげ》へ戻って上古沢駅へ。道標は完備しているが、かなりの急坂で下りとはいえ厳しい道だ。❽**下古沢分岐**《しもこさわぶんき》をすぎて国道まで下り、急坂を登ると❾**上古沢駅**《かみこさわえき》である。

立ち寄りスポット

真田昌幸・幸村隠棲の屋敷跡

真田庵

善名称院とも呼ばれ、寛保元年(1714)大安上人によって創建。真田昌幸・幸村父子隠棲の屋敷跡である。門には六文銭の紋が刻まれ、八棟造りの三層城郭風の本堂がある。また境内には開山堂、土砂堂、宝物資料館、真田昌幸の墓、与謝蕪村の句碑がある。

宝物資料館☎0736-54-2218、9～16時、無休、200円

天野に移り住んだ西行の妻娘ゆかりの庵

西行堂

西行法師が出家した後に、妻も尼となって天野の里に庵をむすんだ。やがて養女に出された娘もここを訪ね、母とともにこの地で生涯を終えた。平成になって再び建てられた西行堂の下に、妻と娘の塚がひっそりと寄り添うようにある。

☎0736-22-0300(かつらぎ町観光協会)、見学自由、無料

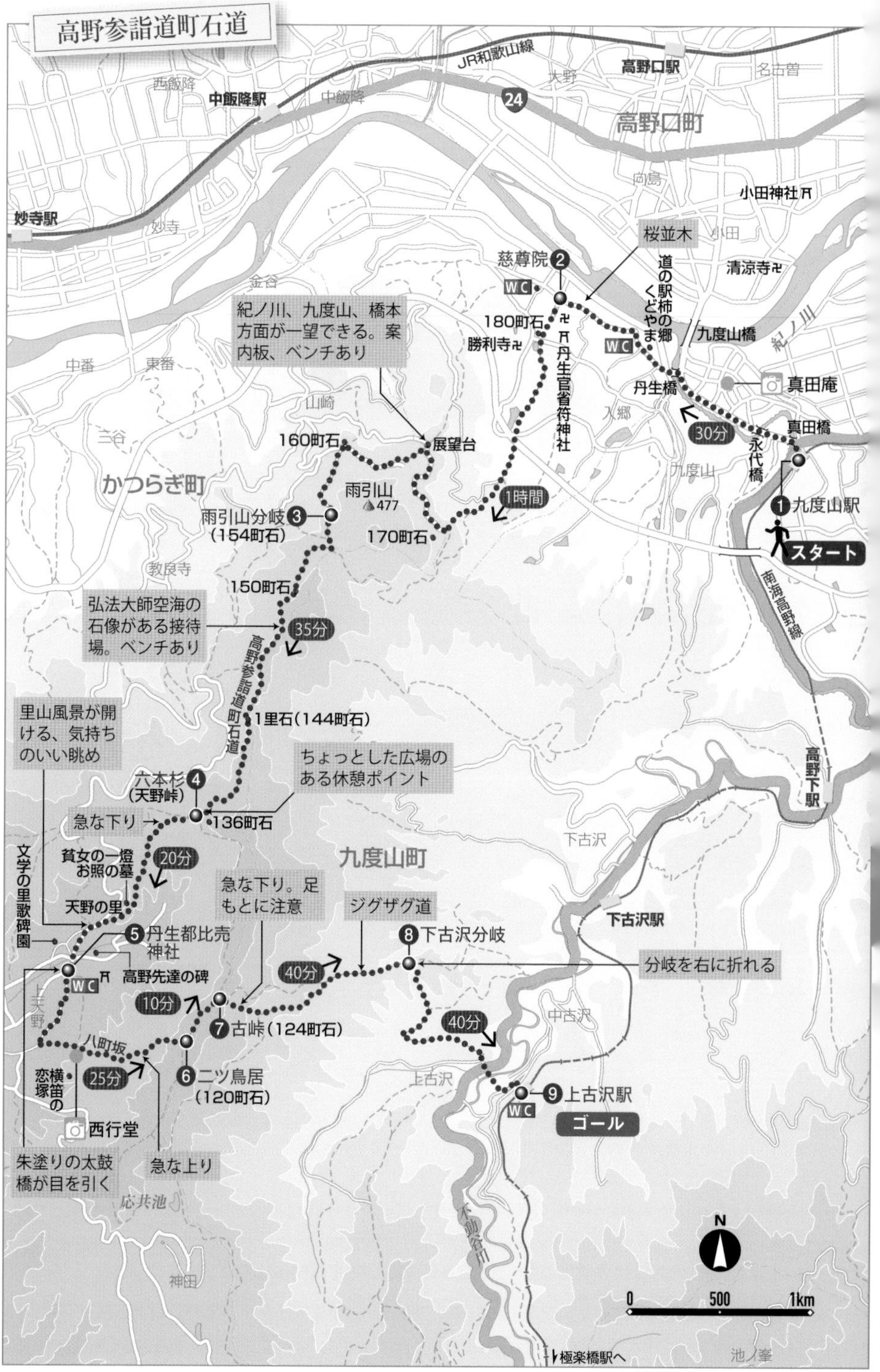
高野参詣道町石道
JR和歌山線
高野口駅
名古曽
大野
西飯降
中飯降駅
中飯降
24
高野口町
向島
小田神社
妙寺駅
妙寺
桜並木
小田
慈尊院
2
道の駅柿の郷くどやま
清涼寺
金谷
紀ノ川、九度山、橋本方面が一望できる。案内板、ベンチあり
180町石
丹生官省符神社
勝利寺
九度山橋
紀ノ川
丹生橋
真田庵
中番
東番
山崎
入郷
30分
真田橋
永代橋
三谷
160町石
展望台
九度山
かつらぎ町
雨引山
477
1時間
1
九度山駅
雨引山分岐
3
(154町石)
170町石
スタート
教良寺
150町石
南海高野線
弘法大師空海の石像がある接待場。ベンチあり
35分
高野参詣道町石道
里山風景が開ける、気持ちのいい眺め
1里石(144町石)
ちょっとした広場のある休憩ポイント
六本杉
4
(天野峠)
136町石
高野下駅
急な下り
文学の里歌碑園
貧女の一燈お照の墓
20分
九度山町
下古沢
天野の里
急な下り。足もとに注意
ジグザグ道
下古沢駅
5
丹生都比売神社
8
下古沢分岐
分岐を右に折れる
高野先達の碑
40分
10分
上天野
7
古峠(124町石)
40分
中古沢
八町坂
恋の横笛塚
25分
6
二ツ鳥居
(120町石)
上古沢
9
上古沢駅
ゴール
西行堂
朱塗りの太鼓橋が目を引く
急な上り
応其池
不動谷川
神田
N
0
500
1km
極楽橋駅へ
池ノ峯

walking course

47

和歌山県

高《こう》野《や》山《さん》

女人道から壇上伽藍を経て奥之院へ 聖地の雰囲気が存分に伝わる道

上：不動坂口の女人堂。かつて女性たちにとって山内の伽藍は遠い存在だった
下：嶽弁天の名で親しまれる弁天岳山頂からの下り

1. 女人堂バス停
   - 徒歩30分
2. 弁天岳
   - 徒歩20分
3. 大門
   - 徒歩15分
4. 根本大塔
   - 徒歩10分
5. 金剛峯寺
   - 徒歩15分
6. 苅萱堂
   - 徒歩10分
7. 一の橋
   - 徒歩40分
8. 弘法大師御廟
   - 徒歩20分
9. 奥の院前バス停

歩行時間
約2時間40分

歩行距離
約6.6km

歩数
約1万4000歩

ACCESS

電車 **行き**：南海高野線極楽橋駅から高野山ケーブルで５分、高野山駅下車（500円）。南海りんかんバスに乗り換え７分、女人堂下車（220円）
帰り：奥の院前バス停から南海りんかんバスで20分、高野山駅前下車（420円）。高野山駅から高野山ケーブルで５分、極楽橋下車（500円）

車 阪和自動車道岸和田和泉ICから府道230・40号線、国道170号線、府道236号線、国道480・24・480号線を経由し約50.5kmで女人堂

▲威風堂々とそびえる高さ約25mの大門

▲弁天岳への登り口

真言密教の根本道場である高野山は、1000m級の峰に囲まれ蓮の花のような地形をしている。女人の入山が禁じられていた時代、女性は高野七口といわれた高野山の入口をめぐり、蓮の花びらのような尾根伝いの女人道を歩いた。その女人道を少し歩いて弁天岳を訪ね、壇上《だんじょう》伽藍《がらん》から金剛峯寺、奥之院へと巡っていく。

高野七口の一つ、不動坂口の**❶女人堂《にょにんどう》バス停《てい》**でバスを降りる。ここには女人禁制であった時代からの女人堂がある。そこから嶽弁天と呼ばれ親しまれた**❷弁天《べんてん》岳《だけ》**に向かう。途中には谷上女人堂跡があり、その先、急坂を登ると頂上に着く。頂上から鳥居をくぐりながら下っていくと大門口女人堂跡があり、さらに鳥居が続く参道を下る。和泉山脈と紀ノ川の展望がすばらしい女人道である。

壮麗な**❸大門《だいもん》**から東に向かって歩き始めると、ほどなく左手に金堂や西塔、**❹根本大塔《こんぽんだいとう》**、御影堂などの立ち並ぶ壇上伽藍である。弘法大師が高野山開創のおり、

豆知識

奥之院参道の墓碑めぐり

空海入定の地とされる奥之院への約2kmにわたる参道には、10万基とも20万基ともいわれる石塔が立つ。江戸時代には徳川家が高野山を菩提所と定めたこともあり、大名の約半数が霊屋や墓碑、供養塔を建立した。皇族から一般の人々までさまざまな階層の墓碑があり、歴史上の有名人や近年では有名企業の供養塔も多数建立されている。

▶両側に連なる墓碑に導かれながら御廟へと続く石畳の参道を行く

問い合わせ先

高野山観光情報センター☎0736-56-2780
高野町観光協会☎0736-56-2468
高野山宿坊協会☎0736-56-2616
南海りんかんバス高野山営業所☎0736-56-2250

弘化4年（1847）再建の御影堂

▲壇上伽藍の根本大塔は真言密教の根本道場におけるシンボルとして創設

堂塔整備に着手された場所で、高野山の核となるところだ。その先右側には文化財を収納する霊宝館がある。大師教会の角を左に曲がると六時の鐘があり、その横に❺**金剛峯寺**《こんごうぶじ》の山門がある。山門の前から再び東に向かい、苅萱道心と石童丸の悲話で知られる❻**苅萱堂**《かるかやどう》の先の分かれを左へ行く。❼**一**《いち》**の橋**《はし》から御廟橋《ごびょうばし》への参道は、杉の老木に覆われた石畳の道を2㎞ほど行く。参道沿いには20万基を超えるといわれる無数の石塔が立ち並ぶ。御廟橋を渡り、燈籠堂を回り込んだところに❽**弘法大師御廟**《こうぼうたいしごびょう》がある。参拝の後は南下して❾**奥**《おく》**の院**《いん》**前**《まえ》**バス停**《てい》に向かう。

▲壇上伽藍と金剛峯寺をつなぐ蛇腹路

▲燈籠堂の奥に弘法大師の御廟がある

▲高野山真言宗3700ヵ寺の総本山である金剛峯寺

立ち寄りスポット

瑞々しく濃厚な胡麻豆腐の老舗

濱田屋

高野山名物の胡麻豆腐はゴマの皮をむいて作るので色が白いのが特徴。上品な風味で濃厚な味わいだ。明治創業の濱田屋は生の胡麻豆腐にこだわり、賞味期限が夏場2日、冬は3日という。4個入り1600円。店内でわさび醤油か和三盆糖を付けて食べることもできる（各400円）。

☎0736-56-2343、9～17時、不定休

高野山の宿坊でも馴染みの銘菓

みろく石本舗 かさ國《くに》

高野山の宿坊に泊まるとよく出されるお菓子がこの店の「みろく石」10個入り1100円。奥之院にあるみろく石にちなんだ銘菓だ。高野山秘蔵の古文書にもとづいた製法のひじり羊かん700円も名物。店は幕末のころから続く老舗で、かつてはかさ屋だったことからかさ國と名付けられたそうだ。

☎0736-56-2327、8～18時、不定休

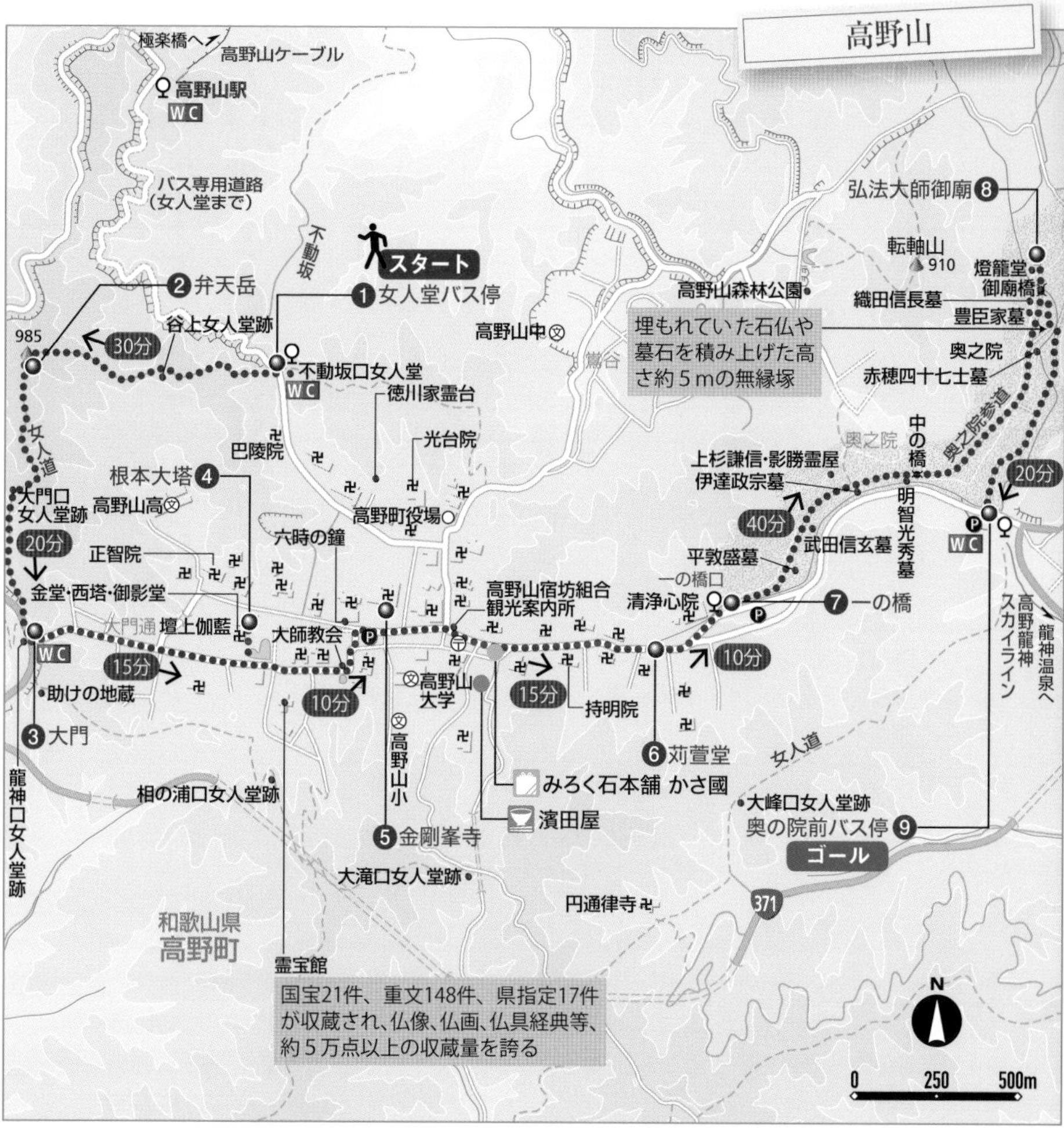

walking course

48

和歌山県

友ヶ島《ともがしま》

古代遺跡を彷彿とさせる離島で赤煉瓦の砲台跡をめぐり探索

▲島の西端にある第2砲台跡。ちょっとした古代遺跡を思わせる

友ヶ島は地ノ島、神島、沖ノ島、虎島の4島の総称である。紀淡海峡にあるため、かつては国防上重要な島だった。幕末の安政元年（1854）には紀州藩の友ヶ島奉行が常駐するようになり、明治21年（1888）からは陸軍が入って、太平洋戦争終結まで一般人は近づけなくなった。戦後は瀬戸内海国立公園に指定されたことから、軍事施設などが比較的良好な状態で残った。

❶**野奈浦桟橋**《のなうらさんばし》で船を下りると桟橋前には太いクロマツが立ち並んでいる。そこから西の方へ灯台を目指して歩く。5分ほど歩くとペンション風の海《うみ》の家《や》というロッジがある。すぐ先に池尻浜があり、夏は海水浴客で賑わう。内陸側には蛇ヶ池が

❶野奈浦桟橋
徒歩25分
❷友ヶ島灯台
徒歩30分
❸タカノス山展望台
徒歩25分
❹南垂水広場
徒歩45分
❺閼伽井の碑
徒歩55分
❻野奈浦桟橋

歩行時間
約3時間

歩行距離
約9km

歩数
約2万歩

ACCESS

電車 **行き**：南海加太線加太駅から徒歩15分で加太港。友ヶ島観光汽船乗り場から友ヶ島汽船で20分、野奈浦桟橋下船（1100円）
帰り：野奈浦桟橋から往路を戻る

車 阪和自動車道和歌山北ICから県道139・141・7・65号線を経由し約16kmで加太港

▲第3砲台跡の地下通路に入るには懐中電灯が要る

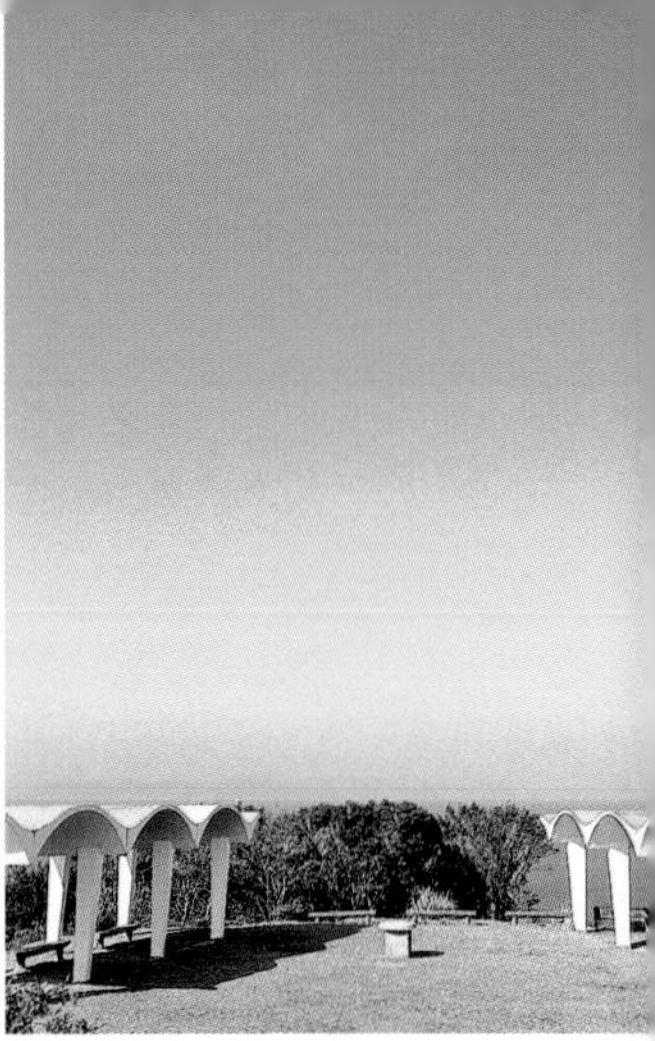

▲タカノス山展望台が島の最高地点

あり、池の先の第2砲台跡を見て、友ヶ島灯台への急坂を登る。

❷**友《とも》ヶ島《しま》灯台《とうだい》**は明治5年（1872）に完成したもので、日本で8番目に古いものだという。隣接して第1砲台跡がある。砲台跡から分岐を右に下り、池尻広場を通ってこの島の最高峰へ登る。標高約120mの一等三角点のすぐ下に❸**タカノス山《やま》展望台《てんぼうだい》**がある。最高点だけに眺望はすばらしい。すぐ横に関西空港のレーダー施設と第3砲台跡があるが、これが友ヶ島で最も有名な施設だ。将校宿舎なども残り、規模も大変大きい。

ここから東へ下りてキャンプ場のある❹**南《みなみ》垂水《たるみ》広場《ひろば》**から北へ少し戻って虎島の方へ向かい、鬱蒼と茂った椎の林の中の山道を歩く。干潮時には地続きになる虎島は、葛城修験道の行場として古くから知られていた。台風の影響により足場が崩れ、現在渡ることはできないが、直前にある❺**閼伽井《あかい》の碑《ひ》**から、その雄々しい姿を眺めることができる。閼伽井の碑を後にして❻**野奈浦《のなうら》桟橋《さんばし》**へ戻る。

豆知識

要塞の勘所だった友ヶ島

旧陸軍によって異国船から大阪湾を守ることを目的に、友ヶ島を要衝として紀淡海峡周辺に砲台が建築され、総称して由良要塞と呼ばれた。明治23年(1890)以降、沖ノ島に第1から第5、虎島に第6砲台を施工。沖ノ島の岬にある旧海軍聴音所跡は、潜水艦を警戒し迎撃する施設の名残である。現在上陸できるのは沖ノ島のみとなっている。

▶沖ノ島東端から見た虎島。砲台跡や石切り場跡がある

問い合わせ先

和歌山市観光課☎073-435-1234
友ヶ島汽船乗り場☎073-459-1333
友ヶ島案内センター☎073-459-0314

立ち寄りスポット

古代遺跡のような離島で宿泊

南垂水キャンプ場・海の家《や》

友ヶ島にはキャンプ場と宿泊施設が1ヵ所ずつある。南垂水キャンプ場を使用する場合は、事前に友ヶ島案内センターへ届けが必要。1泊2食付き1万円前後で宿泊できる海の家は、食堂や売店としても時々開店している。地元の海鮮を用いたバーベキューが評判だ。

海の家☎073-459-1636、不定休

子午線が通る明治時代から現役の灯台

友ヶ島灯台

明治3年（1870）、日本の灯台建設の多くを手がけた英国人技師R・H・ブラントンによって着工、明治5年（1872）に初点灯された。明治初期の大坂条約によって建築された5基の洋式灯台の一つ。登録有形文化財（建造物）に登録されている。現在も紀淡海峡の道標として稼働中。明石と同じ、日本標準時子午線（東経135度）が通る最南端の地でもある。

友ヶ島

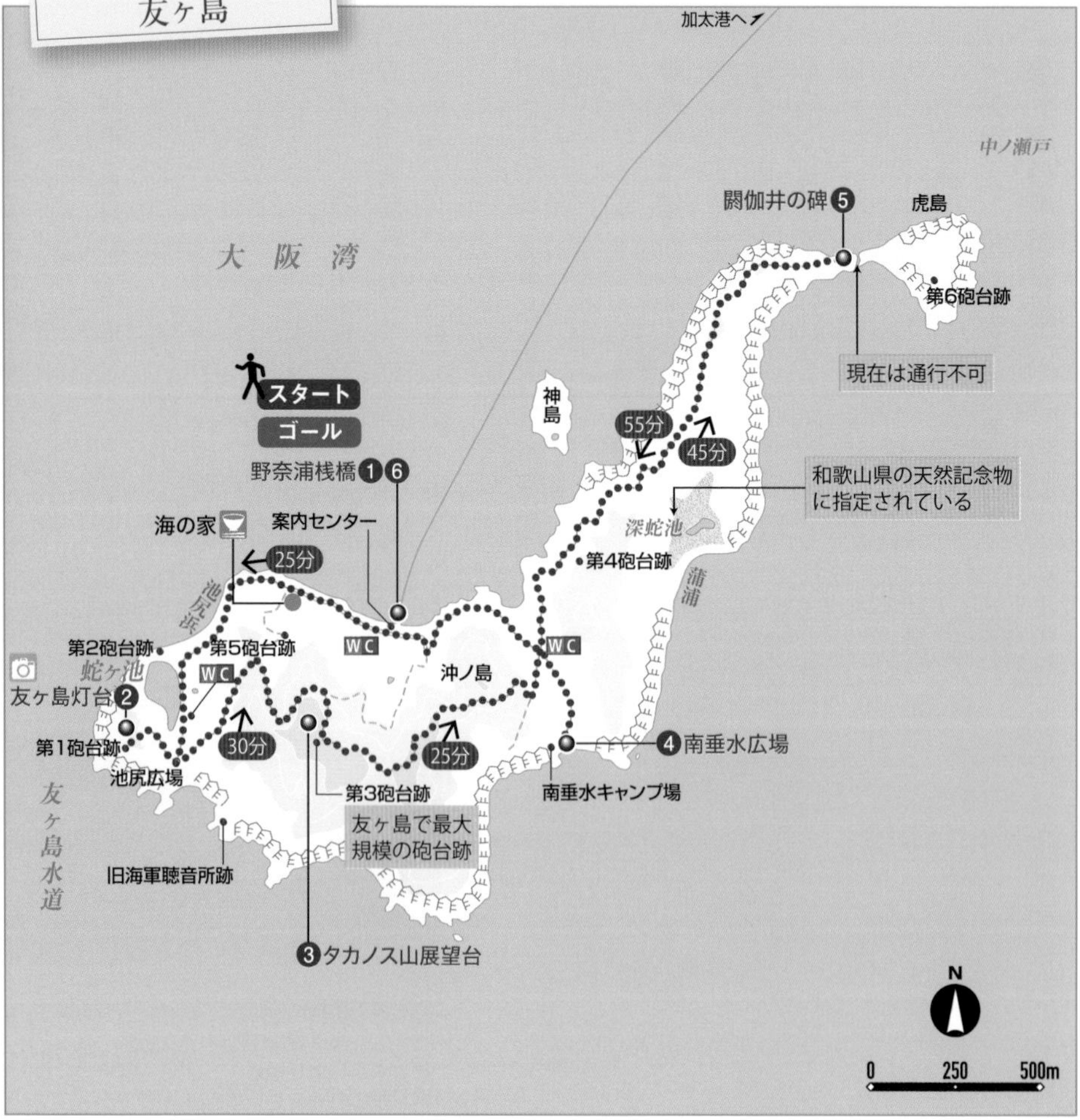

▲アカヤシオ

▲シロヤシオ　▲ロープウェイは約15分の空中散歩

walking course 49

三重県

御在所岳《ございしょだけ》

迫力満点のロープウェイで山上へ岩稜と花々を楽しみながら歩ける

鈴鹿山脈の主峰で、標高1212mの御在所岳。山麓は湯の山温泉があり、自然に囲まれ、さまざまな植物が観察できる。また、ロッククライミングにも適した藤内壁などの急峻な岩壁が立ち上がり、とても1200mほどの山とは思えない迫力を持つ。三滝川の清流が駆け下る男性的な渓谷美がある一方で、動植物の宝庫であり、特にツツジ科の花々が美しいことで知られている。秋の紅葉もすばらしく、冬には気象条件が整えば樹氷が見られるなど、四季の変化に富んだ山である。

近鉄湯の山線湯の山温泉駅から三重交通バスに乗り、10分ほどで御在所ロープウエイの❶**湯《ゆ》の山温泉駅《やまおんせんえき》**に着く。そこから、ロープウェイで❷**山上公園駅《さんじょうこうえんえき》**まで15

❶ 湯の山温泉駅
ロープウェイ15分
❷ 山上公園駅
リフト8分
❸ 頂上駅
徒歩20分
❹ 朝陽台広場
徒歩1時間30分
❺ 御在所山の家
徒歩30分
❻ 湯の山温泉・御在所ロープウエイ前

歩行時間
約2時間20分

歩行距離
約4km

歩数
約1万歩

ACCESS

電車 **行き**：近鉄湯の山線湯の山温泉駅から三重交通バスで10分、湯の山温泉・御在所ロープウエイ前下車（260円）すぐ、ロープウエイ湯の山温泉駅
帰り：湯の山温泉・御在所ロープウエイ前バス停から往路を戻る

車 新名神高速道路 菰野ICから国道477号線を経由し約4kmでロープウエイ湯の山温泉駅

▼山頂からは好展望が楽しめる

▲ロープウェイから見える景色

▲地蔵岩越しに見る伊勢平野の眺めはすばらしい

分ほどだ。10人乗りの真っ赤なロープウエイは全長2161m、高低差約780mで、スリル満点の空中散歩を楽しめる。

山上公園駅で、今度はリフトに乗って御在所岳の頂上を目指す。リフトはなだらかなすり鉢状の草原を滑るように登り、季節によってはシャクナゲやツツジの花を楽しめる。冬になると、ここはもちろんスキー場である。

リフトに8分ほど乗ると❸**頂上駅**《ちょうじょうえき》に着く。眺望を楽しんだ後、リフトとロープウエイで一気に戻ることもできるが、❹**朝陽台広場**《ちょうようだいひろば》から中道登山道を歩いて下ることもできる。朝陽台広場では鈴鹿山脈の全容と四日市市街の向こうに広がる伊勢湾・知多半島の眺望を楽しめる。ここから樹林やガレ場、巨石など変化に富んだ2時間ほどの登山道になる。登山装備さえしっかりできていれば、楽しい下山路となる。❺**御在所山**《ございしょやま》**の家**《いえ》を過ぎたら鈴鹿スカイラインをくぐり、湯の山温泉街まで戻ったら❻**湯**《ゆ》**の山温泉**《やまおんせん》**・御在所**《ございしょ》**ロープウエイ前**《まえ》**バス停**《てい》はそう遠くない。

豆知識

御在所岳の秋の紅葉

秋が訪れると、山頂から麓へ1か月半ほどかけて、樹木が黄色や朱色に染まっていく御在所岳。山上は10月中旬から下旬、中腹は10月下旬から11月中旬、麓の温泉街は11月中旬から下旬に見ごろを迎える。ツツジ科の赤、クスノキ科の黄色、針葉樹の緑が織りなす色鮮やかな色彩は、目を奪われるほどと評判。

▶手軽に紅葉の旅を楽しめる御在所岳。山の上から絶景を見下ろせる

問い合わせ先

菰野町観光協会☎059-394-0050
御在所ロープウエイ☎059-392-2261
三重交通四日市営業所☎059-323-0808

立ち寄りスポット

御在所岳の麓に湧く古湯

湯の山温泉

坂に沿って複数の宿やみやげ物店が並び、いかにも山麓の湯といった風情の湯の山温泉。大石公園には、日本最大規模の御影石があり、湯上りの自然散策が楽しい。また、山の幸や肉類を中心とした具だくさんのスタミナ鍋で評判の名物「僧兵鍋」が各旅館で味わえる。

☎059-392-2115(湯の山温泉協会)

絶景とともに楽しめる食事

展望レストラン ナチュール

御在所ロープウエイ山上公園駅に隣接している眺めのよいレストラン。伊勢湾や知多半島まで見える絶景とともに食事を楽しめる。地元特産でモチモチとした食感の伊勢うどんを使った御在所カレーうどん950円が人気。

☎059-392-2261、9時10分～17時(12～3月は～16時)、不定休

※下りは中道ルートより緩やかな裏道もあります。

walking course 50

三重県

赤《あか》目《め》四《し》十《じゅう》八《はち》滝《たき》

変化に富んだ名瀑が次々に現れる滝歩きの魅力が詰まったコース

▲赤目四十八滝随一の名瀑、荷担滝。新緑・紅葉時がとりわけ美しい

伊賀と大和の国境を流れる滝川の上流には大小さまざまな滝が連なり、赤目四十八滝渓谷と称されている。室生赤目青山国定公園にあって、「日本の滝百選」や「森林浴の森百選」などに選ばれている美しい渓谷だ。

四十八滝というが、48の滝があるという意味ではなく、とても多いと解釈すればよい。同じように四十八滝は、日本中にたくさんある。

❶**赤目滝《あかめたき》バス停《てい》**から道なりに行くと赤目四十八滝の入口❷**日本《にほん》サンショウウオセンター**があり、入山料500円を支払って入る。100mほど行くと、まず行者滝に出合う。そのすぐ上流の銚子滝で石橋を渡って谷を越え、霊蛇滝を見ながら

❶ 赤目滝バス停
徒歩10分
❷ 日本サンショウウオセンター
徒歩20分
❸ 千手滝
徒歩30分
❹ 百畳岩
徒歩20分
❺ 荷担滝
徒歩20分
❻ 岩窟滝
徒歩1時間20分
❼ 小笹峠
徒歩35分
❽ 落合バス停

ACCESS

電車 行き：近鉄大阪線赤目口駅から三重交通バス赤目滝行きで10分、終点下車（370円）
帰り：落合バス停から三重交通バス名張駅行きで30分、終点下車（640円）

車 西名阪自動車道天理ICより名阪国道（国道25号線）に入り針ICから国道369号線・県道28号線・国道165号線・県道567号線を経由し約20.5kmで赤目滝バス停

歩行時間
約3時間35分

歩行距離
約8km

歩数
約1万8000歩

▲これも名瀑の1つ、千手観音に例えられる千手滝

▲橋からの眺めが壮観な不動滝

石段を上って橋を渡ると、不動滝が現れる。この不動滝と千手滝、布曳滝、荷担滝、琵琶滝は赤目五瀑と呼ばれる大きな滝だ。

しばらく行くと乙女滝があり、八畳岩に着く。その先の橋の上から見えるのが❸**千手滝《せんじゅたき》**。幾筋もの水が、岩を伝って千手のように落ちている。すぐ上流の滝見台からは一条の布を掛けたような布曳滝が見える。遊歩道を上って行き、竜ヶ壺から斧《おの》ヶ淵《ぶち》へ道標に従いながら行くと陰陽滝があり、❹**百畳岩《ひゃくじょういわ》**という一枚岩のあ

▲赤目五瀑の最後は高さ15mの琵琶滝

豆知識

オオサンショウウオを知ろう

両生類の中で最も大きいのがオオサンショウウオ。約3000万年前から変わらないその姿は生きた化石ともいわれる。西日本にのみ生息して、特別天然記念物に指定されている。幼生時にはエラ呼吸だが、成体になると肺呼吸に変わり、寿命は70年ほどといわれる。活動するのは夜間で、河川に生息する小魚や沢蟹などを鋭い歯で捕食する。

▶赤目四十八滝の入口には日本サンショウウオセンターがあり、飼育展示している

問い合わせ先

名張市観光協会☎0595-63-9087
三重交通伊賀営業所☎0595-66-3715
NPO法人赤目四十八滝渓谷保勝会☎0595-64-2695

▼雛壇を段々に流れるような雛段滝

▼竜ヶ壺あたりの滝道を行く

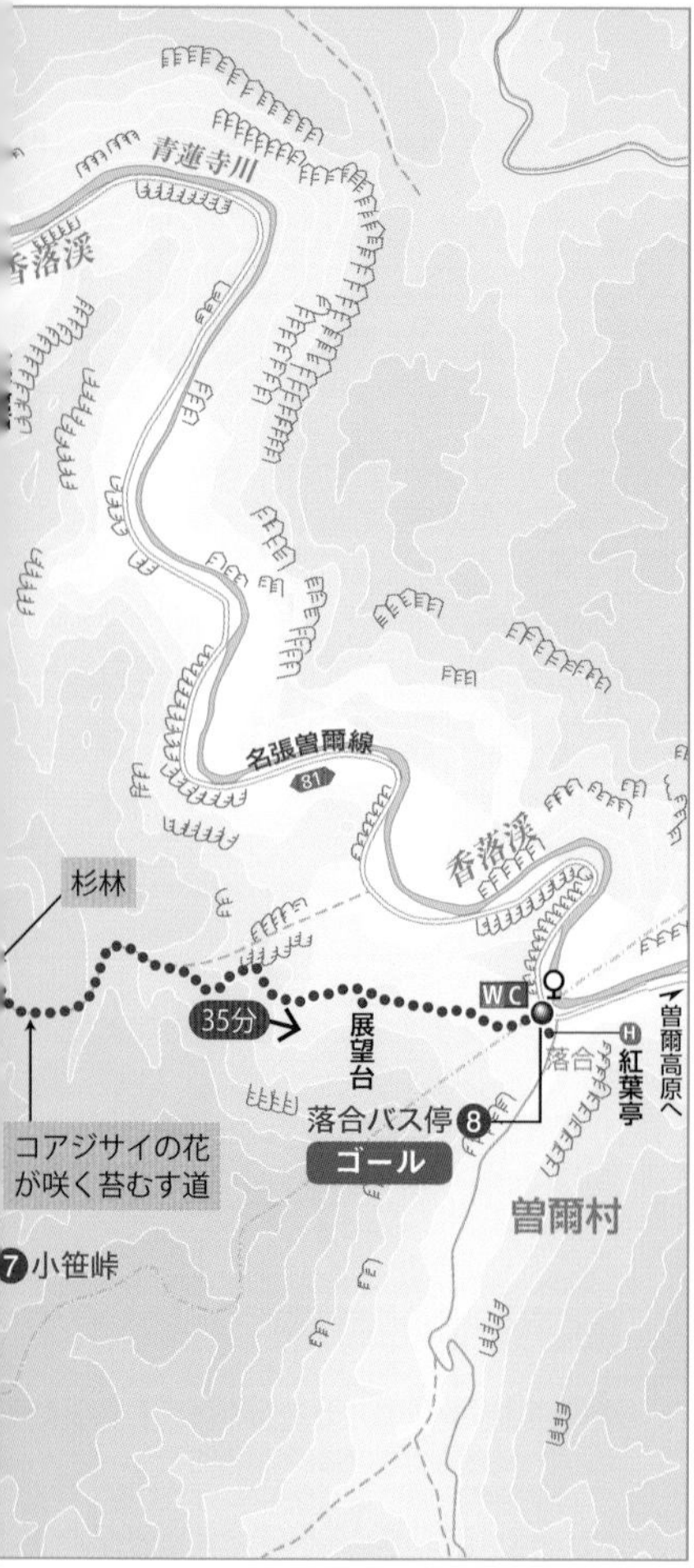

る広場に出る。さらに１００ｍほど進んで岩を渡ると姉妹滝、柿窪滝、笄滝へと続く。遊歩道に雨を降らしているのは雨降滝で、ここから道はうねうねと曲り、骸骨滝、斜滝に出合って石段を上りきると渓谷随一の景観といわれる❺**荷担滝**《にないたき》である。その先には雛段滝、琴滝、琵琶滝と現れ、滝の上部に上ると源流歩きとなる。曲がりくねった道を行くと渓流最後の❻**岩窟滝**《がんくつたき》である。石段を上って舗装路に出たところより、道標に従い奥香落に向かって❼**小笹峠**《こざさとうげ》から❽**落合**《おちあい》**バス停**《てい》へ下る。

▲斜滝は小さいけれど美しい

ヨモギの風味がたまらない瀧草もち

赤目草餅本舗 上田屋

赤目四十八滝の入口の小公園前にある店。天然のヨモギをしっかり惜しみなく混ぜ込んだ餅で、特製あんこを包んだ瀧草もちが有名。でき立ての餅を買い求める人でいつも賑わっている。この餅の両面を香ばしく焼いた焼きもちと両方味わいたい（各1個100円）。

☎0595-63-3014、9～17時、不定休

アルカリ単純温泉と名物料理を堪能

赤目温泉隠れの湯 対泉閣

赤目四十八滝入口のすぐ近くにある温泉旅館。良質の天然温泉を日帰りでも利用することができる。地元産の杉を使った香りのよい大浴場から、自然に囲まれた落ち着いた雰囲気の露天風呂へは、回廊を渡って行き来できる。

☎0595-63-3355、10時30分～15時(14時受付終了)、不定休、900円

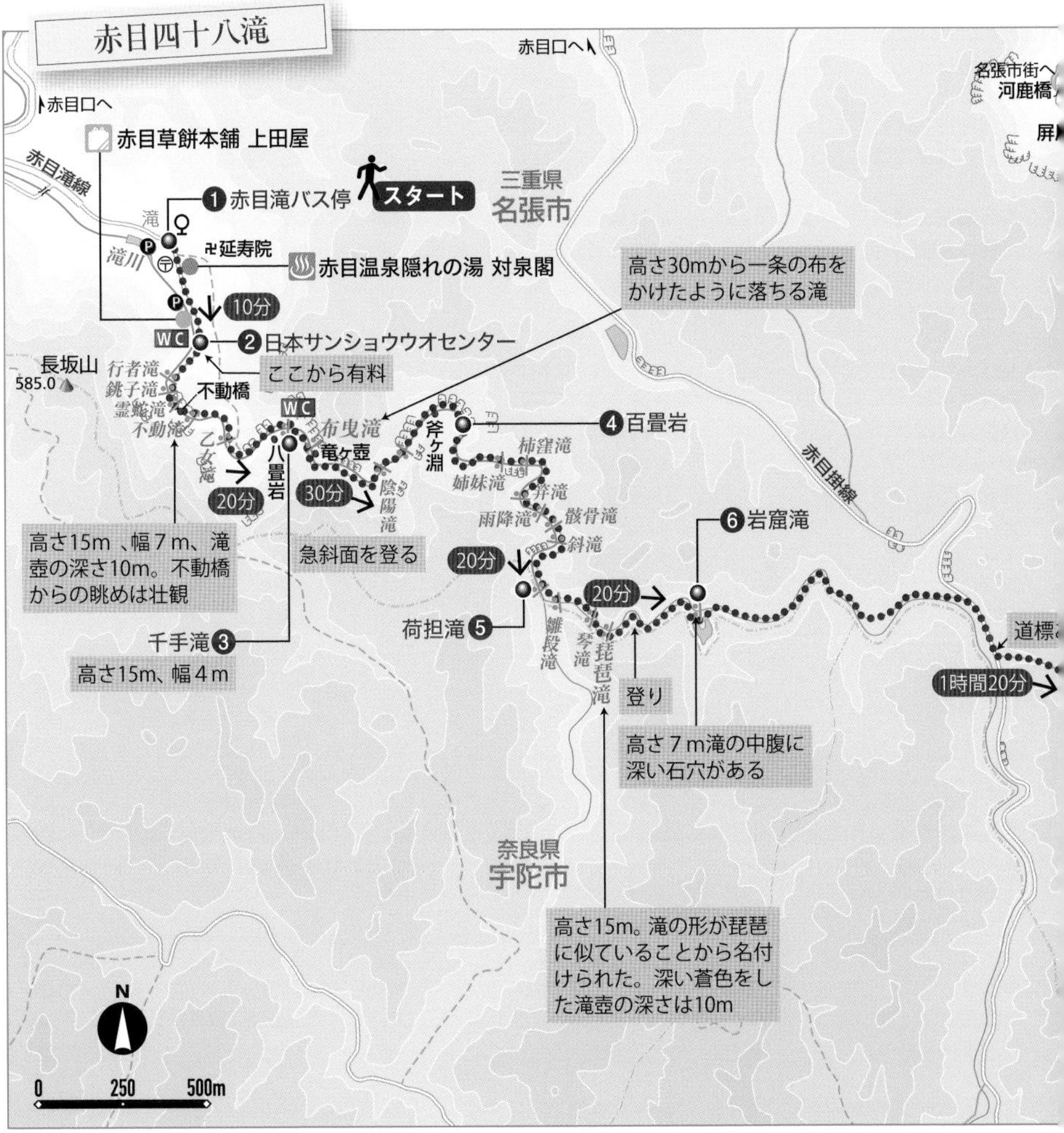

索　引

あ

か

さ

大人の遠足BOOK

日帰りウォーキング関西

2020年 9 月15日　初版印刷
2020年10月 1日　初版発行

編集人　平野陽子
発行人　今井敏行
発行所　JTBパブリッシング
〒162-8446　東京都新宿区払方町25-5

編集・制作　風来堂
出雲義和／遠藤良二／加藤桐子／
友田未那子／根岸真理／前田有佳利／
神谷 郁／山谷広美／今田 壮
秋田範子
ウエスト・パブリッシング
山本弥生／西永佳弘／河本佳樹
取材・文・写真　太田耕治／辻村耕司／東 真子／
宮田清彦／竹内鉄二／山口 剛／
小島義秀／梶山 正／関 孝史
吉田利栄（P40／P41右下）
表紙写真　stock.adobe.com（Rummy&Rummy／
ryoheim91）／吉田利栄ほか
表紙デザイン　TOPPAN TANC（淺野有子）
フォーマットデザイン　都築俊雅
地図製作　千秋社
組版　千秋社
印刷所　凸版印刷

◎本書に掲載の地図作成にあたっては、国土地理院の国土基本情報を使用しました。

◎本書の取材・執筆にあたり、ご協力いただきました関係各位に、厚く御礼申し上げます。

◎本書に記載したデータは2020年6月下旬現在のものです。各種データを含めた掲載内容の正確性には万全を期しておりますが、発行後に変更になることがあります。お出かけの際には事前に確認されることをおすすめいたします。なお、本書に掲載された内容による損害などは弊社では補償いたしかねますので、予めご了承くださいますようお願いいたします。

◎文章中の料金は大人料金です。定休日は原則として年末年始、盆休み、ゴールデンウイークは省略しています。夏休み期間中など、定休日・営業時間などが変更になる場合があります。

233626　421073
ISBN 978-4-533-14202-4　C2026

本書の内容についてのお問合せ　☎03-6888-7846
図書のご注文　☎03-6888-7893
乱丁・落丁はお取替えいたします。

インターネットアドレス
おでかけ情報満載　https://rurubu.jp/andmore

JTBパブリッシング
https://jtbpublishing.co.jp/

大遠BK
421073